广东省学生资助发展研究丛书

广东省学生资助发展研究报告·2016

GUANGDONG STUDENT AID
DEVELOPMENT RESEARCH REPORT · 2016

广 东 省 教 育 厅
广东省学生资助发展研究课题组　编著

中山大学出版社
·广州·

版权所有　翻印必究

图书在版编目（CIP）数据

广东省学生资助发展研究报告.2016/广东省教育厅，广东省学生资助发展研究课题组编著.—广州：中山大学出版社，2017.12

（广东省学生资助发展研究丛书）

ISBN 978-7-306-06264-2

Ⅰ.①广…　Ⅱ.①广…②广…　Ⅲ.①助学金—研究报告—广东—2016　Ⅳ.①G526.78

中国版本图书馆 CIP 数据核字（2017）第 315526 号

GUANGDONGSHENG XUESHENG ZIZHU FAZHAN YANJIU BAOGAO.2016

出 版 人：	徐　劲
策划编辑：	王旭红
责任编辑：	王旭红
封面设计：	曾　斌
责任校对：	李艳清
责任技编：	何雅涛
出版发行：	中山大学出版社
电　　话：	编辑部 020-84110283，84113349，84111997，84110779
	发行部 020-84111998，84111981，84111160
地　　址：	广州市新港西路135号
邮　　编：	510275　　传　真：020-84036565
网　　址：	http://www.zsup.com.cn　E-mail:zdcbs@mail.sysu.edu.cn
印 刷 者：	广州家联印刷有限公司
规　　格：	787mm×1092mm　1/16　16.75印张　319千字
版次印次：	2017年12月第1版　2017年12月第1次印刷
定　　价：	68.00元

如发现本书因印装质量影响阅读，请与出版社发行部联系调换

编 委 会

主　　　　任：景李虎
副　主　　任：朱超华　薛　彪　贺立平
委　　　　员：卓　越　丁瑶芳　卢　宁　朱顺平　任　柱
　　　　　　　田　甜　林海萍　杨　萍　郭东云　吴烈雄
　　　　　　　陈军健
主　　　　编：薛　彪
副　主　　编：卓　越　贺立平
课题组组长：贺立平
课题组副组长：朱顺平　田　甜　林海萍
核　心　成　员：杨　萍　郭东云　吴烈雄　陈军健
参　编　单　位：广东省教育厅
　　　　　　　　中山大学社会学与人类学学院
　　　　　　　　益先社会工作研究院
　　　　　　　　中大社工服务中心

为贫困学生搭建一座投身中国梦的桥梁

——《广东省学生资助发展研究丛书》总序

教育公平是社会公平的基础。保障家庭经济困难学生顺利入学、完成学业是促进教育公平的重要举措，是脱贫攻坚的重要手段。2007年，经党中央、国务院决策部署，在全国范围内构建新的国家学生资助政策体系，拉开了我国系统构建家庭经济困难学生资助保障体系的序幕。

"不让一个学生因家庭经济困难而失学"，是党和政府的庄严承诺。为此，各级党委政府经过不懈努力，不断完善学生资助政策体系，健全"中央、省、市、县、校"资助管理体系，建立学生资助精准认定、资助育人、资金管理、资助宣传、监督检查等工作机制，建成了"从学前教育到研究生教育所有学段全覆盖，公办民办学校全覆盖以及家庭经济困难学生全覆盖"的学生资助政策体系，实现了从"保障型资助"向"发展型资助"的资助理念转变，探索构建了"扶困助学—立德树人—投身中国梦"特色育人通道；确立了资助政策"助困、奖优、引导"功能定位；创新了"经济扶助与健康发展相结合"的资助模式，形成了以政府资助为主导，学校、社会资助共同参与的学生资助格局。

广东省作为我国经济、文化大省，常住人口总量位居全国之首。广东省高度重视教育发展与学生资助工作，在贯彻落实党和国家关于学生资助重大决策部署的同时，结合省情实际，探索发展了符合地区教育发展和资助需求，具有广东特色的政策体系，有力保障了"不让一个学生因家庭经济困难而失学"在广东省得以落地，为全面提升广东省教育共享水平，加快推进教育现代化建设，打造南方教育高地，促进经济社会发展和改善民生做出了积极贡献。

岭南地区素来以务实、开拓、创新为其特色，学生资助领域也不乏以真抓实干、一心助学的资助工作者和理论研究人员。此次由广东省教育厅精心组织，联合中山大学社会学与人类学学院、益先社会工作研究院、中大社工服务中心等多家科研单位，共同开展《广东省学生资助发展研究丛书》的编著工作，以年度发展研究与重要发展阶段研究相结合的方式，将2007年以来，十年间广东省学生资助政策体系建设与实践历程进行系统回顾，并自2016年起以年度发展研究报告为载体，对学生资助工作进行总体与特色研究，系统呈现了广东省学生资助政策体系构建、完善、发展的全过程，研究提出了学生资助"广东模式"。该丛书立足于广东省学生资助多年实践经验，放眼于国内乃至国际学生资助创新发展趋势的研究成果，为广大学生资助从业人员、科研工作者以及社会大众提供了翔实的资料信息，值得参考借鉴。

习近平总书记在党的十九大报告中指出，"建设教育强国是中华民族伟大复兴的基础工程，必须把教育事业放在优先位置，加快教育现代化，办好人民满意的教育"，同时还特别指出要"健全学生资助制度"，这为下一步教育发展以及学生资助工作提出了明确的目标要求。新时代下教育领域的主要矛盾，就是人民群众接受优质、公平教育的需要与教育发展不均衡不充分的矛盾。保障教育公平离不开学生资助工作的深入发展，离不开广大学生资助工作者和研究人员的理论思考与实践创新。广东省在新时代、新征程开启之际推出《广东省学生资助发展研究丛书》，体现了中共广东省委、省政府，以及各级教育部门对学生资助工作的高度使命感与责任意识，也为我国学生资助经验积累进行了有益尝试。希望更多的教育工作者、资助工作者和研究人员加入我们的行列，不断推动学生资助事业的创新发展，丰富学生资助"中国模式"，以扎实的实践与研究成果，为解决世界近五分之一人口大国的教育资助问题提供中国方法与中国道路！

田祖荫

全国学生资助管理中心主任

2017 年 10 月

序

党的十九大报告指出，要"优先发展教育""努力让每个孩子都能享有公平而有质量的教育"，突出强调"教育公平"与"优质教育"。学生资助是保障教育机会公平、过程公平，推进结果公平的重要工作，受到国家和省市各级政府的高度重视。广东省历来高度重视教育发展与学生资助工作，始终坚持贯彻落实党中央、国务院以及省委、省政府的政策部署，加强各级资助机构建设、完善资助政策体系、健全资助工作制度、保障资助资金投入、推动资助政策实施，建立了从学前教育到研究生教育各个阶段全覆盖的资助政策体系，从制度上基本解决了家庭经济困难学生的就学问题，有力保障了"不让一个学生因家庭经济困难而失学"战略目标的实现。

2016年是"十三五"规划的开局之年，也是全面建成小康社会决胜阶段的开局之年。2016年，广东省学生资助工作立足经济社会发展趋势及教育发展要求，进一步贯彻落实"十三五"时期的发展任务要求，更加注重教育均衡协调发展，坚持以教育公平为核心，以精准资助为重点，以教育共享发展为价值追求，按不同教育阶段，分步骤、有重点，全面落实各项资助政策，进一步巩固和完善具有"广东特色"的学生资助体系。

为了系统回顾、全面总结广东省学生资助工作取得的成绩与经验，广东省教育厅联合中山大学社会学与人类学学院、益先社会工作研究院、中大社工服务中心等多家科研单位，组建广东省学生资助发展研究课题组，精心编写了《广东省学生资助发展研究系列丛书》，连续推出《广东省学生资助发展研究报告·2016》和《广东省学生资助十年发展研究报告（2007—2016年）》。

《广东省学生资助发展研究报告·2016》一书，围绕2016年广东省学生资助的工作理念、发展脉络、政策体系与实施情况，全景展现并深入分析了2016年广东省学生资助的特色与成效，从资助理念体系、资助政策体系、资助执行成效、资助工作知晓度与满意度分析、发展建议五大方面展开系统研究，综合比较国内不同地区学生资助政策，深入研究建档立卡家庭经济困难学生精准资助、中等职业教育阶段精准资助、学前教育阶段资助政策实效性及资助特色典型，系统呈现了2016年广东省学生资助政策体系构建与工作成效，是学生资助领域从理论价值到实践指导都具有创新性和引领性的著作。

党的十九大报告指出,"健全学生资助制度"和"努力让每个孩子享有公平而有质量的教育",为下一步学生资助工作明确了方向与要求。学生资助作为保障教育公平、提升教育发展共享水平、打赢教育脱贫攻坚战的重要工作,所涉及群体广泛,政策性强,责任重大,需要进行探索实践和模式创新的内容很多。期待广大学生资助实践者与研究者积极行动,共同推动新时代学生资助的创新发展,全力践行教育"优质"与"公平"的时代议题,为教育优先发展、推进教育现代化、办好人民满意的教育做出更大贡献!

是为序。

广东省学生资助发展研究课题组
2017 年 10 月

目 录

导 论　完善资助政策　落实精准资助 ………………………………………… 1

第一编　主报告：助学、筑梦、铸人　推进资助育人新格局

第一章　2016年广东省学生资助工作理念体系 ……………………………… 7
　一、公平正义：资助工作的核心理念 ………………………………………… 8
　二、共享发展：资助工作的价值追求 ………………………………………… 10
　三、精准资助：资助工作的关键举措 ………………………………………… 11

第二章　2016年广东省学生资助政策体系 …………………………………… 13
　一、各教育阶段学生资助政策的内容 ………………………………………… 13
　二、广东省2016年学生资助政策特色分析 …………………………………… 30

第三章　2016年广东省学生资助政策执行情况 ……………………………… 36
　一、总体执行情况 ……………………………………………………………… 36
　二、各教育阶段的学生资助政策及各地各校执行情况 ……………………… 39
　三、2016年广东省学生资助成效及社会影响 ………………………………… 60

第四章　2016年广东省学生资助工作知晓度及满意度分析 ………………… 64
　一、调查基本情况 ……………………………………………………………… 65
　二、学生对资助政策的知晓度分析 …………………………………………… 70
　三、学生对资助工作满意度分析 ……………………………………………… 77
　四、结论与讨论 ………………………………………………………………… 85

第五章　2016年广东省学生资助工作研究发现及发展建议 ………………… 88
　一、研究发现 …………………………………………………………………… 88
　二、发展建议 …………………………………………………………………… 91

第二编　专题研究：精准资助政策体系与资助模式探析

第一章　学生资助政策国内比较与经验借鉴 ………………………………… 103
　一、问题的提出 ………………………………………………………………… 103
　二、学前教育阶段 ……………………………………………………………… 103
　三、义务教育阶段 ……………………………………………………………… 109

  四、普通高中教育阶段 …………………………………………… 117
  五、中等职业教育阶段 …………………………………………… 124
  六、高等教育阶段 ………………………………………………… 130
  七、总结与讨论 …………………………………………………… 143
第二章 广东省建档立卡学生精准资助政策与执行情况研究
    ——以普通高校为例 ………………………………………… 146
  一、建档立卡学生精准资助政策相关背景 ……………………… 146
  二、建档立卡学生精准资助相关概念及其内涵分析 …………… 147
  三、广东省建档立卡学生资助政策现状 ………………………… 150
  四、普通高校建档立卡学生资助政策执行情况 ………………… 154
  五、存在的难点 …………………………………………………… 155
  六、完善广东省建档立卡学生精准资助工作的建议 …………… 156
第三章 2016年广东省中等职业教育资助精准化模式研究
    ——以佛山市顺德区为例 …………………………………… 158
  一、广东省中等职业教育阶段学生资助现状 …………………… 158
  二、广东省中等职业教育阶段学生资助工作面临的困难 ……… 160
  三、中等职业教育阶段资助精准化模式探索 …………………… 161
  四、经验推广可行性分析 ………………………………………… 164
  五、结论与建议 …………………………………………………… 166
第四章 2016年学前教育家庭经济困难幼儿资助实效性研究
    ——以韶关乐昌市为例 ……………………………………… 168
  一、广东省学前教育阶段资助现状 ……………………………… 168
  二、广东省学前教育阶段资助政策内容及要求 ………………… 169
  三、资助工作实效性研究——以韶关乐昌市为例 ……………… 171
  四、结论与建议 …………………………………………………… 177

第三编 特色典型：资助实践与创新做法

第一章 精准资助特色典型 ……………………………………………… 181
  一、广东省精准资助的经验和做法 ……………………………… 181
  二、广东省高校资助对象精准的典型案例 ……………………… 183
  三、广东省中职资助精细管理的典型案例 ……………………… 185
第二章 资助育人特色典型 ……………………………………………… 189
  一、资助育人内涵 ………………………………………………… 189
  二、广东省资助育人的经验和做法 ……………………………… 189

三、佛山科学技术学院资助育人的典型案例 …………………… 191
　　四、华南师范大学资助育人的典型案例 …………………………… 193
第三章　资助政策宣传特色典型 …………………………………… 197
　　一、资助政策宣传目标导向 ………………………………………… 197
　　二、广东省资助政策宣传的经验和做法 …………………………… 197
　　三、广东工程职业技术学院的资助政策宣传案例 ………………… 199
第四章　资助工作队伍特色典型 …………………………………… 202
　　一、广东省资助工作队伍现状 ……………………………………… 202
　　二、广东省资助工作队伍建设的主要做法 ………………………… 202
　　三、广东省高校资助工作队伍建设的典型案例 …………………… 204

附　录

附录一　广东省教育发展"十三五"规划（2016—2020年） ……… 211
附录二　2016年广东省家庭经济困难学生资助政策简介 …………… 235
附录三　2016年广东省学生资助工作大事记 ………………………… 241
附录四　广东省2016年学生资助工作知晓度与满意度调查问卷 …… 247

参考文献 …………………………………………………………………… 253

导论　完善资助政策　落实精准资助

教育是阻断贫困代际传递的治本之策，教育公平是实现社会公平的重要基础。党中央、国务院始终将促进公平作为国家基本教育政策，切实保障人民群众特别是困难群体的受教育权。"十三五"时期，根据全面建成小康社会决胜阶段的任务要求，《国家教育事业发展"十三五"规划》进一步提出全面提升教育发展共享水平，打赢教育脱贫攻坚战的主要任务，为新时期学生资助（本书所指"资助"均指"学生资助"）工作明确了目标与方向。

广东省学生资助始终坚持"以人为本"理念，以实现教育公平为目标，保障家庭经济困难学生受教育权利。自2007年以来，广东省教育厅积极贯彻落实党中央、国务院以及广东省委、省政府的决策部署，加强各级资助机构建设、完善学生资助政策体系、健全资助工作制度、保障资助资金投入、推动资助政策实施，建立了从学前教育到研究生教育各个阶段全覆盖的资助政策体系，资助项目达20多项，从制度上基本解决了家庭经济困难学生的就学问题，有力保障了"不让一个学生因家庭经济困难而失学"，为广东省全面落实"四个坚持、三个支撑、两个走在前列"发展要求、广东教育"争先进、当标兵、建高地"做出了积极贡献。

一、2016年广东省学生资助面临形势分析

2016年是全面建成小康社会决胜阶段的开局之年，也是广东省建成教育强省和人力资源强省的关键时期，实施教育先导和人才支撑是推进广东经济社会有序发展的基本策略。学生资助作为保障人民群众受教育权利的民生工作，其发展目标、任务要求与经济社会发展趋势和教育发展定位密切相关。

（一）经济发展趋势

广东省面临加快经济转型升级的艰巨任务，经济发展动力急需从依靠资源和低成本劳动力的要素投入型转向创新驱动型。[①] 以创新驱动为核心的发展方式离

---

① 广东省教育厅.关于印发《广东省教育发展"十三五"规划（2016—2020年）》的通知[EB/OL].(2016-12-30)[2017-07-28]. http://www.gdhed.edu.cn/publicfiles/business/htmlfiles/gdjyt/flfg/201707/512212.html.

不开高素质劳动者和创新型人才的推动。当前，广东省虽已建成从中等职业教育、专科高等职业教育、应用型本科教育到专业学位研究生教育纵向衔接的技术技能人才培养链，但中等职业教育、高等职业教育对创新型、技术型人才的培养规模与经济转型升级对人才的需求尚有较大差距，亟待提升职业教育与高等教育人才培养力度，服务产业升级与创新驱动。

（二）社会发展目标

为实践全民共享经济社会发展成果，落实国家脱贫攻坚规划、实施精准扶贫战略，中共广东省委、省政府确定了"三年攻坚、两年巩固，到2020年如期完成脱贫攻坚任务"的总体目标。围绕此目标实施教育扶贫、教育脱贫工程，力求保障家庭经济困难学生的受教育权利，提升自我造血能力，阻断贫困的代际传递。扶贫攻坚、全力推进贫困人口精准脱贫已成为当前教育领域的新任务。

（三）教育发展要求

围绕全面建成小康社会的发展目标，需加快推进基本公共教育服务体系完善，促进城乡区域教育均衡发展，在保障人民群众基本教育权利的同时，满足多样化教育需求。随着人口生育政策的改变、新型城镇化建设进程的加快推进，广东省全面放开异地高考等教育制度改革，不同教育阶段适龄人口结构将发生较大变化，异地务工人员随迁子女在本地就读人数将逐步增加，农村基础教育适龄人口随着城镇化建设进程推进将逐步减少，城镇基础教育适龄人口数量则将进一步扩大，上述发展趋势无疑对新时期保障教育公平工作提出了新挑战。

经济社会与教育发展形势对新时期广东省学生资助提出了新要求、新任务，亟待以"精准资助、资助育人"为重点，进一步完善政策体系、健全资助工作机制、优化资源配置、强化政策落实，确保教育公平与当前形势相适应。

二、2016年广东省学生资助主要任务分析

（一）完善资助体系，牢固资助保障安全网

扩大公益普惠性学前教育资源覆盖面，提高学前教育家庭经济困难幼儿补助标准，帮助贫困家庭幼儿接受学前教育。完善城乡义务教育学生资助政策，在保留原有农村义务教育困难学生生活费补助政策的基础上进一步提高资助标准。逐步分类推进中等职业教育免除学杂费，提高广东省对地市属中等职业学校免学费补助标准。全面部署推进生源地信用助学贷款，完善省外就读广东省户籍本专科

生资助。提高高校勤工助学薪酬标准，鼓励高校学生自立自强。

（二）实施精准资助，优化资助供给

健全精准资助政策，落实精准扶贫战略。根据国家、广东省关于建档立卡家庭经济困难学生（以下简称"建档立卡学生"）精准资助的政策部署，《广东省教育发展"十三五"规划》关于实施教育"精准扶贫"战略的任务要求，广东省教育厅制定教育精准扶贫方案，切实落实好国家和广东省制定的建档立卡学生各项资助政策，确保精准资助到人。与广东省扶贫、财政、民政、残疾人联合会等部门联动，对高中教育阶段、高等教育专科阶段建档立卡学生实行免除学费，并对义务教育阶段、高中教育阶段、高等教育专科阶段建档立卡学生实施生活费补助政策。

精准资助模式探索创新，将精准理念贯穿于家庭经济困难学生资助的全阶段。实施资源配置精准、资助对象精准、资助力度精准，开展"精准资助、精细管理、精心服务"的学生资助"广东模式"创新，即综合在校生规模、家庭经济困难学生数量和比例、学校工作成效等信息，科学配置资助资源；研究制定学生家庭经济状况评估办法，建立家庭经济困难学生统一识别、认定信息化体系；实施高校国家助学金分档设置，强化资助项目组合，促进资助供需有效对接；依托"省—市—县—校"四级资助管理体系，实施全过程精细管理，配套精心服务，巩固学生资助"广东模式"创新成效。

（三）立足立德树人，实施育人创新

落实"立德树人"根本任务和"人人成才"教育目标。以学生资助为基础，以能力建设为助力，以德育工作为引领，以实现人的发展为资助工作最终目标。将"立德树人"与"人人成才"融入资助工作全阶段，鼓励各地各校转变资助理念，创新资助育人模式，因地制宜开展育人工作内容和形式创新，将受助学生身心发展、能力建设、励志教育、诚信教育与社会责任教育等有机结合，促进受助学生立志成才、全人发展。

综合上述对发展形势与主要任务的分析，2016年广东省学生资助工作在现有学生资助体系上进一步贯彻和落实"十三五"时期的发展任务要求，更加注重教育均衡协调发展，坚持以教育公平为核心，以精准资助为重点，以教育共享发展为价值追求。按不同教育阶段，分步骤、重点推进，全面落实各项资助政策，进一步巩固和完善具有广东特色的教育资助体系。

为全景展现2016年广东省学生资助的工作理念、发展脉络、政策体系与实施情况，课题组于2017年2～9月对2016年度广东省学生资助工作实施情况进

行调查研究和资料整理，深入分析 2016 年度广东省学生资助的特色与成效，本书从广东省各地各校（不含部属、深圳市属学校）的资助工作理念体系、资助政策体系、资助政策执行情况、资助工作知晓度与满意度分析和研究发现与发展建议五大方面展开系统研究，综合比较国内不同地区学生资助政策、结合建档立卡学生精准资助、中等职业教育阶段精准资助、学前教育学生资助政策实效性研究、资助工作特色典型等专题与案例研究，系统性地呈现 2016 年广东省学生资助发展概况与工作成效，为广东乃至全国的学生资助工作发展提供研究蓝本与经验借鉴。

第一编 主报告：
助学、筑梦、铸人 推进资助育人新格局

第一编　主报告：助学、筑梦、铸人　推进资助育人新格局

第一章　2016年广东省学生资助工作理念体系

百年大计，教育为本；教育振兴，全民有责。中共广东省委、省政府历来高度重视教育改革发展。2010年，广东省制定《广东省中长期教育改革和发展规划纲要（2010—2020年）》（以下简称《规划纲要》），提出各级党委和政府要把教育摆在优先发展的位置，以促进公平为重点，推动教育事业在新的历史起点上科学发展，建设教育强省、人力资源强省，在全国率先基本实现教育现代化。[①]

《规划纲要》强调，要完善各级教育助学制度，建立起以财政承担为主、满足各层次学生需要的助学体系。该体系覆盖学生接受教育的全过程，包括：一是建立家庭经济困难学生认定制度；二是逐步建立农村家庭经济困难和城镇低保家庭子女接受学前教育资助政策；三是完善义务教育家庭经济困难学生生活费补助政策；四是建立普通高中家庭经济困难学生国家资助制度；五是逐步实行中等职业教育免费制度，完善家庭经济困难学生资助政策；六是健全高等学校学生资助政策体系，引入保险机制防范助学贷款风险；七是鼓励企事业单位、社会团体、公民和港澳台同胞侨胞参与各级各类助学奖学活动。[②]

2016年1月30日，广东省发布《广东省国民经济和社会发展第十三个五年规划纲要》（以下简称《"十三五"规划》），提出到2020年之前率先全面建成小康社会。率先实现基本公共服务均等化和社会保障城乡一体化，坚决打赢精准扶贫、精准脱贫攻坚战，全面完成扶贫开发任务。同时还提出，在建设教育强省的过程中，要完善教育发展保障体系，实现对家庭经济困难学生资助的全覆盖。

广东省学生资助工作始终紧扣《规划纲要》和《"十三五"规划》的要求，面向全省家庭经济困难学生开展助学、扶贫、帮困工作，推进教育精准扶贫，尽一切力量帮助家庭经济困难学生渡过难关，学有所成，确保每个学生都能接受应有的教育，不让一个学生因家庭经济困难而失学。在2016年，广东省学生资助工作取得了突出的成绩，积累了重要经验。总结当前广东省学生资助的理念体系，主要有以下三个方面。

[①] 广东省教育厅. 广东省中长期教育改革和发展规划纲要（2010—2020年）[EB/OL]. (2010 - 10 - 21)[2017 - 07 - 29]. http://www.gdhed.edu.cn/publicfiles/business/htmlfiles/gdjyt/s1211/201404/474781.html.
[②] 广东省教育厅. 广东省中长期教育改革和发展规划纲要（2010—2020年）[EB/OL]. (2010 - 10 - 21)[2017 - 07 - 29]. http://www.gdhed.edu.cn/publicfiles/business/htmlfiles/gdjyt/s1211/201404/474781.html.

一、公平正义：资助工作的核心理念

公平正义有着丰富内容和内涵。它包括自由、平等、机会公平，以及权利与义务、财富和收入的合理分配等一系列内容。社会进步程度越高，公平正义实现的程度就越深入。① 在教育领域，教育公平包含三个方面的内涵：确保人人都享有平等受教育的基本权利和义务；提供相对平等的受教育机会和条件；教育成功机会和教育效果相对均等。② 而正义可以是表现为"给每一个人他所应得的"样态。③ 从教育制度上看，正义则是指教育制度的公平安排，对所有教育主体的教育权利和机会进行平等对待或分配。④

公平正义是中国特色社会主义的内在精神、应有之义。社会主义的本质是解放生产力，发展生产力，消灭剥削，消除两极分化，最终达到共同富裕。在教育领域，就是要努力消灭城乡差距、区域差距、教育资源差距等问题，让每一个孩子都能接受公平正义的教育。《规划纲要》明确提出，教育公平的主要责任在政府，全社会要共同促进教育公平。实现教育公平的主体是政府，但只有政府加上全社会的共同努力，才能实现真正的教育公平。⑤ 政府承担公共教育责任有利于维护社会的公平、公正、稳定，政府公共教育责任是现代服务型政府的应有之义和不可推卸的责任。⑥

公共政策和教育政策是现代政府利用公权力管理教育活动的基本手段，也是现代政府保障社会公平和教育公平的基本手段。⑦ 教育公平要求政府、社会和教育机构，在制定教育政策法规、分配教育资源等方面，使社会成员能受到公正、平等对待，在教育资源配置与教育政策法规制定、执行中能够达到合理状态。这种合理状态既有利于促进社会发展，又能使每个社会成员在享受公共教育资源或适用教育政策法规时受到公正对待。

---

① 王文峰. "四个全面"战略布局的公平正义意蕴解析 [J]. 临沂大学学报，2016（6）：115 - 120.
② 龙安邦，范蔚. 我国教育公平研究的现状及特点 [J]. 现代教育管理，2013（1）：16 - 21.
③ 杨建国，王成文. 论教育公平与政府正义 [J]. 中国行政管理，2011（3）：70 - 74.
④ 霍翠芳. 教育公平作为国家基本教育政策的意义解读——制度正义的视角 [J]. 现代教育管理，2011（3）：48 - 50.
⑤ 杨建国，王成文. 论教育公平与政府正义 [J]. 中国行政管理，2011（3）：70 - 74.
⑥ 霍翠芳. 教育公平作为国家基本教育政策的意义解读——制度正义的视角 [J]. 现代教育管理，2011（3）：48 - 50.
⑦ 刘复兴. 教育公平是构建和谐社会的基本要求 [N]. 中国教育报，2006 - 12 - 09.

这里包括三方面的含义：第一，确保每个社会成员都享有平等受教育的权利，享有个体发展所必需的教育资源与对优质教育资源的竞争机会，不因其民族、种族、性别、职业、家庭出身等差异而不同。第二，提供相对平等的受教育条件，即每个社会成员都享有接受国家义务教育等平等受教育条件，不受经济状况、家庭环境、教育规模、地域等因素的影响。第三，教育成功机会和效果的相对均等，每个社会成员接受同等水平的教育后能达致基本近似的目标。①

教育的公平正义是现代社会公平正义的重要组成部分。一方面，在现代社会中，教育是国家社会发展的重要基础，教育的不公平会阻碍国家与社会的稳定与发展；另一方面，现代教育也是实现个人发展的主要途径。②《规划纲要》在总体战略中指出："教育公平是社会公平的重要基础，关键是机会公平，基本要求是保障公民依法享有受教育的权利，重点是促进义务教育均衡发展和扶持困难群体，根本措施是合理配置教育资源，向农村地区、贫困地区和民族地区倾斜，加快缩小教育差距。"

教育公平的实质就是各级各类教育机会作为公共教育资源在受教育人群中的平等分配。③ 实现分配正义是社会公正的基础性内容④，而教育所具有的"育人"和"筛选"的社会功能也要求必须以公平为先，帮助弱势者摆脱他出身的群体局限，改善其生存状态。⑤ 教育公平就其外延来看，它包含以下内容：教育机会的均等，即人人都能够享有受教育的机会，人人都享有接受高质量教育的机会；教育过程的平等，即在受教育过程中，受教育者不应该受到区别对待；教育结果平等，即完成同等教育的受教育者在深造、就业等方面的平等。⑥

2016年，广东省出台《关于新时期精准扶贫精准脱贫三年攻坚的实施意见》，提出要大力推进教育扶贫，让贫困家庭子女都能接受公平有质量的教育，防止贫困代际传递。教育经费要向贫困地区、基础教育倾斜，扩大公益性普惠性学前教育资源覆盖面，全面改善义务教育学校办学条件，率先从建档立卡学生实施普通高中免除学杂费，逐步分类推进中等职业（简称："中职"）教育免除学杂费，对建档立卡家庭经济困难学生就读小学、初中、高中、中职（含技校）、

---

① 杨建国，王成文. 论教育公平与政府正义 [J]. 中国行政管理，2011（3）：70-74.
② 刘复兴. 教育公平是构建和谐社会的基本要求 [N]. 中国教育报，2006-12-09.
③ 霍翠芳. 教育公平作为国家基本教育政策的意义解读——制度正义的视角 [J]. 现代教育管理，2011（3）：48-50.
④ 姚洋. 确立有利于社会公正的分配正义原则 [N]. 人民日报，2016-08-26.
⑤ 许林. 基于罗尔斯正义原则谈实现教育资源的公平分配 [J]. 财政研究，2012（11）：10-13.
⑥ 陆道坤. 以教育公平建设为基础 全面推进教育事业进程——解读"十七大"报告关于教育的论述 [J]. 江苏教育研究，2009（10）：15-18.

大专实行生活费补助。这些有力措施帮助家庭经济困难的学子，尤其是已建档立卡贫困户子女在不利的经济状况下，仍然可以不掉队，享受应有的教育权利。

二、共享发展：资助工作的价值追求

共享是中国特色社会主义的本质要求。2006年，《中共中央关于构建社会主义和谐社会若干重大问题的决定》中特别指出要"坚持教育优先发展，促进教育公平"，就是要求建设公平的教育和均衡发展的教育，使全体人民共享优质教育资源，共享教育改革的成果。[1] 2016年，广东省《"十三五"规划》也指出，要实现"三个定位、两个率先"目标，就必须要坚持"人民主体，成果共享"的基本原则[2]，坚持"共享发展，增进民生福祉"的基本理念[3]。坚持发展为了人民、发展依靠人民、发展成果由人民共享，努力解决人民群众最关心、最直接、最现实的利益问题，让人民在共建共享发展中有更多获得感，增强发展动力，增进人民团结，朝着共同富裕方向稳步前进。

共享发展是广东省经济社会发展的必然选择。生产力发展水平提高是实行共享发展的物质基础，社会主义制度是实行共享发展的必要条件，我国现实国情是实行共享发展的迫切需要，这既是对马克思主义的继承与发展，也是中国共产党对发展规律认识的升华。[4] 自改革开放以来，广东省取得了辉煌的发展成就，经济和社会取得了长足进步，为促进教育事业的发展提供了更为强大的资金支持、物质保障和技术保障，但与此同时，也不能不承认，在发展过程中，教育问题愈发突显，突出表现在城乡教育发展的不均衡、不同阶层人民群众受教育机会的不平等、优质教育资源的稀缺与分配不均、粤东西北地区的教育发展滞后、家庭经济困难学生群体面临着越来越高的教育成本等问题，这些问题是否能够得到圆满解决，直接影响到广东省全面建成小康社会的目标能否实现。

2016年，广东省采取一系列强有力的措施来落实共享发展的理念，突出表

---

[1] 陆道坤. 以教育公平建设为基础　全面推进教育事业进程——解读"十七大"报告关于教育的论述 [J]. 江苏教育研究, 2009 (10): 15-18.
[2] 广东省人民政府. 关于印发《广东省国民经济和社会发展第十三个五年规划纲要》的通知：粤府〔2016〕35号[EB/OL]. (2016-04-20) [2017-07-29]. http://zwgk.gd.gov.cn/006939748/201605/t20160509_654321.html.
[3] 广东省人民政府. 关于印发《广东省国民经济和社会发展第十三个五年规划纲要》的通知：粤府〔2016〕35号[EB/OL]. (2016-04-20) [2017-07-29]. http://zwgk.gd.gov.cn/006939748/201605/t20160509_654321.html.
[4] 赵满华. 共享发展的科学内涵及实现机制研究 [J]. 经济问题, 2016 (3): 7-13. // 蒋茜. 论共享发展的重大意义、科学内涵和实现途径 [J]. 求实, 2016 (10): 62-69.

现在加大学生资助力度上。学前教育资助标准提高到每人每年 1000 元；地市属中职学校（含技工学校）学生的免学费补助标准提高到每人每年 3500 元；农村义务教育学生营养改善计划的补助标准从每人每天 4 元提高到每人每天 5 元（每学年按 200 天计算）；高等教育阶段的校内勤工助学岗位薪酬标准，从原来的每小时 8 元提高到每小时不低于 12 元；为落实全省精准扶贫精准脱贫三年攻坚计划，对广东户籍就读义务教育、高中教育、中职教育和专科教育阶段的建档立卡贫困户子女提供免学费并给予生活费的补助政策，实行较为可观的补助标准。

教育坚持共享发展，就是要努力让全省人民享有更高质量、更加公平的教育，夯实社会公平的基础。一是提高普及程度，保障人人享有受教育的机会，扩大规模是教育共享发展的前提和基础；二是缩小教育差距，为每个学生提供更加优质的教育，扩大优质教育资源覆盖面是教育共享发展的重要任务；三是疏通教育渠道，为人人成才创造良好环境，这就要求坚持因材施教，为每一个人提供适宜的教育和发展道路，是教育共享发展的深层次要求。①

2016 年，广东省再次完善多个教育阶段的资助政策，包括完善学前教育资助政策，加大财政投入；进一步完善包括"两免一补""公用经费补助""免费教科书""生活费补助""校舍安全"等在内的城乡义务教育经费保障机制；推进全省生源地信用助学贷款工作等，这些强有力的举措就是在努力让人民群众能够共享高质量的教育，使每一个孩子都能享有人生出彩的机会。

三、精准资助：资助工作的关键举措

2013 年 10 月，习近平总书记到湖南湘西考察时，提出"实事求是、因地制宜、分类指导、精准扶贫"的重要指示，首次提出了"精准扶贫"的概念。精准扶贫是相对粗放扶贫而言的，运用科学有效的程序对扶贫对象实施精确识别、精确帮扶、精确管理的治贫方式，是我国扶贫工作的创新和发展，其创新理念可归纳为以下三方面：精准化理念、分批分类理念以及精神脱贫理念。② 至此，精准扶贫的理念和工作手法已应用于许多关系民生福祉的公共服务领域，也已成为学生资助工作的重要实践理念。

2016 年，广东省教育厅制定《关于推进精准扶贫精准脱贫三年攻坚的实施方案》，提出加强教育脱贫工作的部署，要以建档立卡贫困人口为重点，采取有力举措，精确对准教育最薄弱领域和最贫困群体，重点推进五项脱贫任务：一是

---

① 袁贵仁. 落实共享发展理念 大力促进教育公平［J］. 紫光阁, 2016 (6): 35-36.
② 刘晓杰. "精准扶贫"思想下的大学生"精准资助"［J］. 教育教学论坛, 2017 (3): 3-5.

改善教育基础设施建设,二是学生资助惠民政策,三是特殊困难儿童保障政策,四是职业教育富民政策,五是加强贫困地区师资队伍建设。

此外,广东省在教育发展"十三五"规划中也同样提出,要大力推进精准扶贫、精准脱贫,实施教育"精准扶贫"战略,明确各教育阶段促进教育公平的发展重点,要求进一步完善学生资助体系,加强学生资助信息系统建设,实现精准识别资助对象,落实资助标准动态调整机制,确保应助尽助。①

精准资助是教育精准扶贫的重要内容,是精准扶贫战略在教育领域的拓展和延伸。② 简要地说,精准资助就是要找准资助对象,通过差别化的资助形式,提升资助目的与资助对象需求之间的契合度,最大程度发挥资助的效能,主要体现在四个方面:一是对象精准,要科学认定家庭经济困难学生;二是需求精准,要能够满足资助对象包括物质需求和精神需求在内的个体需求;三是形式精准,有丰富的、学生乐于接受的资助形式;四是效能精准,充分发挥资助的实效性,最大程度体现资助的价值。③

教育精准扶贫对广东省打赢脱贫攻坚战具有重要意义。扶贫减贫战略的表层意义是为了使贫困地区和贫困人口脱离贫困,但其实质意义却是为了消除社会中的不平等,使全社会达到公平正义状态。同样,教育扶贫的最终目的不仅仅在于通过教育帮助一定数量的贫困人口和贫困地区实现减贫脱贫,而是要通过起点公正、过程公正和结果公正,实现贫困地区、贫困人口的教育分配正义和关系正义,从而实现教育扶贫对社会公平正义的价值追求。④ 只有真正让全省家庭经济困难学子,尤其是建档立卡贫困户子女通过精准扶贫获得自身所欠缺的资源,能够与其他学生站在同一起跑线上,共同接受符合公平正义的教育,改变自己以及家庭的命运,才能真正打赢这场意义深远的脱贫攻坚战!

---

① 广东省教育厅. 广东省教育发展"十三五"规划(2016—2020 年)[EB/OL]. (2017 - 01 - 09) [2017 - 07 - 21]. http://zwgk.gd.gov.cn/006940116/201701/t20170109_ 689216.html.

② 白华,徐英. 扶贫攻坚视角下高校建档立卡生精准资助探析[J]. 国家教育行政学院学报,2017 (3):16 - 21.

③ 张远航. 论高校家庭经济困难学生的"精准资助"[J]. 思想理论教育,2016 (1):108 - 111.

④ 李兴洲. 公平正义:教育扶贫的价值追求[J]. 教育研究,2017 (3):31 - 37.

第二章 2016年广东省学生资助政策体系

学生资助政策体系是实施教育资助、保障教育公平的重要基础。本章所述学生资助政策体系，是指以中央和各级政府为主导，学校和社会力量共同参与，明确资助组织领导、资助组织形式和资助标准制度，对有资助需求的困难学生群体，予以多种形式捐助、救助的各种机制和制度构成的系统。换言之，资助体系是一项十分复杂的系统工程，是各种资助政策的总称。① 以下将从不同教育阶段介绍广东省现行学生资助政策的主要内容。

一、各教育阶段学生资助政策的内容

（一）学前教育阶段学生资助政策

我国学前教育资助处于发展阶段，各项制度和措施在建立和不断完善之中。2011年，财政部、教育部联合出台《关于建立学前教育资助制度的意见》（财教〔2011〕410号），在全国范围内部署建立了学前教育资助政策体系。为贯彻落实国家政策要求，广东省根据本省实际情况，从2011年秋季学期起全面建立以政府资助为主体，学校减免收费等为补充，社会力量积极参与的学前教育资助政策体系。

为进一步推动和完善学前教育资助体系，让贫困家庭子女不输在起跑线上。2016年广东省教育厅、财政厅联合制定学前教育资助政策调整文件《关于调整完善学前教育资助政策的通知》（粤财教〔2016〕22号）。加大对学前教育阶段的财政投入，将持续执行近四年的家庭经济困难幼儿资助标准提高到每生每学年1000元。中共广东省委、省政府高度重视此项工作，将其列入2016年广东省民生实事，明确各级各部门权责，重点部署和推动此项工作的开展。在此文件中，进一步明确和规范了学前教育阶段的资助对象、资助比例和资助标准，以此加强对社会力量和幼儿园资助的政策引导，推动学前教育多元混合资助模式的进一步完善。现行政策的主要内容有三方面。

---

① 张玄. 普通高中贫困生资助体系研究［D］. 长沙：湖南师范大学，2015：4.

1. 政府资助为主体

学前教育阶段的政府资助资金由中央、省和地市三级财政共同承担，根据各地区经济水平发展状况的不同，各级政府财政承担的比例也有所不同。学生及其家庭无须偿还，这部分的资助更多体现了政府对家庭经济困难学前儿童、孤儿和残疾儿童的关怀。该项资助工作每学年评定一次，符合学前教育资助条件的儿童，由家长（监护人）在秋季学期开学后15日内，向就读幼儿园提出学前教育资助资金申请。

资助对象：以在经县级以上教育行政部门审核设立的公办幼儿园（含公办性质幼儿园）、普惠性民办儿园和幼儿班就读，符合国家相关政策的广东省3～6岁常住人口家庭经济困难学前儿童、孤儿和残疾儿童为资助对象。

资助标准：从2016年春季开始，广东省学前教育家庭经济困难儿童资助标准由原每生每学年300元调整为每生每年1000元，用于资助家庭经济困难儿童、孤儿和残疾儿童保教和生活费用。

资助比例：广东省在确保全省学前教育资助总人数不低于在园儿童人数10%的前提下，根据各地市上一年度学前教育资助政策的执行情况、地方财力投入、地方经济发展水平等情况，适当调整各地市的学前教育资助比例，并向经济欠发达县（市、区）和农村幼儿园倾斜。

2. 幼儿园资助为补充

在广东省教育厅与财政厅联合发文的《关于实施学前教育资助制度的通知》（粤教基函〔2012〕63号）和《关于调整完善学前教育资助政策的通知》（粤财教〔2016〕22号）中，均明确规定幼儿园要从事业收入中提取3%～5%的资金，专项用于学生减免保教费和提供特殊困难补助等，具体实施方法、比例由各地自行确定。鼓励各地市（区）幼儿园根据自身实际，提取一定比例的事业收入用于学前教育资助工作，作为政府资助的补充。

3. 社会资助共同参与

在广东省教育厅与财政厅联合发文的《关于实施学前教育资助制度的通知》（粤教基函〔2012〕63号）和《关于调整完善学前教育资助政策的通知》（粤财教〔2016〕22号）中，均明确要求各地要加快建立和完善相关优惠政策，积极引导和鼓励社会团体、企业及个人等捐资助学，帮助家庭经济困难儿童、孤儿和残疾儿童接受普惠性学前教育。进一步推动社会力量参与学前教育资助，增强学前教育资助的整体资助力度，提高资助水平，促进学前教育资助主体多元化发展。

（二）义务教育阶段学生资助政策

义务教育阶段的资助一直以来是各项教育资助工作中的重点，相较于其他教育阶段有更强的政府主导性质。义务教育阶段的资助政策以城乡均衡普惠性资助为主导,在全面建成小康社会、落实扶贫攻坚战略时期具有基础性、先导性和全局性作用。广东省从2001年起对农村义务教育阶段家庭经济困难的学生实行免收书本费和杂费制度,2007年率先实行全省农村义务教育全免费。广东省普及九年义务教育工作力度不断加大,义务教育水平已进入全国前列。

义务教育均衡发展是2016年广东省教育事业发展的重点工作。为进一步推进城乡义务教育均衡优质标准化发展,促进城乡义务教育一体化,应对随着新型城镇化建设和户籍制度改革不断推进,学生流动性加大等问题。2016年广东省出台《广东省人民政府关于进一步完善城乡义务教育经费保障机制的通知》(粤府〔2016〕68号)调整广东省义务教育家庭经济困难学生生活费补助政策,在保留原有农村义务教育困难学生生活费补助政策的基础上进一步提高资助标准,统一义务教育城乡家庭经济困难学生资助政策,增加对城乡义务教育家庭经济困难寄宿生补助生活费的内容。上述措施使广东省"以全面免除义务教育阶段学生学杂费和书本费为基础,以精准资助建档立卡户为重点,为农村学生免费配发汉语字典,农村寄宿学生免收住宿费,向城乡家庭经济困难寄宿学生、农村家庭经济困难非寄宿学生和民族地区寄宿制民族班学生提供生活费补助,实施农村义务教育学生营养改善计划等资助项目为补充",多维立体的义务教育阶段资助体系得到进一步完善。其现行主要政策内容有三方面。

1. 两免一补

"两免一补"是指全面免除义务教育阶段(小学和初中)学生的学杂费,对农村义务教育阶段学生免费提供教科书,对农村家庭经济困难寄宿生补助生活费的一项资助政策,简称"两免一补"。①

免学杂费和免费教科书(简称"两免")。早在2007年秋季学期起,广东省就全面免除城乡义务教育阶段学生学杂费,为城乡义务教育阶段的农村学生和城镇低保家庭学生免费提供教科书,在全国率先实现农村免费义务教育。2008年全面实施免费义务教育。2012年年底,财政部和教育部联合下发《关于下达2012年农村义务教育免费教科书中央补助资金的通知》(财教〔2012〕334号),要求各地财政、教育部门为所有农村义务教育学生配齐《新华字典》。广东省结合自身实际为农村小学一年级学生免费配发汉语字典,免学杂费的补助资金由省和地市财政共同分担,各级政府财政根据本地经济发展水平的不同,分担的比例也有所不同。农村学校学生的免费教科书和农村小学一年级的字典所需资金由广

---

① 中国网. 什么是"两免一补"[EB/OL]. (2015-02-03)[2017-07-29]. http://guoqing.china.com.cn/zhuanti/2015-02/03/content_34720941.htm.

东省级财政全额资助，部分经济发展水平较好的地市，如广州、珠海、佛山等地为城市学校学生提供免费教科书所需经费由各市财政自行负担。

生活费补助。国家政策重点补助城乡寄宿学生，部分家庭经济困难的非寄宿学生无法享受此项政策，另外对寄宿学生较少且经济发展较好的地区资助面①有限。广东省结合自身的实际情况，将补助对象分为两类。一是针对农村义务教育家庭经济困难非寄宿学生的生活费补助，所需资金由广东省财政全额负担。从 2008 年春季学期开始，此项政策的补助标准按照一般困难学生每生每学年 200 元、特殊困难小学生每生每学年 500 元、特殊困难初中生每生每学年 750 元实行。二是针对城乡义务教育家庭经济困难寄宿学生生活费补助。2016 年广东省根据《国务院关于进一步完善城乡义务教育经费保障机制的通知》（国发〔2015〕67 号）的要求，进一步完善对义务教育阶段学生生活费补助政策的内容，统一城乡家庭经济困难寄宿生的资助标准，促进城乡义务教育一体化发展。按照小学生每生每学年 1000 元，初中生每生每学年 1250 元的标准提供生活费补助，所需资金也由广东省财政全额负担。对于符合多项资助条件的同一学生，按照就高不就低的原则，享受其中一项资助政策，不能同时叠加使用。为进一步推进和落实精准资助，广东省要求从 2017 年春季学期起重新核定城乡义务教育家庭经济困难寄宿学生。

生活费补助工作每学年评定一次，符合义务教育资助条件的农村义务教育阶段家庭经济困难非寄宿学生和城乡家庭经济困难寄宿学生可以在每学年秋季学期向就读学校提出申请此项补助资金，该补助资金分春、秋两个学期发放。

2. 营养改善计划

2011 年，国务院办公厅下发《关于实施农村义务教育学生营养改善计划的意见》（国办发〔2011〕54 号），从 2011 年秋季学期起，对集中连片特殊困难地区启动农村义务教育营养改善计划国家试点工作，并支持地方以贫困地区、民族地区、边疆地区、革命老区等为重点，因地制宜开展营养改善试点工作，逐步改善农村家庭经济困难学生营养健康状况。广东省贯彻中央文件精神，结合本省实际情况，以韶关市乳源瑶族自治县、清远市连山壮族瑶族自治县和连南瑶族自治县为试点，开展农村学校义务教育阶段在校学生营养改善计划试点工作。同时鼓励各地自行出资开展试点，并对自行出资开展试点工作的韶关、梅州、惠州等 7 个地市进行奖补。2016 年，广东省出台《关于下达 2016 年农村义务教育学生营养改善计划省级补助资金的通知》（粤财教〔2016〕49 号）将该计划补助标准从每生每天 4 元提高到每生每天 5 元（每学年按 200 天计算），较 2015 年增加专项

---

① 资助面是指资助学生人数占在校学生人数的比例。

资金1000万元。

3. 少数民族聚居区寄宿生生活费补助

广东省辖内56个民族齐全。根据广东省统计局2016年5月公布的统计数据，全省常住人口中，汉族人口为10623.69万人，占97.92%；各少数民族人口为225.31万人，占2.08%，[①] 相较于第六次全国人口普查数据，广东各少数民族人口增加18.97万人，增长9.20%，增幅是本省汉族人口增幅的3倍。广东省少数民族地区的经济发展水平普遍较低，少数民族地区困难家庭子女上学难问题更加严峻。2010年，广东省教育厅联合广东省财政厅、广东省民族宗教委员会出台了《关于进一步落实少数民族地区义务教育阶段寄宿制民族班生活费补助的通知》（粤教财函〔2010〕111号），资助义务教育阶段少数民族地区寄宿制民族班学生。并于2011年出台《关于下达2011年义务教育阶段民族地区民族班学生生活费补助资金的通知》（粤财教〔2011〕240号），进一步提高义务教育阶段少数民族地区寄宿制民族班学生的生活费补助标准，由原来的小学每生每学年600元、初中每生每学年800元，分别提高到小学每生每学年800元、初中每生每学年1000元。享受义务教育阶段寄宿制民族班生活费补助的学生，不再享受农村义务教育阶段家庭经济困难学生生活费补助。

（三）普通高中教育阶段学生资助政策

2010年，财政部、教育部联合发布《关于建立普通高中家庭经济困难学生国家资助制度的意见》（财教〔2010〕356号），标志着我国开始建立普通高中阶段的学生资助体系，补齐普通高中资助政策短板。随后，《关于广东省普通高中家庭经济困难学生国家资助工作的实施意见（试行）的通知》（粤财教〔2011〕67号）印发，这是广东省贯彻落实国家关于普通高中阶段学生资助体系建设的意见，从2010年秋季学期起建立普通高中家庭经济困难学生国家资助制度，并结合本省实际明确实施意见。而早在2007年广东省推行义务教育阶段免学费政策之时，珠海市就先行先试，在2007年秋季启动了本市户籍中小学生的12年免费教育，不仅成为广东省首例，在全国范围内也属前列。

2016年，广东省以优质教育发展为核心，以夯实普通高中教育资助为目标，不断发展和完善适合本省省情，以政府为主导，国家助学金为主体，建档立卡学生的资助为核心，残疾学生免学费为特色，学校和社会力量协同参与的普通高中家庭经济困难学生资助政策体系。其现行主要政策内容有三方面。

[①] 广东省统计局. 广东省2015年全国1%人口抽样调查主要数据公报［EB/OL］.（2016-05-01）［2017-07-29］. http://www.gdstats.gov.cn/tjzl/tjgb/201605/t20160511_327841.html.

1. 国家助学金

2010年秋季学期起，广东省实施普通高中国家助学金制度，资助对象是全日制普通高中具有正式注册学籍的家庭经济困难在校学生和残疾学生。国家助学金资助面按上年全省在校生总数的10%确定。针对省内城乡区域经济发展极不平衡的现状，广东省教育厅对国家助学金指标实施动态调配，其中16个扶贫开发县按照在校生人数的20%下达，其他地区则按照对农村地区、贫困地区和民族地区予以适当倾斜，在保障整体资助面的同时确保了对农村、贫困和少数民族地区的资助力度。2015年春季学期起，广东省国家助学金资助标准由每生每学年1500元提高到2000元。此项资助工作每学年于秋季学期开学后评定一次，由符合该政策资助条件的学生在秋季学期开学后1周内向就读学校提出申请。补助资金分春、秋两个学期分开发放。

2. 残疾学生免费教育

为加快推进特殊教育发展，提升特殊教育水平，进一步保障残疾人受教育权利，教育部、国家发展和改革委员会、民政部、财政部、人力资源和社会保障部、卫生和计划生育委员会以及中国残疾人联合会于2014年联合制定《特殊教育提升计划（2014—2016年）》，广东省贯彻落实上述政策，结合省情制定了《广东省人民政府办公厅关于转发省教育厅等部门〈广东省特殊教育提升计划（2014—2016年）〉的通知》（粤府办〔2014〕36号），明确"推动实施残疾学生15年免费教育，在全省范围内实施免费义务教育的基础上，从2015年春季学期起，在全省范围内实施高中阶段残疾学生免费教育，免收学杂费、课本费；有条件的地区可实施从学前教育到高中阶段残疾学生免费教育"。

3. 学校资助和社会资助

广东省致力于构建多元主体参与的资助格局，推动学校和社会力量参与学生资助工作，鼓励各学校提取事业收入用于学生资助，设立学校减免学费、学校奖助学金、特殊困难补助等学校资助项目。积极鼓励和引导企业、社会团体及个人进行捐资助学，在普通高中设立奖学金、助学金。从2009年开始广东省教育厅联合广东省宋庆龄基金会，设立面向普通高中的省级奖学金——广东省宋庆龄奖学金，用于奖励普通高中在校生中品学兼优者，进一步补充了普通高中资助项目内容。珠三角地区部分地市先后设立"扶贫助学基金""爱心基金""扶持困难家庭子女读书工程"等资助项目，接收企业单位、社会团体、爱心人士助学捐款，为家庭经济困难和因病、因突发意外造成临时困难的普通高中学生群体提供资助，确保他们顺利完成学业。

（四）中等职业教育阶段学生资助政策

2007 年，国务院发布《关于建立健全普通本科高校、高等职业学校和中等职业学校家庭经济困难学生资助政策体系的意见》（国发〔2007〕13 号），随后，财政部、教育部印发《中等职业学校国家助学金管理暂行办法》（财教〔2007〕84 号）和《中等职业学校学生实习管理办法》（教职成〔2007〕4 号）两个配套文件，标志着我国中等职业教育资助政策体系的正式建立。① 广东省高度重视中等职业教育的发展，将其定位为服务区域性产业结构升级的战略部署之一。广东中等职业教育阶段学生资助工作以发展中等职业教育、优化教育结构和人才供给、服务广东产业结构升级为目标，不断优化资助政策体系、加大资助资源供给、完善资助工作模式，在全国范围内保持着示范性、引领性的地位和作用。

广东省部分地区最早于 2004 年开展中等职业教育阶段的学生资助探索，如广州市自主制定针对本市户籍学生的教育扶贫政策。② 此后，根据中等职业教育发展需要，广东省不断完善和优化中等职业教育学生资助体系，2010 年印发《关于中等职业学校农村家庭经济困难学生和涉农专业学生免学费工作的实施意见（试行）的通知》（粤财教〔2010〕120 号），率先提出在国家的免学费补助政策每生每学年 2000 元的基础上提高补助标准，达到每生每学年 2500 元。此后，广东各地根据职业教育发展和产业结构转型升级需要，先行先试，开展中等职业教育资助探索，其中佛山市顺德区根据全面实现一元化户籍管理改革，全市居民统一为非农业人口的情况，自 2012 学年起在全省率先实行中等职业教育免费，减免优惠对象为全区中职学校在读学生（不限户籍、年级）。佛山市财政局、教育局等部门于 2013 年出台《关于扩大中等职业教育免学费政策范围 进一步完善国家助学金制度的实施意见》（佛财行〔2013〕54 号），提出逐步扩大中等职业教育免学费范围，从 2014 年秋季学期起，对全市全日制中职学校学籍学生免除学费。

在鼓励各地各校因地制宜、探索创新的同时，广东省进一步调整中等职业教育免学费政策，提高补助标准。2015 年出台《关于调整中等职业教育免学费政策的通知》（粤财教〔2015〕16 号），提出"提高第三学年中职免学费补助比例"和"分步提高省对地市属中等职业学校免学费标准"。2016 年在中等职业教育免学费资助标准提高到 3000 元的基础之上，进一步强化中等职业教育资助资金供给，将符合资助条件的学生免学费标准提高到每生每学年 3500 元，并连续

---

① 刘红. 我国百年中等职业教育学生资助制度述评 [J]. 职教论坛，2011（22）：85-96.
② 罗恒. 广州市中等职业教育学生资助问题研究 [D]. 广州：华南理工大学，2015：12.

两年将此项工作纳入广东省民生实事重点加以落实推进。这一系列举措进一步完善了广东中等职业教育阶段以国家的免学费、国家助学金为主，以残疾学生免费教育为特色，顶岗实习及学校和社会资助等为补充的学生资助政策体系。其现行政策的主要内容有四方面。

1. 免学费

资助对象是广东省中等职业学校全日制正式学籍一、二、三年级农村（含县镇）学生、城市涉农专业学生和家庭经济困难学生，艺术类相关表演专业学生暂不享受免学费政策。其中公办中等职业学校不可向学生收取学费；民办中等职业学校经批准的学费标准高于财政补助的部分，学校可继续向学生收取。广东省落实国家关于中等职业学校学生免学费政策，并结合省内实际情况分步提升对地市属中等职业学校的免学费补助分担标准，2016年起，广东省财政对地市属中等职业学校的免学费补助分担标准由每生每学年3000元提高到3500元。提高标准后，中等职业教育免学费补助资金较2015年增加了3.3亿元。部分地市如梅州市在此基础上进一步提高资助标准，达到每生每学年4000元。

2. 国家助学金

此项制度从2007年开始实施。从2012年秋季学期起，资助对象由全日制正式学籍一、二年级在校农村（含县镇）学生和城市家庭经济困难学生，逐步调整为全日制正式学籍一、二年级在校涉农专业学生和非涉农专业家庭经济困难学生。非涉农专业家庭经济困难学生比例，按非涉农专业在校学生的10%确定。各地级以上人民政府根据实际情况，按不低于10%合理确定本行政区域内家庭经济困难学生的具体比例。2015年广东省财政厅、教育厅、人力资源和社会保障厅联合发布《关于调整普通高中和中职教育国家助学金政策的通知》（粤财教〔2015〕259号），提高国家助学金资助标准，由原来的每学年生均1500元的标准提高到2000元。补助资金由中央、省、市和县（区）各级财政共同分担，分担比例根据各地经济发展水平确定。

3. 残疾学生免费教育和助学金制度

《广东省特殊教育提升计划（2014—2016年）》明确提出残疾学生15年免费教育，含中等职业学校全日制正式学籍一、二、三年级的残疾学生。为落实此项计划，广东省财政厅和教育厅联合印发《广东省中等职业学校学生和普通高中残疾学生免学费补助资金的管理办法》（粤财教〔2014〕189号），要求公办中等职业学校不可向残疾学生收取学杂费、课本费；民办中等职业学校经批准的学费标准高于财政补助的部分，学校可继续向学生收取。设立中等职业教育残疾学生助学金政策，用于资助中等职业学校全日制正式学籍一、二年级的残疾学生，资助标准为每生每学年2000元。

4. 顶岗实习及学校和社会资助

顶岗实习。顶岗实习是指全日制学历教育的中等职业学生按照专业培养目标要求和人才培养方案，由职业学校安排或者经职业学校批准自行到企（事）业等单位（以下简称"实习单位"）的相应实习岗位，相对独立参与实际工作的活动。① 随着广东省产业结构的调整，培养契合市场需求和企业要求的职业技术人才，推进校企合作和顶岗实习尤为重要。广东省要求各地各校安排中等职业学校三年级学生到企业等单位顶岗实习，获得一定报酬，用于支付学习和生活费用。

学校资助。广东省鼓励中等职业学校在国家助学金和免学费政策之外，从学校事业收入中提取一定比例经费，用于设立学校减免学费、学校奖助学金、"绿色通道"等资助项目。

社会资助。广东省鼓励和支持各地各校拓展社会资源，联合企业、社会团体以及个人设立社会资助项目，帮扶中等职业教育阶段家庭经济困难学生。

（五）高等教育阶段学生资助政策

1998年，《中华人民共和国高等教育法》颁布，全国开始实行高等教育全面收费制度，高等教育阶段资助政策的重要性凸显、需求量激增。针对高校贫困生人数增加的情况，国务院在2007年5月颁发了《关于建立健全普通本科高校、高等职业学校和中等职业学校家庭经济困难学生资助政策体系的意见》（国发〔2007〕13号），为健全我国高校家庭经济困难学生资助政策体系奠定了坚实基础。②

广东省落实党和国家决策部署，在中共省委、省政府的领导下，不断完善以政府投入为主，高校、社会共同参与，多维度多渠道的高等教育阶段资助体系，建立了以国家助学金、国家助学贷款、国家奖学金、国家励志奖学金为主，学费补偿、助学贷款代偿、勤工助学、学费减免、社会资助和确保家庭经济困难学生顺利入学的"绿色通道"制度等有机结合的资助政策体系。其中，解决学费、住宿费问题，以国家助学贷款为主，以国家励志奖学金等为辅；解决生活费问题，以国家助学金为主，以勤工助学等为辅。此外结合广东省省情，制定了符合广东特色的专项资助政策，即广东省贫困家庭大学新生入学资助、广东省少数民族聚居区少数民族大学生资助和"南粤扶残助学工程"。

---

① 教育部，财政部，人力资源和社会保障部，安全监管总局，中国保监会. 关于印发《职业学校学生实习管理规定》的通知：教职成〔2016〕3号[EB/OL].（2016-04-18）[2017-07-29]. http://www.moe.edu.cn/srcsite/A07/moe_950/201604/t20160426_240252.html.

② 程治强. 高校大学生资助政策现状及发展趋势分析[J]. 改革与开放，2016（23）：100-101.

2016年，广东省进一步夯实高等教育阶段资助体系，全面部署推进生源地信用助学贷款政策，推动健全助学贷款运作机制，扫除本省学生资助政策落实存在的"盲区"。这一举措进一步强化了广东省高等教育学生助学贷款资助防护网，保障了广东户籍在省外就读学生申请助学贷款的权益。广东省现行高等教育阶段资助政策的主要内容有以下八方面。

1. 国家助学金

本专科阶段。广东省落实国家政策文件精神制定了《关于建立健全我省普通高校和中等职业学校家庭经济困难学生资助政策体系的实施意见》（粤府〔2007〕92号）和《广东省普通高校本专科生国家奖学金助学金管理办法》（粤财教〔2014〕191号），规定资助对象为广东省家庭经济困难的全日制普通高校本专科（含高职、第二学士学位）学生，资助面约为全日制普通高校本专科（含高职、第二学士学位）在校学生总数的20%，资助额度在2000～4000元范围内，平均资助标准为每生每年3000元，高校可根据学生家庭经济困难程度分设2～3档资助。国家助学金评审中，要向农、林、水、地、矿、油、核等国家需要的特殊学科专业学生适当倾斜。

研究生阶段。随着我国研究生教育收费制度的逐步建立健全，从2014年秋季学期起，所有纳入国家招生计划的新入学研究生全面自费。公费制的取消让研究生阶段学生资助政策变得至关重要。同年实施研究生阶段国家助学金制度，很大程度上减轻了家庭经济困难学生的经济压力。广东省在国家政策的指导下印发《广东省普通高校研究生国家助学金管理暂行办法》（粤财教〔2014〕240号），明确研究生阶段国家助学金政策的资助对象为纳入全国研究生招生计划、没有固定工资收入、规定学制期内的全日制在读研究生，实现了全日制在读研究生全覆盖。资助标准为博士研究生每生每年10000元，硕士研究生每生每年6000元，以学期为单位，一年分两次发放。

国家助学金由中央、省和地市财政共同分担，广东省属高校由中央和广东省级财政共同分担。地级以上市所属学校由中央、省及地方财政根据地区经济发展水平设定比例。

2. 国家助学贷款

1999年，我国出台国家助学贷款政策，该政策不是过去以奖助等无偿资助为主的模式，而是由政府主导、金融机构提供无须担保或抵押的信用助学贷款，帮助家庭经济困难高校学生解决在校期间的学费和住宿费用，是一款具有公共福利性质的低偿金融产品。贷款对象是家庭经济困难的全日制普通高校本专科生和研究生。国家助学贷款包括校园地助学贷款和生源地信用助学贷款两类。

校园地助学贷款是国家助学贷款政策初期的主要形式和核心内容，是指由国家财政贴息、金融机构向符合条件的家庭经济困难学生发放，在学生就读的高校统一申请办理，用以支付在校学习期间所需的学费、住宿费及生活费的银行贷款；生源地信用助学贷款则是符合条件的家庭经济困难学生入学前在户籍所在县（市、区）办理。① 广东省助学贷款政策以校园地助学贷款为先导，以生源地信用助学贷款为补充。2016 年，广东省学生资助政策中，助学贷款金额原则上每生每学年最高申请金额本专科生不超过 8000 元，研究生不超过 12000 元。国家助学贷款利率按照中国人民银行公布的法定贷款利率和国家利率政策执行。贷款学生在校学习期间的国家助学贷款利息全部由财政补贴，毕业后的利息由贷款学生本人全额支付。贷款学生毕业后的三年内只还利息不还本金，毕业后第四年开始偿还本金。

3. 国家奖学金

国家奖学金是由中央财政全额出资，该政策旨在奖励优秀学生，鼓励家庭经济困难学生努力学习，提升自我，为激励性资助政策，且资助目的更具有发展性。

本专科阶段。广东省结合国家的政策文件精神制定出台了《关于建立健全我省普通高校和中等职业学校家庭经济困难学生资助政策体系的实施意见》（粤府〔2007〕92 号）和《广东省普通高校本专科生国家奖学金助学金管理办法》（粤财教〔2014〕191 号），规定奖励对象为特别优秀的二年级以上（含二年级）全日制普通高校本专科（含高职、第二学士学位）在校生，奖励标准为每生每年 8000 元。

研究生阶段。广东省结合国家的政策文件精神制定印发《关于广东省高校研究生国家奖学金管理暂行办法的通知》（粤财教〔2013〕17 号），明确奖励对象为普通高校中表现优异的全日制研究生，奖励标准为博士研究生国家奖学金每生每年 30000 元，硕士研究生国家奖学金每生每年 20000 元。

国家奖学金工作每学年评选一次，学生于每学年开学初（9 月 30 日前）提出申请，学校启动评审工作，在 10 月 20 日前将评审结果报送广东省财政厅、教育厅，材料经汇总整理后于 10 月 31 日前报送财政部、教育部，并在 11 月 30 日前将奖学金一次性发放给获奖学生，颁发国家统一印制的奖励证书，并记入学生的学籍档案。国家奖学金评审中，要向农、林、水、地、矿、油、核等国家需要的特殊学科专业学生适当倾斜。

---

① 陈佳，薛澜. 国家助学贷款可持续发展的政策分析——基于政策体系与实践模式层面 [J]. 清华大学教育研究，2012，33（1）：33 - 39.

4. 本专科生国家励志奖学金

与国家奖学金申请和评选流程和时间上基本一致，也是年末一次性发放励志奖学金。广东省结合国家的政策文件精神制定出台了《关于建立健全我省普通高校和中等职业学校家庭经济困难学生资助政策体系的实施意见》（粤府〔2007〕92号），明确国家励志奖学金的资助对象为品学兼优、家庭经济困难的二年级及以上（不含评选当年毕业学生）全日制普通高校本专科在校生，有着助困的特性。资助资金由中央、省和地市的财政共同分担，资助标准为每生每年5000元。同一学年内，同一学生不能同时获得国家励志奖学金和国家奖学金。

5. 研究生学业奖学金

"研究生学业奖学金"与"研究生国家助学金"于2014年秋季学期一同开始实施，与国家助学金不同的是学业奖学金兼具有助困和扶优两种特性。资助对象为普通高校表现良好的全日制研究生，同时也要求将研究生的家庭经济状况作为确定研究生学业奖学金覆盖面、等级、奖励标准和评定办法的考量要素之一。资助面也因其助困的特性较国家奖学金更广，博士研究生按照在校博士生人数的70%资助，硕士研究生按照在校硕士研究生人数的40%资助。广东省财政按照博士研究生人均每年10000元，硕士研究生人均每年8000元给予支持。高校可根据实际情况，分档奖励。与国家奖学金在申请和评选流程和时间上基本一致，在年末一次性发放学业奖学金。广东省属高校实行该项资助政策所需经费由省级财政负担，市属高校由市级财政负担。

6. 学费补偿和国家助学贷款代偿政策

随着高等教育体制改革的逐步深入，我国高等教育从精英教育进入大众教育阶段，2002年起高校毕业生由以往就业包分配发展为自主择业。市场竞争机制的引进，促使大学生倾向于选择名校和热门专业，前往更有发展前景的大城市就读和就业。我国中西部地区、偏远地区、冷门专业以及国防事业则出现人才紧缺的状态，为引导人才均衡流动，兼顾家庭经济困难学生公平接受高等教育的机会，贯彻落实中共中央办公厅、国务院办公厅《关于引导和鼓励高校毕业生面向基层就业的意见》（中办发〔2005〕18号），2006年财政部、教育部联合印发《高等学校毕业生国家助学贷款代偿资助暂行办法》（财教〔2006〕133号），同年人事部等部门颁布《关于组织开展高校毕业生到农村基层从事支教、支农、支医和扶贫工作的通知》（国人部发〔2006〕16号），引导和鼓励高校毕业生去往中西部贫困偏远地区和基层就业。随后，将应征入伍服义务兵役的高等学校毕业生、退役后复学的原高校学生和直接招收为士官（以下简称"直招士官"）的高校学生（含定向生）进一步纳入学生资助体系，鼓励高等学校在校学生积极应征入伍服义务兵役，提高国防意识，推进国防和军队现代化建设。广东省在贯彻落实多项政策基础之上,结合省情制定了符合省内实际的学费补偿和国家助学贷款代偿政策体系。

基层就业学费补偿、贷款代偿。广东省印发《关于参加"三支一扶"高校毕业生国家助学贷款代偿暂行办法的通知》(粤人社发〔2012〕29号),鼓励高校毕业生到农村基层从事支农、支教、支医和扶贫工作,服务期满(3年以上,含3年)且考核合格的高校毕业生,继续在经济欠发达地区基层工作满1年,可申请代偿其在校学习期间获得的国家助学贷款本息。补偿代偿金额根据毕业生在校期间每年实际缴纳的学费或获得的国家助学贷款确定,本专科生每生每年不高于8000元,研究生每生每年不高于12000元。每年补偿或代偿总额的1/3,分3年补偿代偿完毕。

应征入伍服义务兵役学费补偿、贷款代偿及学费减免。2016年,广东省印发《广东省教育厅关于做好2016年高校学生应征入伍服兵役国家资助有关工作的通知》(粤教助办函〔2016〕40号),进一步明确补助对象是2014年7月1日后应征入伍服义务兵役的高校在校生、毕业生及退役后复学的原高校在校生。① 国家对应征入伍服义务兵役的高校学生在校期间缴纳的学费实行补偿、对在校期间获得国家助学贷款(含校园地助学贷款和生源地信用助学贷款)实行代偿,退役后复学的原高校在校生实行学费资助。补助标准为本专科生每生每学年不超过8000元,研究生每生每学年最高不超过12000元。每学年实际缴纳的学费或获得的国家助学贷款低于8000元的,按照学费和国家助学贷款两者就高的原则,实行补偿或代偿。

直招士官学费补偿、贷款代偿。享受此政策的有两类学生,一是直接从非军事部门招收为部队士官的全日制普通本专科(含高职)、研究生、第二学士学位的应(往)届毕业生,以及成人高校的普通本专科(高职)应(往)届毕业生;二是纳入全国高等学校招生统一考试、直接招录或选拔补充为部队士官的定向生。② 广东省2016年印发《广东省教育厅关于做好2016年高校学生应征入伍服兵役国家资助有关工作的通知》(粤教助办函〔2016〕40号),明确对直招士官

---

① 在校生是指高校中全日制普通本专科(含高职)、研究生、第二学士学位在读生,以及成人高校招收的普通本专科(高职)在读生。参见财政部、教育部、总参谋部关于印发《应征入伍服义务兵役高等学校在校生学费补偿国家助学贷款代偿及退役复学后学费资助暂行办法》的通知(财教〔2011〕510号)。

② 全国征兵网. 三部门就直接招收为士官的高等学校学生国家资助政策问答[EB/OL].(2014-03-49)[2017-07-29]. http://www.gfbzb.gov.cn/zbbm/zcfg/zcjd/201512/20151203/1513283560.html. // 直招士官定向生是指通过直接从非军事部门招收士官的途径,经全国普通高校招生统一考试选拔,依托普通高等学校定向培养,毕业后直接补充到部队相应专业技术士官岗位服役的全日制高校学生。也就是说,定向生在入学时就确定了毕业后要到部队以士官身份服役。目前,定向生全部为专科(高职)学生。定向生完成2.5学年相应课程且修满规定学分后,于第三学年的12月份办理入伍实习手续,开始入伍服役。

的高等学校学生的资助政策以财政部、教育部、总参谋部制定了《高等学校学生应征入伍服义务兵役国家资助办法》（财教〔2013〕236 号）和《关于对直接招收为士官的高等学校学生施行国家资助的通知》（财教〔2015〕462 号），为落实此项政策，明确资助对象为 2015 年 7 月 1 日后直接招收为士官的高等学校学生。对直接招收为士官的高等学校学生，入伍时对其在校期间缴纳的学费实行一次性补偿或对获得的国家助学贷款实行代偿，补偿代偿金额根据毕业生在校期间每年实际缴纳的学费或获得的国家助学贷款确定，本专科学生每生每学年最高不超过 8000 元、研究生每生每学年最高不超过 12000 元。

退役士兵教育资助。2006 年开始，广东省就率先通过开展退役士兵职业技能培训，提供相应教育资助，以提高退役士兵的就业能力，并于当年出台实施意见和资金管理办法。自 2006 年冬季开始，广东省对复学或通过技能考试考入广东省高等职业院校、生源地为广东欠发达地区的退役士兵进行教育资助。资助标准为每生每学年 7000 元。根据广东省、重庆市、北京市等地开展退役士兵职业教育和技能培训的探索经验，2010 年国务院、中央军委发布《关于加强退役士兵职业教育和技能培训工作的通知》（国发〔2010〕42 号），全国范围的退役士兵职业教育和技能培训工作正式启动。2011 年，财政部、教育部、民政部、总参谋部、总政治部发布《关于实施退役士兵教育资助政策的意见》（财教〔2011〕538 号），明确退役士兵教育资助政策，将资助对象和资助内容进一步扩展和延伸，资助对象为退役一年以上、考入全日制普通高等学校的自主就业退役士兵和退役一年以上、考入普通高等学校并纳入全国全日制研究生招生计划的自主就业退役士兵。资助内容包括：一是学费资助；二是家庭经济困难退役士兵学生生活费资助；三是其他奖助学金资助。2016 年，广东省以国家政策为指导，结合广东省省情在《广东省教育厅办公室关于报送 2016 年经济欠发达地区退役士兵教育资助材料的通知》（粤教助函〔2016〕56 号）中明确资助对象为 2016 年退役士兵（退役一年以内）专科生以及 2014 年、2015 年漏报或未获资助符合条件的退役士兵的专科生，生源地在广东省经济欠发达的地区退役士兵专科生，复学或者通过技能考试录取入学的退役士兵专科生以及申请续报并且在校的退役士兵专科生。资助标准为每生每学年 7000 元，其中 4000 元用于退役士兵培训资金，包括支付退役士兵在校期间的全部学杂费、住宿费、实习实验费、技能鉴定费；3000 元用于对农村户籍的退役士兵在校期间的伙食补助，并且直接打入退役士兵的饭卡。

7. 特色资助项目

广东省根据地域、人口结构和分布特点，制定少数民族地区学生和残疾学生资助政策，保障各类群体受教育权益，这部分学生资助政策既是广东省学生资助工作的重点，也极具地方特色。

少数民族大学生资助。为进一步推进少数民族地区学生资助政策体系的完善，2013年广东省人民政府办公厅出台《关于加大力度资助我省少数民族聚居区少数民族大学生上大学的通知》（粤府办〔2013〕20号），推进大学生资助政策向特殊群体和贫困地区倾斜，保障了少数民族大学生接受教育的机会公平。明确了资助对象是户籍在广东省少数民族聚居区，并且小学和初中均在少数民族聚居区就读，2013年及以后通过普通高考，考上全日制本专科院校（含省外学校）的少数民族大学生。资助标准为每生每学年10000元，资助周期为本专科就读期间。符合条件的少数民族大学生在入学前向户籍所在地的县（市、区）民族工作部门提出资助申请。资助资金由广东省财政全额负担。

"南粤扶残助学工程"专项资助。2014年，广东省人民政府办公厅转发广东省教育厅等部门制定的《广东省特殊教育提升计划（2014—2016年）》（粤府办〔2014〕36号），明确部署推动实施残疾学生15年免费教育，提高残疾学生资助水平。此后，广东省残疾人联合会、广东省教育厅联合出台《"南粤扶残助学工程"实施办法（暂行）》（粤残联〔2015〕83号），提出从2015年秋季学期起实施"南粤扶残助学工程"，对新入学残疾人大学生一次性发放助学金。该政策资助对象是广东省户籍并持有第二代中华人民共和国残疾人证（以下简称"残疾人证"）的新入学残疾人大学生，包括当年度全日制普通高等学校的新入学全日制残疾人本专科生和纳入国家招生计划的新入学全日制残疾人研究生（含硕士研究生、博士研究生，有固定工资收入的除外）。资助标准为专科生每人一次性资助10000元，本科生每人一次性资助15000元。硕士研究生每人一次性资助20000元，博士研究生每人一次性资助30000元。符合条件的残疾人大学生向入学前户籍所在地的县（市、区）残疾人联合会提出申请。资助资金由广东省残疾人联合会全额负担，并于入学当年的12月3日"国际残疾人日"前将助学金发放到资助对象的银行账户。

8. 其他资助项目

"三助一辅"岗位津贴。研究生在不影响专业学习与研究的原则下，参加学校设置的"三助一辅"（助研、助教、助管和担任学生辅导员工作）岗位，获得一定的津贴报酬，帮助完成学业。"三助一辅"岗位津贴标准由高校依据国家有关规定，结合当地物价水平等因素合理确定。

新生入学资助项目。2012年，广东省人民政府办公厅出台《关于做好我省贫困家庭大学新生入学资助工作的通知》（粤府办明电〔2012〕316号）实施家庭经济困难大学新生资助政策，每年省财政安排5000万元，并从"6·30广东扶贫济困日"社会慈善捐赠资金中安排5000万元作为省级专项资金，用于解决家庭经济困难大学新生资助，资助对象为广东省当年考入全日制普通高等学校的家庭经济困难大学新生。资助标准按省级人民政府制定的学费标准，最高不超过每生每学年6000元。考入广东省内高校的新生开学时向学校申请，考入省外的新生向户籍所在地县级教育部门申请。资助资金由广东省、市、县（市、区）三级财政共同负担。

　　勤工助学。学校设置校内勤工助学岗位，为学生提供校内勤工助学机会，优先招录家庭经济困难学生。学生参加勤工助学原则上每周不超过8小时，每月不超过40小时，劳动报酬原则上不低于当地政府或有关部门制定的最低工资标准或居民最低生活保障标准。2016年，广东省教育厅与广东省财政厅联合下发《关于进一步加强高校学生资助经费管理的通知》（粤教助函〔2016〕40号），明确要求加强对学校资助经费的管理，进一步强调要从高校事业收入中提取5%的经费用于学生资助。通知要求从2016年9月1日起，将广东省高校校内勤工助学临时岗位原每小时8元的薪酬标准提高至每小时不低于12元（广州、深圳地区高校不低于18.30元，珠海、佛山、东莞、中山地区高校不低于14.40元，汕头、惠州、江门、肇庆地区高校不低于13.30元），并鼓励有条件高校适当上调标准，切实加大对参加勤工助学资助力度，鼓励家庭经济困难学生参加勤工助学，通过劳动获取合法报酬，改善生活水平，提高自身能力。

　　新生入学"绿色通道"。1998年，长江、松花江、嫩江流域发生特大洪灾。为确保因灾受困学生顺利入学，清华大学将临时借款的发放与迎新工作相结合，率先开启了"绿色通道"，这是我国高校首次设立新生入学"绿色通道"。[1] 随后，全国开始逐渐推行新生入学"绿色通道"，广东省以国家政策为指导，结合省情要求各地各校开展家庭经济困难新生入学"绿色通道"资助政策，对被录取入学、无法缴纳学费的家庭经济困难新生，一律先办理入学手续，再根据学生实际情况，分别采取不同办法予以资助，以切实保障已被录取但家庭经济困难的新生顺利入学。

　　校内资助。广东省结合国家有关规定，要求学校从事业收入中提取5%的资金，并利用社会团体、企业和个人捐助资金等设立校内奖学金、助学金、困难补助，通过伙食补贴、校内无息借款、减免学费等措施，进一步拓展学生资助资金来源渠道。

---

[1] 王俐，张霞，陈溢诗. 有效开展高校入学"绿色通道"的实践与思考——以清华大学为例［J］. 北京教育（高教），2014（9）：68-69.

（六）建档立卡学生精准资助

精准资助是2016年广东省学生资助工作的核心和重点，为贯彻落实中共广东省委、省政府《关于新时期精准扶贫精准脱贫三年攻坚的实施意见》（粤发〔2016〕13号），明确提出率先从建档立卡学生实施普通高中免除学杂费，逐步分类推进中等职业教育免除学杂费。在落实现有家庭经济困难学生资助政策的基础上，对贫困户子女就读小学、初中、高中、中职（含技校）、大专实行生活费补助。① 此后，广东省教育厅、广东省财政厅印发《广东省扶贫开发领导小组关于印发省教育厅等单位〈关于推进教育精准扶贫精准脱贫三年攻坚的实施意见〉配套实施方案的通知》（粤扶组〔2016〕18号），围绕省委、省政府关于"发展教育脱贫一批"的中心任务，提出实施学生资助惠民政策、特殊儿童保障政策。据此广东省教育厅、财政厅、人力资源和社会保障厅等六部门联合印发《关于做好我省建档立卡家庭经济困难学生精准资助工作的通知》（粤教助〔2016〕5号），明确在落实现有各教育阶段家庭经济困难学生资助政策的基础上，从2016年秋季学期起实施对就读义务教育、高中教育和全日制专科教育阶段的建档立卡②贫困户子女免学杂费并给予生活费补助政策，以精准资助建档立卡贫困户子女，具体落实在以下三个阶段。

（1）义务教育阶段。实行生活费补助政策，资助对象是2016年秋季学期起在校的广东户籍建档立卡贫困户义务教育学校全日制学生，补助标准为每生每学年3000元（每月300元，每学年按10个月计）。

（2）高中教育阶段。实施免学杂费及生活费补助政策。普通高中免学杂费对象是2016年秋季学期起在校，广东户籍的建档立卡等家庭经济困难（含非建档立卡残疾、农村低保家庭、农村特困救助供养）的普通高中全日制学生，免学杂费（不含住宿费）补助标准为每生每学年2500元。中等职业学校（含技工学校）免学杂费对象是2016年秋季学期起在校，广东户籍的建档立卡贫困户中职学校和技工学校全日制学生，免学杂费（不含住宿费）补助标准为每生每学年3500元。生活费补助对象是2016年秋季学期起在校的广东户籍建档立卡贫困户普通高中、中职学校和技工学校全日制学生，补助标准为每生每学年3000元

---

① 中共广东省委，广东省人民政府. 关于新时期精准扶贫精准脱贫三年攻坚的实施意见：粤发〔2016〕13号[EB/OL]. （2016-08-18）[2017-07-29]. http://www.gdfp.gov.cn/zcfg/swszf/201607/t20160704_779070.html.

② 建档立卡对象包括贫困户、贫困村、贫困县和连片特困地区。通过建档立卡，对贫困户和贫困村进行精准识别，了解贫困状况，分析致贫原因，摸清帮扶需求，明确帮扶主体，落实帮扶措施，实施动态管理。

（每月 300 元，每学年按 10 个月计）。

（3）高等教育阶段。实施免学杂费及生活费补助政策。普通高等学校免学杂费对象是 2016 年秋季学期起在校，广东户籍就读全日制普通高校的建档立卡家庭经济困难专科学生，免学杂费（不含住宿费）补助标准为每生每学年 5000 元。生活费补助对象是 2016 年秋季学期起在校的广东户籍建档立卡贫困户普通高校全日制专科学生，补助标准为每生每学年 7000 元（每月 700 元，每学年按 10 个月计）。

上述建档立卡学生精准资助政策实现了公办、民办学校全覆盖。公办学校实施学杂费全免，民办学校按照同类型公办学校补助标准免除学杂费，高出补助标准的部分可继续收取。符合条件的资助对象，对已享受其他家庭经济困难生活费补助的学生按"就高不就低"原则享受补贴，不重复享受生活费补助政策（不包括国家助学金）。各地各校免除学杂费和生活费补助范围宽于或高于标准要求的，继续执行。政策还规定其他各教育阶段家庭经济困难学生资助政策，除奖学金和其他有特殊要求的政策外，必须将建档立卡学生列入资助对象。

二、广东省 2016 年学生资助政策特色分析

（一）资助政策发展新趋势

通过系统地梳理 2016 年广东省学生资助政策体系，总结 2016 年学生资助政策的发展趋势和特色亮点，主要体现在以下四个方面。

1. 筑牢学生资助安全网，实施全方位护航

广东省现已实现各教育阶段学生资助体系全覆盖，为更好扫除学生资助政策落实存在的"盲区"，广东省教育厅进一步优化资助政策和工作安排，2016 年全面部署推进生源地信用助学贷款，筑牢全省学生资助安全网。此前，在广东省学生助学贷款保障方面，校园地助学贷款一直发挥主渠道作用。该政策在实施初期发展迅速，2009 年全省校园地助学贷款合同金额高达 4.2 亿元，但 2009 年后校园地助学贷款规模逐渐缩减，2015 年一度下降到 2.9 亿元。一方面是校园地助学贷款规模的缩减，另一方面却是普通高校招生规模的不断扩大。广东省不断反思和查找校园地助学贷款规模下降的原因，同时为确保应助尽助，严格执行国家助学贷款本专科学生每生每学年不超过 8000 元、全日制研究生每生每学年不超过 12000 元的资助标准。经多方调研，广东省学生助学工作管理中心明确校园地助学贷款规模缩减的主要原因在于校园地助学贷款工作机制导致的学校、老师角色错配。推进校园地助学贷款很大一部分工作由学校承担，从宣传发动、申请培

训、贷款发放、合同签订到追缴还款等一系列工作都需要学校、老师具体跟进。使得老师在日常教学、管理工作之外，还需要承担发展助学贷款业务和还款追款的角色，加上更新离校毕业生联系信息、监控贷款偿还情况等工作难以常态化，后期追款管理难度大、风险高，使得学校、老师无法在教学、管理工作之外承担校园地助学贷款"办贷员"和"追款员"的角色，导致贷款规模逐步缩减。

广东省校园地助学贷款一定程度上保障了省内就读学生的贷款需求，但对在外省就读且所在地未实行校园地助学贷款政策的广东省户籍学生，若其存在贷款需求就无法满足，造成助学贷款政策落实的"盲区"。如何进一步完善助学贷款政策，构建全方位资助保障体系，成为2016年广东省学生资助工作的重点之一。

2016年，广东省继续实行以校园地国家助学贷款为主，以生源地信用助学贷款为辅的模式，在校园地助学贷款稳步推进的同时，加快推进本省生源地信用助学贷款工作。1月，《广东省教育厅、国家开发银行股份有限公司广东省分行关于印发〈广东省生源地信用助学贷款档案管理实施细则〉的通知》（粤教助函〔2016〕1号）下发，该实施细则对生源地信用助学贷款档案管理进行规范。全面扎实推进生源地信用助学贷款部署，在原有4个地市30个县（市、区）开展生源地信用助学贷款的基础上，又新增了阳江市、茂名市、云浮市3个地市3个县（市、区），共有7个地市55个县（市、区）开展了生源地信用助学贷款业务，构建了校园地助学贷款和生源地信用助学贷款并行发展机制，确保了普通高校广东户籍和非广东户籍在读学生助学贷款政策的全覆盖。随着生源地信用助学贷款政策的推进，各地着力强化各级资助机构建设，推动县（区）级学生资助机构建设和归口管理完善，进一步增强了全省学生资助工作的条件保障。

2. 加大资源供给力度，强化资源保障体系

2016年，广东省根据当前居民生活消费和物价水平，增加财政投入，加大资助资源供给，实施资助标准动态调整机制，进一步提高学生资助水平。2016年广东省学生资助省级财政投入较2015年增加9.7亿元，多个教育阶段的资助力度得以提高，资助面得以扩大。

（1）提高学前教育家庭经济困难幼儿资助标准。资助标准提高后，学前教育资助资金较2015年增加了2亿元。学前教育资助政策相较于其他教育阶段较为薄弱。此前每生每学年300元的资助标准相对于学前教育所需费用仍显不足。如何解决家庭贫困学生的学前教育问题，推动公益普惠性学前教育发展是近年来广东省关注的民生重点。2016年，广东省将提高学前教育资助标准纳入全省十大民生实事，重点部署，确保学前教育资助提标的全面落实，切实保障家庭经济困难幼儿的受教育权利。

（2）提高广东省对地市属中等职业学校免学费补助标准。资助标准提高后，中等职业学校免学费补助资金较 2015 年增加 3.3 亿元。随着经济结构调整，广东省第二、三产业对 GDP 的贡献率逐年递增，产业结构转型升级进一步强化了用人单位对人才结构调整的需求，技能型、创新型人才需求日渐增长。广东省一直高度重视中等职业教育的发展，近年来不断扩大招生规模，强化中等职业教育资助措施。2016 年，广东省继续加大对中等职业教育阶段学生资助的投入，将国家免学费资助标准提高至每生每学年 3500 元。部分地区在此基础上根据地区经济发展状况和产业结构发展需要，进一步提高资助标准，确保技能型、创新型人才培养，为促进产业结构的进一步优化，助推广东省经济持续向好发展增加动力。

（3）统一义务教育城乡家庭经济困难学生资助政策，对城乡义务教育家庭经济困难寄宿生补助生活费。推动义务教育优质均衡发展是广东省 2016 年学生资助工作的又一重点课题。在保障城乡义务教育阶段学生资助标准统一的同时，确保资助政策向农村和经济发展水平较低区域倾斜，是进一步保障教育公平和协调发展的基础。因此，广东省 2016 年在原有义务教育家庭经济困难学生资助的基础上进一步调整资助政策内容，对寄宿制和非寄宿制义务教育阶段家庭经济困难学生进行分类资助，确保资助资源的有效投放。

（4）提高高校勤工助学薪酬标准。由原每小时 8 元的薪酬标准提高至每小时不低于 12 元（广州、深圳地区高校不低于 18.30 元）。随着经济社会发展，广东省最低生活保障和最低工资标准也相应提高。对于鼓励学生通过劳动获得生活费和学费的勤工助学政策，也需顺应经济社会发展趋势进行动态调整，以保障高校学生的基本权益，进一步激励其通过自身努力改善生活状态，提高个人能力。

3. 精细资源输送机制，精准学生资助模式

精准资助是 2016 年学生资助工作的核心要务。广东省学生资助从资助对象认定到资助工作机制，从资助过程管理到资助结果管理，将资助工作的全程分解步骤，实施精细管理，确保精准资助。

资助对象的认定是做到精准资助的根本，是保障资助资源输送精准的关键要素。一是 2016 年广东省教育厅根据国家有关规定，系统分析影响学生家庭经济状况的因素，率先出台《广东省学生家庭经济状况评估工作指导意见》，开发家庭经济困难学生认定信息管理系统，为家庭经济困难学生的精准识别，提供全省统一、客观、量化、可操作的标准和工具。二是资助内容按需设计是做到精准资助的核心，是保障资助资源输送精准的基础。要针对不同对象实行分类资助，保障不同类别资助对象的资助内容精准，避免为简化操作程序实施"一刀切"。为此，广东省教育厅结合省情，进一步明晰农村义务教育家庭经济困难学生资助政策，将学生分成寄宿制学生和非寄宿制学生两类进行精准资助；根据学生的困难

程度和现阶段家庭教育经费支出等因素，对处于不同学习阶段的学生实施不同的建档立卡资助政策。对未实现普惠性教育资助且家庭教育成本支出较高的高中阶段、高等专科教育阶段的建档立卡学生实施免学费、生活费补助的资助政策。对实现普惠性教育资助且家庭教育成本支出较低的义务教育阶段建档立卡学生实施生活费补助政策。三是资助资源分类配置是做到精准资助的关键，是保障资源输送精准的必然要求。为此，广东省教育厅联合有关部门，摸清广东省家庭经济困难学生尤其是建档立卡、低保（最低生活保障）、残疾、救助等类型学生的数量、地区、学校分布，综合考虑在校生规模、家庭经济困难学生的数量和比例，以及学校工作成效，为精准科学配置资助资源打好基础；建立助学贷款比例与国家助学金比例挂钩机制，均衡配置助学贷款与助学金资助资源，根据学生的困难程度实施国家助学金分档设置，强化资助项目有机组合，避免"平均资助"；根据本省经济社会发展水平、物价水平、城市居民最低生活保障标准和财力状况，动态调整各资助项目的资助标准，确保资源配置满足家庭经济困难学生群体日益增长的资助需求。

4. 完善监督评价机制，全面保障资助成效

2016年，广东省教育厅在完善资助工作监督评价机制方面做出了重要探索。一是强化顶层设计，加强过程监管。在原有监管体系的基础上，新制定了11项资金管理办法，确定资金使用管理规范，建立监督考核机制，进一步加强高校学生资助经费管理，明确高校从事业收入足额提取5%的经费用于学生资助等相关工作。资金管理是学生资助工作的核心要务，要杜绝挪用、截留、挤占学生资助资金，切实保障每一笔资金落实到受助学生手中，因此，监督管理是必要环节。2016年，广东省学生资助工作进一步完善各资助项目资金管理制度，从资金申请、分配、预算、拨付、信息公开、绩效评价、审计等方面做出明确要求。二是引入第三方评估，强化成效监管。广东省立足省情、大胆探索，制定并印发《广东省学生资助工作绩效考评办法》（粤教助〔2016〕1号），委托第三方对全省学生资助工作进行绩效考评，推进学生资助工作的规范化、标准化建设。

（二）资助政策特色总结

在2016年的广东省"两会"上，最引人瞩目的话题是"中国内地最富的地方在广东，最穷的地方也在广东"。广东省连续28年国民经济生产总值位居全国首位，2015年GDP高达7.28万亿元人民币。虽然广东省经济总量常年保持全国第一，但粤东西北欠发达地区人均GDP尚不及全国平均水平，城乡区域差距巨大。"十三五"期间，广东尚存46.7万户相对贫困户、179万相对贫困人口，扶贫攻坚任务十分艰巨。针对经济发展水平极不均衡的现状，广东省学生资助的顶层设计根据城乡区域差异、经济发展、人口结构、产业发展等诸多因素科学系统地进行，在全面贯彻落实国家对各教育阶段学生资助政策的基础上，建立符合广东经济社会和教育发展需要的学生资助政策体系。经过多年实践，广东省建立了政府、学校、社会多元主体参与，以残疾学生、少数民族地区学生、中等职业教育阶段学生资助为重点，从学前教育阶段到研究生教育阶段全覆盖，具有广东特色的学生资助政策体系。

1. 设立"南粤扶残助学工程"，构建全方位残疾学生资助政策体系

2007年广东省第二次全国残疾人抽样调查数据公报（第二号）显示，广东省残疾人总数为539.9万，占全省总人口的5.86%。从全国来看，广东残疾人人口总数在全国各省自治区、直辖市中排第四位。在全省残疾人中，6.75万人未上过学，216.91万人不识字，15岁及以上残疾人中文盲人口（不识字或识字很少的人）为207.44万人，文盲率为41.51%，可见残疾人接受义务受教育程度之低。① 2010年度广东省残疾人状况及小康实现程度监测主要数据公报显示，2010年城镇残疾人家庭人均可支配收入11258元，农村残疾人家庭人均可支配收入5167元，其收入水平远低于广东省平均水平，教育经费承担能力远低于普通家庭。② 庞大的残疾人口数量、悬殊的受教育水平和经济能力，使得广东特殊教育发展极为迫切，保障残疾学生顺利入学的特殊教育资助政策体系更是亟待完善。2013年，广东省启动残疾学生资助政策体系建设，在学前教育阶段开展残疾儿童学前教育资助，实施残疾学生义务教育阶段、高中教育阶段（包含普通高中和中职教育）、专科教育阶段的15年免费教育（免收学杂费和课本费）。为进一步保障残疾学生接受高等教育的权利，共享教育发展成果，设立"南粤扶残助学工程"为残疾学生高等教育阶段提供教育资助。至此，为保障残疾人群体受教育权利，广东省建立了从学前到高等教育阶段全覆盖的学生资助政策体系。

2. 完善少数民族大学生资助，构建少数民族学生资助政策体系

2015年全国人口抽样调查主要数据公报显示，广东省少数民族人口为225.31万人，占全省常住人口总人数的2.08%。广东省少数民族自治县和少数民族乡绝大部分位于粤西北地区，其中少数民族自治县基本为贫困县，家庭年均收入低，少数民族贫困家庭子女上学问题尤为严峻。如何提高少数民族学生受教育水平，让少数民族地区学生享受教育公平，共享经济社会发展成果，是广东省

---

① 广东省残疾人联合会. 广东省残疾人抽样调查二号数据公报［EB/OL］. (2008-08-12)［2017-07-28］. http://www.gddpf.org.cn/xxtj/sytj/tjsj/200808/t20080812_650922.htm.

② 广东省残疾人联合会. 2010年度广东省残疾人状况及小康实现程度监测主要数据公报［EB/OL］. (2011-04-27)［2017-07-28］. http://www.gddpf.org.cn/xxtj/sytj/tjsj/201104/t20110427_650926.htm.

学生资助的重要内容之一。2013年广东省开始实施"广东省少数民族聚居区少数民族大学生资助"项目，为户籍在广东省少数民族聚居区，并且小学和初中均在少数民族聚居区中小学就读，2013年及以后通过普通高考考上全日制本专科院校（含省外学校）的少数民族大学生提供补助。该政策在完善本省大学生资助政策体系的同时，与少数民族地区义务教育阶段寄宿制民族班生活费补助政策一起，构成了具有广东特色的少数民族地区学生资助政策体系。

3. 实施大学新生资助项目，丰富高等教育阶段学生资助项目

广东省于2012年开始实施家庭经济困难大学新生资助政策，在奖助贷和"绿色通道"等学生资助政策的基础上，进一步完善大学生资助政策体系。广东省财政每年安排5000万元，并从"6·30广东扶贫济困日"社会慈善捐赠资金中安排5000万元作为省级专项资金，用于兜底解决家庭经济困难大学新生资助问题。通过设立贫困大学新生资助项目，为贫困大学生构建起从入学前生源地信用助学贷款，到入学时"绿色通道"、贫困大学新生资助，入学后国家奖助学金、勤工助学等全方位、多元化的资助政策保障体系。

4. 大力发展中职教育资助体系，助力产业结构转型升级

广东省中等职业教育阶段学生资助政策的发展与全省产业结构转型升级密切相关。为加大技能型、创新型人才培育，鼓励更多初中毕业生接受中等职业教育，广东省高度重视中职教育资助政策投入。通过加大中等职业教育阶段的资助力度，推行工学结合、半工半读，改变以学校和课堂为中心的传统职业教育人才培养模式，支持和鼓励企业接收中等职业学校学生顶岗实习，在完善中等职业教育学生资助政策体系的同时，促进中等职业教育人才培养的市场化模式。同时针对建档立卡学生进行资助，确保这些学生通过接受中职教育，成长为技能型人才，提升贫困家庭自我造血能力，阻断贫困的代际传递。

第三章 2016年广东省学生资助政策执行情况

2016年，广东省学生资助工作以党的十八届五中全会和中央扶贫开发工作会议精神为指导，全面贯彻落实全国和广东省教育工作会议精神，从公平正义、共享发展、精准资助的学生资助工作理念出发，推动学生资助工作政策体系落实，在精准资助、监督管理、政策宣传和资助育人等各方面均有效落实政策要求。本章从广东省学生资助总体执行情况、各教育阶段的学生资助政策及各地各校执行情况、资助成效和社会影响三个方面，集中展现2016年广东省学生资助政策执行的全貌。

一、总体执行情况

（一）提标扩面，精准扶贫，严格落实资助政策

1. 完善资助政策体系，提高资助水平

广东省教育厅积极推进，将提高学前教育家庭经济困难幼儿的资助标准以及省对地市属中等职业学校免学费资助标准，纳入2016年广东省民生实事，加大对经济困难家庭的支持力度。在义务教育阶段，完善广东省城乡义务教育学生资助政策，进一步推进城乡教育公平；在高等教育阶段，提高高校勤工助学薪酬标准，激励家庭经济困难学生走上勤工助学岗位，提高就业能力；响应国家精准扶贫战略部署，出台教育精准扶贫方案，精准资助建档立卡学生，确保贫困家庭学生得到应有帮扶。

2. 保障资金投入，严格落实资助政策

在落实中央财政分担资金的同时，广东的省、市、区（县）各级财政积极配套安排各教育阶段的学生资助资金。其中学前教育阶段，各级财政投入总金额约为3.39亿元，受惠儿童约33.94万人（不含深圳，下同），省级财政投入约为1.45亿元；义务教育阶段，各级财政投入总金额约为6.11亿元，受助学生约136.32万人，省财政投入约为5.69亿元；高中教育阶段，各级财政投入总金额约为32.85亿元，受助学生约107.22万人，省级财政投入约为16.05亿元；高等教育本专科阶段，各级财政投入总金额约为11.32亿元，受助学生约34.5万人，省级财政投入约为8.08亿元；研究生教育阶段，各级财政投入总金额约为

4.35亿元，受助学生总数约6.09万人，省级财政投入约为3.46亿元。2016年全年，中央财政分担资金共计约为5.4亿元，省级财政分担资金约为34.74亿元，市县财政分担资金共计约为17.89亿元（见表1-1）。

表1-1　2016年广东省各教育阶段资助情况表①

教育阶段	资助总人数（人）	中央财政（万元）	省级财政（万元）	市县财政（万元）	各级财政投入总额（万元）
学前教育	339445	3300.00	14539.63	16104.87	33944.50
义务教育	1363244	0.00	56902.42	4241.00	61143.42
高中教育（含中职）	1072195	25745.00	160474.95	142239.22	328459.17
高等教育本专科阶段	345022	19127.20	80817.34	13258.29	113202.83
研究生教育阶段	60895	5810.00	34638.14	3035.16	43483.30
合计	3180801	53982.20	347372.48	178878.54	580233.22

（二）长效机制确保监督到位，信息化手段助推精准管理

1. 建立长效监督机制，加大学生资助工作监督检查力度

一是印发《广东省学生资助工作绩效考评办法》，委托第三方，分别对广东省各地市教育局、普通高校以及省属中职学校2015年度、2016年度的学生资助工作进行绩效考评。二是成立高校助学贷款和中职学生资助省级管理小组，提升学生资助管理水平，并对全省各地市中职学生资助工作规范化管理和普通高中国家助学金落实情况进行专项检查。除了第三方绩效考评和政府内部的自我督查，广东省教育厅积极完善学生家长监督机制，主动接受社会大众监督。

2. 提高学生资助工作信息化管理水平

一是教育部全国学生资助管理信息系统在广东省得到了全面应用，并运行良好。二是广东省在全国学生资助信息系统的基础上开发和部署本省的各功能模块和子系统，进一步提高学生资助信息系统的应用功能。三是教育部在广东省进行了全国学生资助管理信息系统高校资助子系统的国家奖助学金和广东省高校学生

---

① 数据来源于广东省教育厅《2007年以来广东省学生资助情况》统计表，其中义务教育阶段不含免学杂费和免课本费财政投入资金和资助人数。

家庭经济状况评估系统应用试点测试工作，为完善全省各教育阶段学生资助信息平台建设打下坚实基础。

(三) 自上而下，立体多维，加大对学生资助政策和成效的宣传力度

1. 加强宣传队伍建设

完善"省—市—县—校"四级的学生资助管理体系以及资助宣传工作队伍建设。鼓励各地各校建立多级学生资助宣传工作队伍，吸收政治觉悟高、业务能力强、爱岗敬业的教师和学生从事宣传工作，采取有力措施，形成上下联动、立体多维、持续有效的资助宣传工作新局面。如发动高校开展送学生资助政策下乡，暑假期间开展"国家资助和助学贷款政策下乡行"活动，由省内66所高校组成的133支大学生志愿宣传队深入省内不同村镇宣传学生资助政策。鼓励高校建立新生帮扶机制，由辅导员和老生利用QQ群、微信群等沟通平台向新生介绍国家资助政策。

2. 建立完善宣传制度

开拓工作思路，采取有效措施，制订宣传计划，严格按照规定的工作程序部署开展资助宣传，严格把握宣传内容，层层布置，逐级落实，合理选择时机，运用有效方式，准确表达内容，确保学生宣传工作落到实处。如在高校报考指南和报考目录中刊登国家资助政策简介并且在高校录取通知书里发放《高等学校学生资助政策简介》及"广东省家庭经济困难学生申请认定表"等，方便大学新生在入学之前了解学生资助政策。

3. 注重宣传工作的实效性

加强学生资助宣传网络体系建设，把握学生资助宣传重点，丰富学生资助载体。立足实际开展有针对性、多形式、全方位的宣传活动，不断提高广大群众对学生资助工作的关注度、知晓度和满意度，增强宣传的针对性、实效性。如在高中阶段新生入学前，要求普通高中举办国家资助政策宣讲专题班会、年级会和家长会。运用多种媒体途径宣传政策，如广东省教育厅、省内各地市教育局通过门户网站和官方微信公众号宣传学生资助政策，主动宣讲释义；广东省教育厅领导和广东省学生助学工作管理中心负责人员多次上线电台、电视台，系统解读助学政策，介绍助学成效，解答咨询；在《人民日报》《南方日报》等媒体开辟专栏介绍广东省的学生资助政策；制作学生资助公益宣传片在网络和电视台滚动播出。

(四) 立德树人，提升资助育人能力

1. 加强资助育人项目研究，助力资助工作提升

2016年，广东省教育厅学生助学工作管理中心在厅内申报两项业务研究课

题并成功立项。另外，对2015年高校学生资助育人提升计划的立项项目组织进行中期评审，高校资助育人成果运用更加广泛。

2. 坚持立德树人的资助核心工作

各高校采用多种活动形式将励志教育、诚信教育和社会责任感教育贯穿于学生资助的全过程。通过各地各校的资助工作，培育了不少自强不息、积极向上、励志成才的典型。如2016年度"中国大学生自强之星"称号获得者陈鸿佳，第二届模范引领"自强之星"标兵奖、2016年度"中国大学生自强之星"获得者刘易，2016年度"中国大学生自强之星"提名奖获得者王小然、莫杰梅、黄福国，"国家资助，助我成才"励志典型人物杨彪等。

3. 发掘育人案例，巩固育人成效

广东省教育厅组织开展中职"资助育人"受助学生优秀事迹案例征集活动和中职精准资助典型案例征集活动，组织专家对收集到的500多篇受助学生典型案例和50多篇精准资助助学案例进行评选，并将部分优秀评选结果上报教育部，其中4篇受助学生典型案例和5篇精准资助的助学案例入选全国优秀案例。

二、各教育阶段的学生资助政策及各地各校执行情况

广东省学生资助政策已实现了从学前教育阶段到研究生教育阶段的全覆盖，2016年广东省各教育阶段受资助学生人数占在校生比例详见表1-2。以下将展开阐述2016年广东省学生资助政策在不同教育阶段、不同地区和学校的执行情况。

表1-2　2016年广东省各教育阶段受资助学生人数占在校生比例

教育阶段	在校生总人数（万人）	资助人数（万人）	资助比例（%）[1]
学前教育	339.43	33.94	10.00[2]
义务教育阶段	1134.74	136.32	12.01
普通高中阶段	197.37	22.98	11.64
中等职业教育阶段	90.00	84.24	93.60

---

[1] 资助比例是指资助人数占在校生总人数的比例。
[2] 学前教育的在校生总人数包括常住人口与流动人口，以及未满3周岁已经就读的幼儿等在校幼儿的人数，目前学前教育阶段的资助对象是3～6岁常住人口中的家庭经济困难学生。

续上表

教育阶段	在校生总人数（万人）	资助人数（万人）	资助比例（%）
高等教育本专科阶段	170.92	34.50	20.18
研究生教育阶段	4.83	6.09	126.09

说明：数据来源于广东省教育厅统计材料。

（一）学前教育阶段

1. 广东省学前教育阶段学生资助政策总体执行情况

2016年，广东省学前教育机构共有幼儿园16368所，合计在园幼儿人数约为339.43万人。① 各级财政共投入资助资金约3.39亿元，比2015年增加1.27亿元，共资助学生33.94万人，比2015年增加2.21万人（如图1-1所示），资助幼儿总人数占全省学前教育阶段幼儿总数的10%。

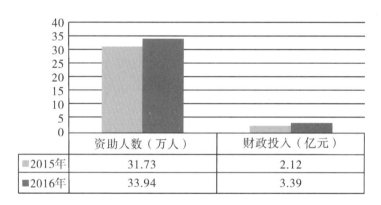

图1-1 2015—2016年广东省学前教育阶段资助人数与财政投入对比

2. 资助经费构成

2016年学前教育资助财政投入资金中，中央财政分担0.33亿元，占比约为10%；省级财政分担1.45亿元，占比约为43%；市县财政分担1.61亿元，占比约为47%。（如图1-2所示）

---

① 数据来源于广东省教育厅《2007年以来广东省学生资助情况》统计表。

第一编　主报告：助学、筑梦、铸人　推进资助育人新格局

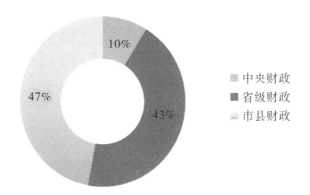

图1-2　2016年广东省学前教育阶段资助经费各级财政分担比例

3. 资助成效分析

(1) 提标扩面，优化学前教育资源配置。2016年广东省教育厅与广东省财政厅联合下发《关于调整完善学前教育资助政策的通知》(粤财教〔2016〕22号)，全省学前教育困难家庭幼儿资助标准从每生每学年300元提高到每生每学年1000元，此项工作列入2016年广东省十件民生实事。广东省教育厅通过建立工作进度月报制度、召开推进工作座谈会、赴实地督查与约谈等工作机制，督促各地加快落实民生实事工作进展，确保了民生实事工作顺利完成。

2015年印发并实施的《广东省发展学前教育第二期三年行动计划(2014—2016年)》提出第二期三年行动计划的发展目标，"到2016年，学前教育资源将满足适龄儿童入园需求，初步建成以公办幼儿园和普惠性民办幼儿园为主体的学前教育服务网络。届时，全省学前教育毛入园率将达96%以上，规范化幼儿园比例达到70%以上，公办幼儿园和普惠性民办幼儿园比例达75%以上，全省95%以上的乡镇建有1所以上规范化公办乡镇中心幼儿园"。[①] 2016年，广东省学前教育毛入园率已达到100.97%。长期以来幼儿园"入园难、入园贵"的问题阻碍了学前教育阶段教育公平的体现。提高学前教育阶段资助标准，对于经济困难家庭无疑是重要的解困手段。学前教育资助标准提高有效实现了资源配置优化，保障了家庭经济困难儿童接受学前教育的机会与权利。

(2) 规范工作流程，力保资助公平公正。2016年，广东省教育厅通过深入调研，多次研讨，积极吸纳各地市教育局和学前教育幼儿园意见，最终制定和印发了《广东省学前教育资助工作管理指引》。该管理指引进一步规范了学前教育

[①] 爱学术. 广东省开展2015年学前教育宣传月 [EB/OL]. (2015-09-09) [2017-07-28]. http://www.ixueshu.com/document/00ca73acbd46d156318947a18e7f9386.html.

资助工作，健全了学前教育资助管理机制。各地根据指引建立和完善资助工作制度。从资助条件、申请流程、审核流程、资金发放流程、信息管理都做出明确规定，确保资助工作公平、公正、公开。配套进行及时动态的信息跟进，确保受助儿童信息的真实、可靠，实现"精准资助、精细管理、精心服务"。

4. 地市学前教育阶段资助政策落实情况

据2016年度广东省学生资助工作绩效考评结果，全省21个地市中有2个地市的学前教育阶段考评分数达到90分以上，为优秀等级，依次是中山市和肇庆市。

中山市积极推进学前教育阶段资助工作发展，贯彻落实国家和广东省的相关文件精神，一是出台了《中山市学前教育资助制度实施方案》《关于调整中山市学前教育资助政策的通知》，明确了市级学前教育资助政策体系，健全学前教育资助制度建设；二是中山市学前教育阶段资助资金使用与管理规范，资金及时足额拨付，实现"提标扩面"，实施精准资助；三是学前教育受助学生的信息管理规范，全面应用学生资助系统完成受助学生信息的采集维护、受助学生异动信息变更、受助学生名单管理；四是资助宣传到位。在幼儿园开学前后利用招生宣传契机，同期宣传学前教育学生资助政策，另外，采用社区（村）走访等形式对低收入人群进行摸底调查，及时将学前教育学生资助政策宣传到位。利用报纸、电视台、微信公众号等媒体手段推送信息。积极创新宣传的方式和途径，切实提高学生资助工作水平。

肇庆市在学前教育阶段的制度建设完善，一是出台《肇庆市教育局 肇庆市财政局关于印发〈肇庆市学前教育资助实施方案〉的通知》（肇教联〔2012〕26号），明确资助范围、内容、标准、比例；二是资助政策落实到位，资金来源多元化，形成政府资助、学校资助及社会资助多方参与格局；三是监管检查能做到有方案、有计划，定期组织开展，层层落实责任，并把检查工作纳入开学检查范围，下发《肇庆市教育局关于印发肇庆市学生资助工作绩效考评办法的通知》（肇教勤〔2016〕8号），对肇庆市各县学前教育进行资助工作的绩效考评，积极引导并规范各县各校全面贯彻落实国家及省市资助政策；四是拓展资助资源，开设自设项目，如高新区出台《高新区学前三年教育补助暂行办法》，明确补助项目和标准，细致地落实补助对象的等级核查工作，监督得力；端州区设立端州区教育基金会对本区低保户家庭子女（含低保孤儿），因患上重大疾病、遭到其他（非疾病）重大灾难导致家庭经济困难的学生进行资助，对政府资助形成有效补充。

（二）义务教育阶段

1. 广东省义务教育阶段学生资助政策总体执行情况

2016年，广东省义务教育阶段共资助学生136.32万人，在校生人数（不含深圳）1134.74万人，① 义务教育阶段受资助学生总人数占全省义务教育阶段学生总数的12.01%，财政投入总金额6.11亿元，比2015年增加2.96亿元（如图1-3所示）。其中，农村营养改善计划投入1.15亿元，资助21.41万人，生活费补助资金2.75亿元，资助98.34万人。②

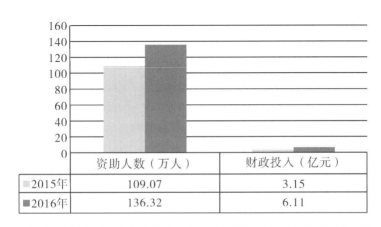

图1-3 2015—2016年广东省义务教育阶段资助人数与财政投入对比

2. 资助经费构成

2016年，广东省义务教育阶段资助财政投入总额为6.11亿元，其中主体由省级财政承担，省级财政分担5.69亿元，占比93%；市县财政分担0.42亿元，占比7%③。（如图1-4所示）

---

① 数据来源于广东省教育厅统计。
② 数据来源于广东省教育厅《2007年以来广东省学生资助情况》统计表，其中义务教育阶段不含免学杂费和免课本费财政投入资金和资助人数。
③ 数据来源于广东省教育厅《2007年以来广东省学生资助情况》统计表，其中义务教育阶段不含免学杂费和免课本费财政投入资金和资助人数。

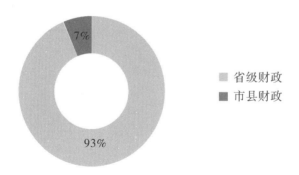

图 1-4　2016 年广东省义务教育阶段资助经费各级财政分担比例

3. 资助成效分析

（1）加大资金投入，启动建档立卡精准资助工作，助力精准扶贫。启动精准扶贫惠民工程，精准资助建档立卡学生，对处于义务教育阶段的这部分学生实行免除学杂费，实施生活费补助政策。生活费补助标准为每生每学年 3000 元。2016 年，广东省义务教育阶段建档立卡学生精准资助人数为 13.5 万人，财政总投入为 2.4 亿元。

（2）启用义务教育阶段全国学生资助管理信息系统，提高资助工作精准度。2016 年 6 月 27—29 日，广东省教育厅在广州举办了全国学生资助管理信息系统义务教育和普通高中子系统应用培训班。全面启用全国学生资助管理信息系统义务教育和普通高中子系统。全省各市、县（市、区）义务教育和高中学生资助管理人员约 200 人参加培训。资助系统的建设和应用，将进一步规范全省义务教育和普通高中阶段学生资助管理工作，提高广东省教育部门对学生资助信息的统计分析与监管水平，提升广东省学生资助政策研究与决策水平。

（3）资助形式多样化，稳步推进农村义务教育学生营养改善计划试点工作。2016 年，广东省积极协调财政部门，将农村义务教育学生营养改善计划省级试点工作经费从每年 4000 万元提高到 5000 万元。同时进一步提高省级试点补助标准，在 2015 年从每生每学年 600 元提高到 800 元的基础上，2016 年提高标准至每生每学年 1000 元。广东省教育厅督促试点地区根据《广东省农村义务教育学生营养改善计划省级补助资金管理办法》的规定，加强资金管理，完善本地相关制度，协调有关部门、企业，按照新的补助标准修改供餐配送协议，切实提高学生营养膳食水平。①

---

① 教育部. 广东省农村义务教育学生营养改善计划 2016 年工作总结和 2017 年工作要点 [EB/OL]. (2017-03-09) [2017-07-28]. www.moe.edu.cn/jyb_ xwfb/xw_ zt/moe_ 357/s6211/s6329/s6466/201703/t20170309_ 298856.html.

广东省各级财政加大投入，积极支持学生营养改善计划试点工作。2016年，全省各级财政累计投入1.15亿元用于本省农村义务教育学生营养改善计划试点。实施营养改善计划的学校共有1175所（小学784所，初中391所），补助学生214103人（小学生131696人，初中生82407人）。其中乳源瑶族自治县、连山壮族瑶族自治县、连南瑶族自治县3个省级试点县实施营养改善计划的学校共有190所（小学164所，初中26所），补助学生36487人（小学生26171人，初中生10316人）。广东省财政下达对地方试点奖补资金1498万元，预安排省级试点奖补资金3640万元和地方试点奖补资金1351万元。[①]

广州市、珠海市、韶关市、梅州市、惠州市、中山市、江门市、阳江市、湛江市、清远市等10个地级市累计投入试点补助资金8378万元，试点学校993所，受惠学生17.8万人。

（4）完善义务教育经费保障机制，推进城乡义务教育均衡发展。为推进城乡义务教育均衡优质标准化发展，促进教育公平，广东省人民政府于2016年下发了《广东省人民政府关于进一步完善城乡义务教育经费保障机制》（粤府〔2016〕68号）文件，对2016—2018年期间的义务教育阶段资助政策完善做出重要部署。具体政策包括：一是完善"两免一补"政策；二是继续实施统一城乡义务教育公用经费补助政策；三是调整城乡义务教育公用经费分担比例，重点加大原中央苏区县、民族自治县和困难地区的义务教育公用经费补助力度，适当提高珠三角地区和欠发达地区市辖区城乡义务教育公用经费补助省财政分担比例，取消进城务工人员随迁子女接受义务教育的专项奖补政策；四是在2016年公用经费补助标准的基础上，对欠发达地区农村义务教育寄宿制公办学校寄宿生生均每年200元的标准增加公用经费补助；五是继续向全省城乡义务教育学生（含民办学校学生）免费提供教科书，向农村小学一年级学生免费提供学生字典；六是从2017年起提高对家庭经济困难学生的生活费补助。

4. 地市义务教育阶段资助政策落实情况

据2016年度广东省学生资助工作绩效考评结果，全省21个地市中有6个地市的义务教育阶段考评分数达到90分以上，为优秀等级，依次是韶关市、梅州市、惠州市、佛山市、湛江市和阳江市。以下分别介绍韶关市、梅州市、惠州市资助政策落实情况。

韶关市义务教育阶段的资助工作突出表现为制度建设完善，出台了《韶关市农村困难家庭子女义务教育阶段生活费补助实施细则》，明确规定了指标分配原

---

① 教育部. 广东省农村义务教育学生营养改善计划2016年工作总结和2017年工作要点［EB/OL］.（2017-03-09）［2017-07-28］. www.moe.edu.cn/jyb_xwfb/xw_zt/moe_357/s6211/s6329/s6466/201703/t20170309_298856.html.

则、对象确认、工作要求、资金管理与监督机制，为困难学生接受义务教育提供了制度保障。充分调动社会资金，拓宽义务教育学生资助资金来源，获得较好成效。2016 年韶关市希望工程捐资助学资助总金额为 2021 万元，其中资助贫困学生金额为 904 万元，共资助贫困学生 8858 人。韶关市少数民族聚居区较多，当地积极开展少数民族地区寄宿制民族班学生生活费补助，保障少数民族地区学生资助工作的落实到位。其中，乳源县积极开展营养改善计划试点工作，认真贯彻教育部和全国学生营养办的相关文件和会议精神，进一步提高补助标准，落实食品安全宣传培训等工作。韶关市积极配合广东省教育厅、广东省学生助学工作管理中心的各项工作，在 2016 全省学生资助工作会议、全省生源地信用贷款部署工作会议上进行了经验介绍。

梅州市积极转发落实广东省教育厅《关于切实做好家庭经济困难学生入学资助工作的通知》，为全市义务教育资助工作的开展提供制度保障。同时，梅州市就家庭经济困难学生生活费补助对象认定出台相应办法，明确资助比例和资助标准，并切实落实好资助资金的发放，资金发放率达到 100%。除了政府资助资金的保障，梅州市充分调动各类社会资源开展学生资助工作。在资助学生信息管理方面，做到信息管理规范，受助学生信息采集维护、学生名单管理、信息采集报送与审核及时，维护机制完善。资助工作监督管理认真严格，制定了年度监督检查计划并贯彻落实。梅州市扎实落实教育部、全国学生营养办及广东省的重要指示和会议精神，积极落实营养改善试点工作，在全市 8 个县（市、区）开展了营养改善试点。

惠州市义务教育阶段学生资助工作制度建设完善，出台《对农村家庭经济困寄宿学生给予生活费补助管理办法》，明确规定了学生生活费补助相关管理办法和各级财政资金分担比例，并对家庭经济困难学生的认定和管理做出相关规定。惠州市义务教育阶段学生资助政策落实到位，平均资助比例高于广东省规定资助比例，为促进城乡教育均衡发展，制定了《惠州市补助因布局调整在农村学校住宿学生工作方案》，因地制宜针对农村学校住宿学生，补助小学生每生每学年 200 元、初中生每生每学年 300 元，并积极拓展资源，开展社会资助，设立"明天奖学金"项目，鼓励家庭经济困难学生勤奋学习、努力进取。惠州市学生资助信息管理规范，使用全国学生资助管理信息系统进行录入，且在信息采集、审核和确认等环节都有流程规定，公开透明，能够及时进行更新完善。同时，惠州市重视讯息报送，积极上报学生资助的讯息并被广东省教育厅采用。

（三）普通高中阶段

1. 广东省普通高中阶段学生资助政策总体执行情况

2016 年，广东省有普通高中学校 924 所，普通高中阶段在校生总人数为

197.37万人,普通高中国家助学金资助学生总人数为22.98万人,占在校生比例为11.64%。

2. 资助经费构成

2016年,广东省普通高中国家助学金资助各级财政共投入4.05亿元,其中,中央资金约0.38亿元,占比约10%;省级财政资金2.08亿元,占比约51%;市县财政资金1.59亿元,占比约39%(如图1-5所示)。同时,地方政府各项资助共计0.78亿元,资助学生5万人;社会各项资助共计0.22亿元,资助学生1.71万人;学校各项资助共计0.27亿元,资助学生1.9万人。①

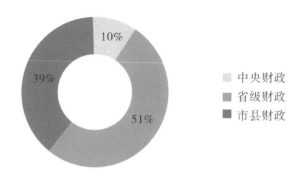

图1-5　2016年广东省普通高中国家助学金资助经费各级财政分担比例

3. 资助成效分析

(1)加大资金投入,启动高中阶段建档立卡学生精准资助。启动精准扶贫惠民工程,精准资助建档立卡学生,对处于普通高中和中等职业教育阶段的这部分学生实行免除学杂费,实施生活费补助政策。免学费补助标准为普通高中每生每学年2500元,中等职业学校每生每学年3500元;生活费补助标准高中教育阶段为每生每学年3000元。2016年高中阶段(含普通高中阶段和中等职业教育阶段)建档立卡人数为4.09万人,财政总投入为9624.99万元。

(2)免除家庭经济困难学生与残疾学生的学杂费,降低普通高中阶段学生辍学率。广东省从2016年秋季学期起,免除省内户籍的建档立卡等家庭经济困难(含非建档立卡残疾、农村低保家庭、农村特困救助供养)的普通高中全日制学生学杂费。免除学杂费后,由省级财政按普通高中每生每学年2500元补助学校。公办普通高中学校不可向符合免学杂费条件的学生收取学杂费、课本费;

---

① 数据来源于广东省教育厅《2016年普通高中教育资助绩效考评报告》及《2007年以来广东省学生资助情况》统计表。

民办普通高中学校经批准的学杂费、课本费标准高于财政补助的部分，学校可继续收取。个别地市先行先试，率先在全省乃至全国实现高中教育阶段户籍学生免学费，如珠海市开展本市户籍中小学生12年免费教育，保障了所有高中教育阶段学生的受教育机会。

4. 地市普通高中阶段资助政策落实情况

据2016年度广东省学生资助工作绩效考评结果，全省21个地市中有4个地市的普通高中阶段考评分数达到90分以上，为优秀等级，依次是韶关市、肇庆市、湛江市和中山市。以下以韶关市和湛江市普通高中阶段学生资助工作为例介绍地市该阶段资助政策落实情况。

韶关市普通高中阶段资助制度建设完善。韶关市下发了《关于转发广东省普通高中家庭经济困难学生国家资助工作的实施意见的通知》，对家庭经济困难学生认定办法做出规定。资金落实情况良好，国家助学金实现全市范围发放，资助标准为每生每学年2000元，平均资助比例约为在校学生人数的20%，受助学生办理普通高中资助卡的人数比例达到100%。韶关市在年初学生资助工作预算中安排足额配套资金，能够及时、足额拨付资金。在资金来源多元性方面，韶关市积极拓展资助渠道，调动社会资源参与学生资助，提升资助水平的同时扩大了社会资助效应。在信息化管理方面，韶关市充分利用学生资助信息管理系统，进行信息采集维护、学生名单管理和财政资金的发放管理等，提升了学生资助工作的效率和精准度。

湛江市积极落实广东省学生资助政策，普通高中阶段按照在校生10%的比例实施助学金资助。鼓励企业、社会团体等社会力量在学校设立助学金和奖学金，丰富学生资助资金来源。湛江市注重学生资助宣传工作，通过主流媒体和官方网站发布资助政策和资助申请指引，提升资助工作的知晓度。在监督管理方面，湛江市建立了资助工作监督检查机制，并制定监督检查计划，扎实开展检查工作，能够做好协调配合，逐项深入地开展全面检查，客观、准确地反映了学生资助工作的开展情况。

（四）中等职业教育阶段

1. 广东省中等职业教育阶段学生资助政策总体执行情况

2016年，广东省中等职业教育学校共计474所，在校生总数90万人，资助学生总人数84.24万人，占在校生比例为93.6%；[1] 享受中等职业学校免学费资助人数为74.04万人，各级财政共投入26.07亿元；享受国家助学金资助学生数

---

[1] 数据来源于广东省教育厅《2016年中等职业教育资助绩效考评报告》。

8.81 万人，各级财政共投入 1.76 亿元。2016 年中等职业教育资助总人数比 2015 年增加 1.82 万人，各级财政投入资金比 2015 年增加 3.51 亿元①（如图 1-6 所示）。同时，地方政府、社会和学校等各项资助资金共计 0.33 亿元，资助学生 2.19 万人。

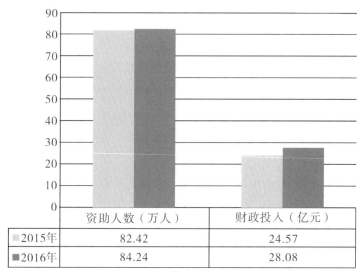

图 1-6　2015—2016 年广东省中等职业教育阶段资助人数与财政投入对比

2. 资助经费构成

2016 年，广东省中等职业教育阶段免学费与国家助学金各级财政投入共计 27.83 亿元，其中中央财政投入 2.16 亿元，占比约 8%；省级财政投入 13.03 亿元，占比约 47%，市县投入约为 12.64 亿元，占比约 45%。（如图 1-7 所示）

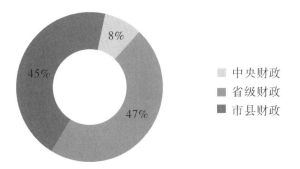

图 1-7　2016 年广东省中等职业教育阶段免学费与国家助学金各级财政分担比例

---

① 数据来源于广东省教育厅《2007 年以来广东省学生资助情况》统计表。

中等职业教育免学费各级财政资助投入资金共计26.07亿元,其中,中央财政投入1.92亿元,占比7%;省级财政投入12.26亿元,占比47%;市县财政投入共计11.89亿元,占比46%。中等职业教育国家助学金各级财政投入共计1.76亿元,其中,中央财政投入0.24亿元,占比13%;省级财政投入0.77亿元,占比44%;市县财政投入共计0.75亿元,占比43%。[①]

3. 资助成效分析

(1) 积极落实十大民生实事,优化资助资源配置。2016年,广东省人民政府将"地市属中职学校免学费补助标准提高到每年3500元"列入2016年广东省十大民生实事。6月,广东省教育厅下发了《关于报送学前教育困难家庭幼儿资助和中等职业教育免学费补助资金落实情况的通知》(粤教助办函〔2016〕17号),要求各市县区每月核查并及时报送资金配套进度情况。7月,广东省教育厅下发《关于加快落实学前教育困难家庭幼儿资助和中等职业教育免学费民生实事工作的通知》(粤教助函〔2016〕35号),督促各地市教育部门主动联系财政部门,保证资金100%到位。8月,广东省教育厅就教育资助民生实事进展缓慢情况召集汕尾市、云浮市、茂名市、湛江市等6市分管市领导和教育局负责人进行了座谈,督促加快落实民生实事工作进展。11月初,全省中等职业教育阶段民生实事高质量完成。从2016年起,广东省财政对地市属中等职业学校的免学费补助分担标准从原来的每生每年3000元提高到3500元。提高标准后,中等职业学校学生免学费补助的资金较2015年增加了3.25亿元。

(2) 进一步规范中等职业教育资助管理,确保资助信息精准化。2016年,广东省教育厅在2015年制定《广东省中等职业教育资助工作管理规范》的基础上对学生资助管理的部分内容进行细化,将申请流程、档案管理、财务管理等要求模板化,要求各中等职业学校将资助工作责任落实到人,做到流程化、简单化、科学化。规范化管理保证了学籍库、基础数据库和资助信息库"三库"信息统一。6月底,由教育部职业教育与成人教育司和全国学生资助管理中心组成的联合调研组实地调研湛江市、茂名市、佛山市中等职业教育阶段学生资助政策落实情况。调研组充分肯定了广东省在中等职业教育学生资助工作中取得的成绩。在实地调研的现场抽查中,广东省佛山市顺德区的北滘职业技术学校学籍库、基础数据库和资助信息库能做到及时更新,三个数据库名单完全统一,实现零误差,受到联合调研组的高度评价。

(3) 承办全国中职精准资助经验现场推介会,资助成效获得肯定。2016年12月19—22日,教育部在广东省佛山市顺德区召开全国中职精准资助经验现场

---

① 数据来源于广东省教育厅《2007年以来广东省学生资助情况》统计表。

推介会。参会人员到顺德区的北滘职业技术学校、陈村职业技术学校进行现场观摩。学校从资助管理机制建设、责任到人、流程规范、资助资金及档案标准化管理，全方位展示了"学生佐证材料零误差""基础信息零误差""学籍系统中在校学生人数零误差""受助学生对象认定零误差""受助学生数据录入零误差""资助资金发放零误差""两系统之间数据同步零误差"等七个精准资助工作的具体做法，得到教育部的充分肯定及参会代表的高度赞扬。

4. 地市中等职业教育阶段资助政策落实情况

据 2016 年度广东省学生资助工作绩效考评结果，全省 21 个地市中有 3 个地市的中等职业教育阶段考评分数达到 90 分以上，为优秀等级，依次是韶关市、佛山市顺德区和广州市。因突出的工作成效，广东省佛山市顺德区的北滘职业技术学校和陈村职业技术学校更是在全国中职精准资助经验现场推介会上做工作介绍。

佛山市中等职业教育阶段的学生资助工作具有代表性。制度建设完善，出台《关于扩大中等职业教育免学费政策范围进一步完善国家助学金制度的实施意见》（佛财行〔2013〕75 号）等相关文件，实施中等职业教育国家免学费、国家助学金、学校"绿色通道"等政策，从 2014 年秋季学期起，更是加大资助力度，在落实国家免学费资助标准的基础上扩大资助覆盖面，对全市全日制中职学校学籍学生免除学费。佛山市中职学校资助资金管理规范，按照《佛山市财政局关于提前下达 2016 年中职免学费补助资金的通知》（佛财行〔2016〕235 号）办理国库集中支付业务，学校预算实行"两上两下"①的编制流程，经法定程序审核批复后执行；制定了《佛山市教育局机关（直属事业单位）财务管理制度》（佛财行〔2016〕8 号），促使资助资金足额及时发放，资金管理规范。在中等职业教育学生资助工作的信息管理方面，佛山市使用全国资助信息系统进行录入，在信息采集、审核和确认等环节做到公开透明、严格执行，实现信息动态管理，并定期安排各区对全市中职学生受助数据进行核查。

顺德区中等职业教育发展势头良好，区委、区政府高度重视该阶段学生资助工作，自 2012 年学年起在全省率先实行中职免费教育，投入力度位于全省甚至全国前列。顺德区制定《佛山市顺德区中等职业学校免学费政策和国家助学金制度实施暂行办法》，对国家的免学费、国家助学金实施细则、受助学生认定办法做出明确规定。政策落实情况良好，对顺德区中职在校学生实行免费教育（不

---

① "两上两下"是指为了保证预算的合理性、真实性和可执行性，预算在第一次进行预算编制后上报领导审批，领导下达审批意见，部门进行调整后再次上报，最后上下级都认可这个预算，具有可执行性，经上级审批后正式下达，生效启动。

论户籍),扩大了免学费范围;国家助学金资助范围与广东省规定的资助范围一致,并按资金负担比例,顺德区财政负担90%的助学金。顺德区学生资助资金管理良好,能够按比例足额配套资金,及时、足额拨付资金,资金使用和管理规范。

(五)高等教育阶段

1. 广东省高等教育阶段学生资助总体执行情况

本专科阶段。2016年,广东省全日制本专科在校学生数为170.92万人,家庭经济困难学生数(含特困生)为31.91万人,家庭经济困难学生数(含特困生)占在校学生人数比例为18.67%,本年度共资助学生34.5万人,占在校生比例为20.18%,各类政府资助财政投入总金额11.32亿元,资助总人数较2015年增加1.72万人,各级财政投入总额较2015年增长0.82亿元①。(如图1-8所示)

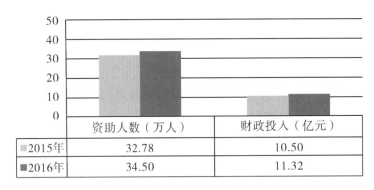

图1-8 2015—2016年度广东省高等教育本专科阶段资助人数与财政投入对比

其中,国家奖学金奖励学生0.2万人,奖励金额为0.16亿元;国家励志奖学金奖励学生人数为5.03万人,奖励金额2.51亿元;国家助学金资助人数为22.29万人,资助金额6.57亿元;0.37万名少数民族聚居区少数民族大学生获得0.37亿元资助;"南粤扶残助学工程"资助人数为0.05万人,资助金额为0.07亿元;0.31万名大学新生申请家庭经济困难新生资助共计0.08亿元;建档立卡专科生免学费和生活费补助资助人数为0.62万人,资助金额为0.45亿元(如图1-9所示)。另外,国家助学贷款补偿贴息共投入0.5亿元;中央财政对入伍学生补偿代偿和退役士兵资助,以及直招士官资助共投入0.5亿元;省级财政对退役士兵资助支出0.09亿元。

---

① 数据来源于广东省教育厅《2016年广东高校学生资助工作情况报告》。

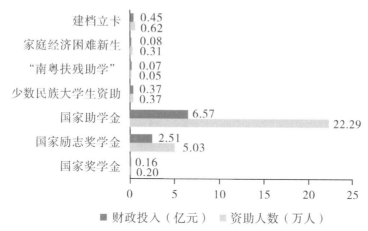

图1-9 2016年度广东省高等教育本专科阶段资助项目财政投入情况

研究生教育阶段。2016年,广东省全日制研究生在校学生数为4.83万人,家庭经济困难学生数(含特困生)为0.37万人,家庭经济困难学生数(含特困生)占在校学生人数的比例为7.66%,本年度共资助研究生6.09万人,占在校生的比例为126.09%,资助总金额为4.35亿元。其中,21所高校近0.1万名研究生获得0.21亿元的研究生国家奖学金;1.66万名研究生获得1.38亿元的研究生学业奖学金;4.33万名研究生获得2.76亿元的国家助学金资助。各项奖学金金额和资助人数较2015年有所增长①。(如图1-10、图1-11所示)

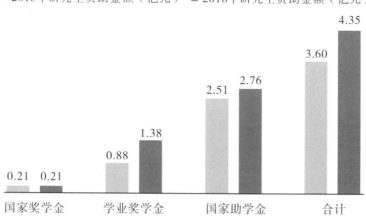

图1-10 2015—2016年广东省研究生阶段资助项目财政投入情况

---

① 数据来源于广东省教育厅学生助学工作管理中心《2016年普通高校学生资助情况统计表》。

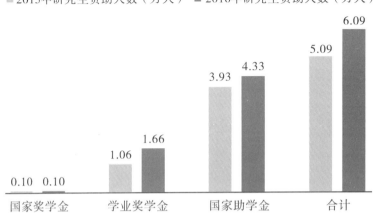

图 1-11　2015—2016 年广东省研究生阶段资助人数对比

2. 资助经费构成

本专科阶段。2016 年全省高校学生资助各级财政投入总额为 11.32 亿元，其中央财政分担 1.91 亿元，占总投入的 17%；省级财政分担 8.08 亿元，占总投入的 71%；市县财政分担 1.33 亿元，占总投入的 12%[①]。（如图 1-12 所示）

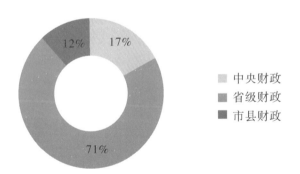

图 1-12　2016 年广东省高等教育本专科阶段资助经费各级财政分担比例

研究生阶段。2016 年广东省研究生阶段学生资助各级财政投入总经费为 4.35 亿元，中央财政分担 0.58 亿元，占总投入的 13%；省级财政分担金额 3.46 亿元，占比 80%；市县分担金额 0.31 亿元，占比 7%[②]。（如图 1-13 所示）

---

① 数据来源于广东省教育厅《2007 年以来广东省学生资助情况》统计表。
② 数据来源于广东省教育厅《2007 年以来广东省学生资助情况》统计表。

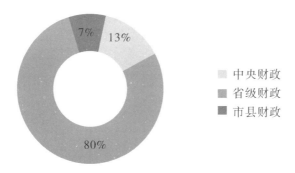

图1-13 2015—2016年广东省研究生阶段资助经费各级财政分担比例

根据2016年广东省发展和改革委员会、广东省教育厅、广东省财政厅印发的《关于调整公办普通高等学校学费的通知》（粤发改价格〔2016〕367号）和《关于广东省普通高校学分制收费管理办法》（粤发改价格〔2016〕366号），广东省各高校每年需确保从事业收入中足额提取5%作为资助经费专项用于学生资助。2016年全省各高校（不含部属和深圳市属）本专科和研究生阶段共从事业收入中提取学生资助经费9.33亿元，平均提取比例为4.47%，支出8.57亿元，用于学生资助的社会资金共计1.22亿元。高校设立的资助项目共资助学生76万人，金额6亿元（其中高校学生资助经费4.8亿元，社会资金1.2亿元）。勤工助学固定岗位数、临时岗位数各4.7万个[①]。（如图1-14所示）

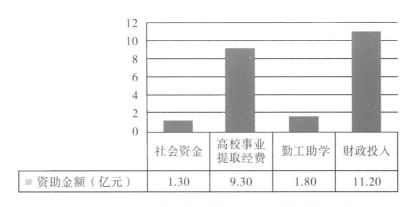

图1-14 2016年广东省高等教育阶段各类资助资金对比

---

① 数据来源于广东省教育厅学生助学工作管理中心《2016年普通高校学生资助情况统计表》。

3. 资助成效分析

2016年广东省高等教育阶段资助工作在贯彻落实教育精准扶贫、精准脱贫，完善学生资助政策体系，提高资助标准，健全工作制度，加强学生资助工作监督检查和宣传等方面取得了良好的工作成效。

（1）提高高校勤工助学薪酬标准。广东省高校校内勤工助学临时岗位由原每小时8元的薪酬标准提高至每小时不低于12元，有条件的地区每小时不低于18元。2016年，广东省勤工助学固定岗位数4.71万个和临时岗位数4.66万个，受助学生29.2万人，资助金额1.84亿元。对比2015年学生勤工助学的总投入，2016年有了显著增长。

（2）启动建档立卡学生精准资助，助力精准扶贫。启动精准扶贫惠民工程，精准资助建档立卡学生，对高等专科教育建档立卡学生实行免除学费，实施生活费补助政策。免学费补助标准为每生每学年5000元，生活费补助标准为每生每学年7000元。2016年，广东省高等教育阶段完成建档立卡精准资助学生0.62万人，本专科生免学费和生活费补助0.45亿元。

（3）积极推动生源地信用助学贷款，优化贷款流程，凸显资助成效。生源地信用助学贷款是指国家开发银行面向符合条件的家庭经济困难的普通高校学生发放，在学生入学户籍所在县（市、区）办理的助学贷款。开展生源地信用助学贷款是广东省进一步完善国家助学贷款运作机制、健全学生资助政策体系的重要步骤。生源地信用助学贷款的特点是：范围扩大，受惠面广，能够最大限度满足申请需求；贷款方式快捷灵活，方便了解学生家庭经济情况，方便学生办理程序，也方便还款跟踪和管理；延长还款期限切合困难学生的家庭和个人实际；在校期间的利息由财政全额贴息，毕业后由学生和家长负担，减轻了利息负担；学生与家长共同借款，信用约束优势突出；解脱了高校的催款压力，降低了学生心理负担。反观校园地助学贷款采用的是异地贷款模式，由高校负责学生的申请、审核、上报等，高校成为学生和银行之间的代理中介，在学生毕业后承担着催还贷款的任务，不仅增添了学校的工作量，还会让学校因为学生的"失联"而背负"不诚信"的形象，生源地信用助学贷款则能规避这个问题，使得学生贷款的资助效果更加凸显。①

广东省在2016年迈出关键一步，在保证原有校园地国家助学贷款继续发挥有效作用的同时积极推进生源地信用助学贷款。一方面，校园地助学贷款继续发挥广东省助学贷款工作中的主渠道作用。2016年新增了广东茂名健康职业学院等四所高校办理国家开发银行助学贷款，全省开展校园地助学贷款业务的高校增

---

① 唐百峰. 对生源地信用助学贷款资助政策的认识及思考 [J]，沧桑，2008（3）：97-99.

加到133所,共成功办理国家开发银行助学贷款业务合同48498份,合同金额约3.36亿元,较2015年增加合同3544份,增加金额约0.39亿元,贷款规模增加13%(如图1-15所示)。2016年,广东省校园地助学贷款到期合同本金回收工作继续保持较高的回收率,国家开发银行校园地助学贷款全省到期合同共68283笔,总合同金额3.74亿元,截至2016年12月已结清合同67561笔,累积回收本金3.7亿元,广东省校园地助学贷款平均结清率为98.94%,比2015年提高0.74%。较高的贷款结清率保障了高校无须分担助学贷款风险补偿金。

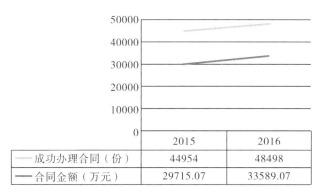

图1-15 2015—2016年广东省校园地助学贷款增长情况对比

另一方面,广东省扩大生源地信用助学贷款实施范围,新增阳江、茂名和云浮三个市的25个县(市、区)开展该项工作。全年共办理国家开发银行生源地信用助学贷款业务合同2359份,合同金额约1768万元,较2015年增加合同1493份,增加金额约1127万元,贷款规模增加176%[①]。(如图1-16所示)

图1-16 2015—2016年广东省生源地信用助学贷款增长情况对比

---

① 数据来源于广东省教育厅《广东省2016年国家助学贷款政策执行情况报告》。

4. 各地各校高等教育阶段资助政策落实情况

据 2016 年度广东省学生资助工作绩效考评结果，全省 6 个地市高等教育阶段资助工作考评分数在 90 分以上，获得优秀等级。全省有 47 所普通高校资助工作考评成绩在 90 分以上，获优秀等级高校的数量占参评高校总数的 34%，其中有 16 所学校更是达到了 100 分以上。2016 年广东省各地各高校围绕加强制度建设、开展理论研究、拓宽资助渠道、创新资助宣传与育人方式等方面做了大量工作，取得了显著成效。具体表现在以下四方面。

（1）加强学生资助制度建设。根据广东省教育厅、广东省财政厅关于加强学生资助经费管理的要求，各高校修订《勤工助学管理办法》，提高勤工助学薪酬标准，根据自身工作实际完善校级资助工作制度，确保国家、省市各项资助政策准确落实。华南师范大学出台了《华南师范大学临时困难补助管理办法》，对遭遇临时困难和重特大疾病等情况的学生发放 500～5000 元的临时困难补助。广东工业大学出台了《广东工业大学全日制本科学生资助工作实施意见（试行）》和《广东工业大学新疆、西藏少数民族优秀学生奖学金评定暂行办法》。广东石油化工学院制定了《临时困难补助管理办法》《社会专项奖助学金管理办法》《学费减免管理办法》等学生资助制度。

（2）注重资助工作理论研究。各校立足自身工作，发挥理论研究优势，就高校资助模式、育人工作手法等开展理论与实践研究，取得了一定成果。其中，广东财经大学提出"三三五"工作框架，理清工作思路，提高工作效率，在《财大学子》开辟助学工作专栏，利用"辅导员论坛"平台研讨助学工作，采取"两时三点，一线贯通"的方案大力宣传资助政策。岭南师范学院为鼓励学工人员积极开展学生资助工作研究，设立学生资助专项课题。广州城市职业学院为提升工作人员思想认识和业务能力，坚持每月在辅导员例会上对全体辅导员开展助学工作业务培训。

（3）发挥优势拓宽资助渠道。各校充分调动企业、校友会、热心人士等社会资源，拓宽资助资金来源，扩大校内资助供给。汕头大学在李嘉诚基金会、热心校友和其他社会各界爱心人士的关心支持下，建立了多元资助体系。广州大学设立"广州大学广东文化基金助学金"，资助学生在校期间的学费。东莞理工学院和东莞市慈善会共同出资开展"翔鹭计划"勤工助学定向资助项目。五邑大学发挥侨乡资源优势，新增"联通科技奖学金"等 7 个项目。岭南师范学院创新设立"爱心驿站"非营利性超市。广东碧桂园职业学院以集团为后盾，对全体贫困生实行全免费教育，使受助学生"一人成才，全家脱贫"。

（4）创新政策宣传与资助育人工作。各校因地制宜，将资助政策宣传与资助育人工作有机结合，不断创新资助政策宣传内容与形式，通过项目化手段为受助学生提供能力建设与社会参与平台，提升资助政策知晓度和育人成效。华南师范大学以"榜样华师"为载体，创新资助育人方式。广东药科大学"助困""助心"两手抓，积极引导贫困学生奋发成才。广东医科大学成立"大学生互助中心"，搭建资助育人平台。星海音乐学院和广州美术学院发挥学生的艺术特长，开展诚信歌曲创作大赛和"创意 感恩"学生优秀作品展，让感恩社会、学习先进的氛围在校园里持续发展。广东技术师范学院开展"冬日阳光"系列活动，建立校内综合型公益互助图书社区——"益书屋"。岭南师范学院、佛山科学技术学院、广东职业技术学院和广东工程职业技术学院建立大学生综合素质提升训练营，免费向家庭经济困难学生开放。广东交通职业技术学院开展"诚信标兵"评比。广州城市职业学院与广东人民广播电台（现广东广播电视台）联合策划感恩励志教育公益品牌活动"梦想激励人生"。广州工商学院和北京理工大学珠海学院开设一站式服务窗口，直接由学校面向学生提供学生资助工作服务，突出学生的主体地位，开展"一帮一""一跟一"的专业就业援助服务。广州大学华软软件学院通过微信公众号宣传平台展示家庭经济困难学子的成才经历，在广大学子中形成榜样宣传效应。

（六）建档立卡学生精准资助

精准扶贫是新时期国家扶贫攻坚的重要战略，精准资助是新时期学生资助工作领域重要指导理念之一。响应国家和省委、省政府关于打赢扶贫攻坚战的号召，广东省教育厅、财政厅、民政厅、人力资源和社会保障厅、扶贫办、残疾人联合会等六部门联合印发《关于做好我省建档立卡家庭经济困难学生精准资助工作的通知》（粤教助〔2016〕5号），明确了通过开展建档立卡工作，为家庭经济困难学生免除学杂费和提供生活费补助，实施精准资助，确定建档立卡学生精准资助补助对象、补助标准、各部门职责和省级财政资金分担机制。2016年建档立卡学生精准资助工作的主要成效表现在以下三方面。

（1）明确资助对象和资助标准，扩大家庭经济困难学生资助力度。2016年10月，广东省教育厅出台《关于推进教育精准扶贫精准脱贫三年攻坚的实施方案》，明确了义务教育阶段、高中教育阶段、全日制专科教育阶段的建档立卡资助对象、资助标准、省级财政分担比例以及民办学校和省外就读户籍生的补助措施。该实施方案的出台有助于政策落地，在原有学生资助政策基础上，精准资助建档立卡贫困户子女，加大了对这类学生的保障力度。

（2）建立联动机制，摸清贫困学生基数，落实精准扶贫。建档立卡精准资助工作涉及多个部门，广东省教育厅等六部门联合印发的《关于做好我省建档立卡家庭经济困难学生精准资助工作的通知》中，明确了各部门职责。一是财政部门负责预算管理，加强预算编制、执行和监督，及时下达配套资金，做好资金清算，确保补助资金落实到位；二是教育部门负责完善学生学籍信息管理系统，联合财政、扶贫、民政、残疾人联合会等部门共同做好建档立卡学生身份认定和相关信息采集统计工作；三是各地人力资源和社会保障部门负责完善技工学校学生学籍信息管理系统，做好学籍信息系统数据与相关部门信息数据的比对，联合扶贫、民政、残疾人联合会等部门共同做好建档立卡家庭经济困难学生身份认定和相关信息采集统计工作；四是各地扶贫部门负责完善本地建档立卡信息系统，审核有关学生信息，做好与学籍信息的对接工作；五是民政部门负责本地农村低保家庭和农村特困补助等家庭信息系统，审核有关学生信息，做好与学籍信息的对接工作；六是残疾人联合会负责完善本地残疾人管理信息系统，审核本地残疾学生信息，做好与学籍信息的对接工作。2016年建档立卡精准资助工作中，各部门按照文件要求履行各自职责，数据交换和部门协作逐步常态化和规范化，部门联动机制的建立和顺畅运作能够保障资助信息的准确性，确保资助工作的精准度。

（3）加大对贫困家庭的教育资助。2016年，义务教育阶段完成建档立卡精准资助13.55万人，建档立卡学生生活费补助2.44亿元；高中教育阶段完成建档立卡精准资助4.09万人，建档立卡学生免学费和生活费补助0.96亿元；高等教育阶段完成建档立卡精准资助0.62万人，建档立卡专科生免学费和生活费补助0.45亿元。建档立卡精准资助工作加大了对贫困家庭学生的资助力度，让更多困难家庭孩子能够持续接受教育，减少了贫困代际传递的概率。

三、2016年广东省学生资助成效及社会影响

教育事业发展离不开教育公平的推进，学生资助工作是促进教育公平的重要手段。广东省学生资助工作注重突出教育的公益性和普惠性，合理配置教育资源，加快缩小区域、城乡教育差距，保障人民群众依法享有受教育的权利。2016年广东省学生资助工作成效凸显，学生和家长深深受惠。

（一）从资金投入的角度，资助力度较往年有所加大，资助人数显著提升

相比2015年，广东省学生资助力度和资助规模都有了显著提升。特别是学前教育阶段和中职教育阶段民生实事的落实，提标扩面，大大减轻了家庭经济困难学生的负担。建档立卡学生精准资助政策的落实更是保障了贫困家庭子女的教育权利。2016年，广东省义务教育和高等教育家庭经济困难学生受助比例均达

到100%，中职学生达到97%，普通高中达到88%，学前教育达到76%。

(二) 从政策落实的角度，落实国家政策，推进广东特色

按照国家资助政策要求，广东省继续完善涵盖学前教育、义务教育、普通高中阶段教育、中等职业教育、高等教育本专科阶段及研究生阶段的各级各类学生资助政策体系。在学前教育阶段，实施面向家庭经济困难儿童、孤儿和残疾儿童的资助政策。在义务教育阶段，实施农村家庭经济困难学生生活费补助、少数民族地区寄宿制民族班学生生活费补助、农村学生营养改善计划等三项综合政策。在普通高中阶段，实施国家助学金政策。在中等职业教育阶段，实施学费减免和国家助学金制度。在高等教育阶段，实施本专科生国家奖学金、本专科生国家励志奖学金、本专科生国家助学金、研究生国家奖学金、研究生学业奖学金、研究生国家助学金、国家助学贷款、学费补偿和助学贷款代偿、勤工助学、"绿色通道"、学费减免等国家政策，同时推进"广东省贫困家庭大学新生资助""广东省少数民族聚居区少数民族大学生资助""南粤扶残助学工程""建档立卡家庭经济困难学生精准资助"等本省特色政策。

(三) 从教育公平性角度，减轻贫困家庭负担，确保没有一个孩子因家庭经济困难而失学

2016年学生资助政策的落实有效减轻了贫困家庭经济负担，从数据上看，各教育阶段学生资助覆盖面能够达到政策要求。学前教育阶段，广东省对家庭经济困难学生资助提高到每生每年1000元。从本书课题组所进行的某幼儿园访谈中可知，大部分学生和家长认为资助政策确实减轻了家庭经济负担。义务教育阶段，广东省对家庭经济困难学生实施生活费补助。普通高中阶段家庭经济困难且符合申请条件的学生，可获得国家助学金每生每年2000元。中职学生绝大部分免学费，家庭经济困难且符合申请条件的学生，还可获得国家助学金每生每年2000元。对本专科生的政府资助达到每生每年13000元（含助学贷款），占生活成本的86.7%。对博士、硕士研究生的政府资助达到每生每年18000～22000元，占生活成本的100%。

"绿色通道"有效帮助家庭经济困难学生顺利入学。2016年6月，广东省发展和改革委员会、教育厅、财政厅正式发布《关于调整公办普通高校学费的通知》。根据上述文件精神，高等院校的学费标准上涨20.2%，而高职院校学费标准的上调幅度则约为16.7%。根据通知，具有博士学位授予权的本科院校文科类专业调整为5510元，理工、外语、体育类专业调整为6230元，医学类专业调整为6960元。在广东省教育厅的指导下，各高校对家庭经济困难学生入学"绿色

通道"非常重视，如中山大学、华南理工大学等通过学校微信公众号以及在开学前进行下乡实地宣传等方式向学生和家长介绍资助政策、国家助学贷款申请流程"绿色通道"办理程序等，详细指引新生填写《学生家庭经济状况调查表》。通过院系迎新QQ群、微信群，提前了解家庭经济困难新生的动向，对遭受自然灾害等特殊困难的新生给予必要的帮助。

（四）从资助育人的角度，立德树人，促进人才培育

2016年广东省学生资助工作坚持以立德树人为指导思想，将资助与育人工作紧密结合，将励志、诚信、感恩等教育活动融入整个资助过程，培养受助学生的自强精神和社会责任感。在获奖受助的学生中，涌现出一大批成长成才典型。

在中等职业教育资助工作中，注重发挥育人功能，培养学生社会责任感。中职学生资助政策的实施，在促进中等职业教育规模扩大的同时，有效提高职业教育人才培养质量，产生了"物质上帮助学生、能力上锻炼学生、精神上培育学生"的良好效果。中等职业教育通过推行工学结合、顶岗实习，不仅减轻了学生经济负担，而且强化训练了学生的职业技能，有助于提高中等职业教育学历毕业生的就业率。

在高校资助工作中，把对家庭经济困难学生进行感恩教育，培养学生社会责任感作为资助育人工作的重要内容。一方面，通过开展实践活动，全面提升学生素质和能力。各高校通过勤工助学、社会实践、见习实习等不同形式的活动，着力培养家庭经济困难学生的实践能力。另一方面，以公益活动为媒介引导学生传递爱心、回报社会。积极组织开展义务支教、社区服务、环境保护、义务讲解等公益活动。

开展励志成长优秀学生典型宣传评选活动，积极组织受助学生参加教育部主题征文和优秀典型评选活动。2016年，广东省有2名同学被教育部评选为"国家资助 助我飞翔"全国励志成长成才优秀学生典型，另涌现了100名省级励志成长成才优秀学生典型。

以华南农业大学为例，该校打造了5个资助育人品牌："竹铭计划"励志强能工程、模范引领计划、勤工助学校园快递服务站、竹铭书屋和大学生勤工助学服务队。这5个品牌培育了一批优秀学生，获得了外界的支持，赢得了积极反响。2016年，竹铭书屋获得了"星巴克青年领导力发展项目"和"中国石油·公益未来成才基金项目"2个立项资助。服务队2015年被评为"广东省优秀学生社团"，曾2次被评为"广东省志愿服务先进集体"，服务队近5年产生了30多名校级优秀学生干部（标兵），涌现了如"全国三好学生""广州市十大孝子"区杰财等品学兼优的先进学生典型。

（五）从社会影响力的角度，获得媒体广泛关注及群众积极评价

2016年广东省学生资助工作获得了学生和家长的一致认同，资助政策发展与典型资助案例也多次获得主流媒体的报道。2016年8月30日，《人民日报》第08版报道了《为梦想点灯　照亮孩子未来：广东省多措并举努力实现精准资助》，介绍了广东省一系列学生资助政策，从政策出台、财政投入与资助标准的提高等方面肯定了广东省对助学工作的重视，体现了助学贷款的"广东模式"。2016年7月10日，由广东省教育厅、国家开发银行广东省分行联合主办的"国家资助和助学贷款政策下乡行"活动仪式在广州举行，活动吸引了全省66所高校，133支大学生志愿者宣传队参加。此次活动反响颇大，分别获得了2016年7月11日的《羊城晚报》和南方网的刊登报道。《羊城晚报》的报道是《本科生每学年最高可申请8000元国家资助》，介绍了国家高等教育阶段资助政策，帮助贫困学生解决学费上涨的压力。南方网以《助学贷款还款期最长可达20年，广东新增3地市提供生源地信用助学贷款》为题，侧重报道了广东省助学贷款政策的相关内容。

广东省学生资助广泛使用自媒体、网络宣传等新媒体传播渠道，提高资助政策与资助工作的社会认知度。"广东教育"微信公众号上线两年以来，得到了各地教育行政部门和各级各类学校的大力支持与配合，粉丝群体不断扩大，阅读量持续走高，关注度逐步增强，树立了教育资助宣传品牌，为本省教育事业改革发展营造了良好的舆论氛围。2016年，"广东教育"微信公众号的全年阅读量达3041.08万次，平均每月253.42万次。截至2016年年底，该微信公众号的关注人数突破62万。

第四章 2016年广东省学生资助工作知晓度及满意度分析

为全面展现2016年广东省学生资助工作成效,从受众角度评价广东省学生资助工作,承接上一章对2016年全省学生资助政策执行情况的分析,本章内容从教育公平视角出发,分析广东省学生资助政策的知晓度及满意度,基于调研数据分析广东省学生资助工作存在的优势与局限,为进一步完善资助工作提供参照。

教育公平包括两方面内容,"一方面是人人享有受教育的机会,另一方面是人人公平接受高质量的教育"。[①] 教育公平关系到一个人能否自立、能否成功踏入社会、能否享有高品质的生活质量。教育公平是社会公平的重要基础,事关社会和谐与稳定。近年来,广东省大幅增加对教育事业的财政投入,不断加大各教育阶段学生资助力度,实现教育全阶段、公办和民办学校、普惠式和补助式的资助全面覆盖。在学生资助体系中,教育公平体现为资助政策属性的公平性、资助政策配置结构的公平性、资助政策操作层面的公平性三个层面。政策属性的公平性是指政策的价值取向和财政投入水平的公平性,同时体现在让不同政策对象拥有平等的机会。配置结构的公平性是指资助财政资源需按照不同地域、不同教育阶段的具体情况进行配置,避免"一刀切"或平均主义。操作层面的公平性是指在执行过程中能否充分体现公平原则中的差别性和补偿性原则,能否保障学生在拥有平等机会的基础上达到奖优助困的目标。[②]

朱文珍等[③]对高校奖助学金政策进行了满意度影响因素研究,发现学生家庭人均月收入、是否获得过助学金、所在年级、资助金额是否足够、资助名额是否足够、是否了解助学金政策、评选过程是否公正公开、评选结果是否合理等因素对国家奖助学金政策的学生满意度有显著影响。本书课题组根据上述研究成果设计调研问卷。本次调研的对象并不限于受资助学生,而是面向各教育阶段的全体学生。资助制度虽然只是面向符合条件的部分学生,但全体学生都有可能获得资

---

① 章毛平. 论教育公平与公平教育 [J]. 江苏社会科学,1997 (5):176-188.
② 陈虎. 江苏省资助育人研究:第4辑 [M]. 南京:南京师范大学出版社,2013:148-156.
③ 朱文珍,曾志艳,陈绵水. 高校奖助学金政策学生满意度影响因素研究 [J]. 心理学探析,2013 (33):559-567.

助;另外,学生资助是一项公共政策,是促进教育公平的重要手段。因此,通过面向全体学生的知晓度与满意度测量,可以更准确测评其公平性。

本次调研从社会大众的视角出发,评估广东省2016年学生资助工作能否在教育政策制定层面(如调查问卷中关于家庭经济困难学生认定标准的认识)、资金配置层面(如调查问卷中关于学费在家庭收入中的占比问题)、政策执行层面(如调查问卷中学生对于学校资助资金的及时和足额与否的问题)、政策宣传层面(如调查问卷中学生对于学校宣传政策的了解程度)体现公平和有效的原则。

一、调查基本情况

(一)调查方法

本次调研采用线上问卷方式,根据抽样方案,抽取一定比例的地区、学校、班级,由学校通知学生与学生家长(包括有接受资助的和未接受资助的群体)进行问卷填写,预计回收问卷11000份,实际回收10863份。调查样本覆盖了从学前教育到高等教育的全部教育阶段。按照地市区域位置、发展程度等因素,课题组在全省范围内抽取了3个地区,分别是地处珠三角地区的佛山市、地处粤北的韶关市和地处粤西的湛江市。每个地市抽取全教育阶段的不同学校(含公办、民办)进行调研,学前教育阶段、义务教育阶段、普通高中教育阶段每个地区抽取2所学校;中等职业学校抽取2所省属学校(广东省财经职业技术学校、广东省培英职业技术学校)和3所市属学校(佛山市、韶关市和湛江市各1所);高等教育院校中,专科阶段抽取了省属院校(广东轻工职业技术学院)和市属院校(广州番禺职业技术学院),本科和研究生阶段也抽取了省属院校(华南师范大学)和市属院校(广州大学)。

每个地市在不同教育阶段的学校中分别抽取受资助学生较多的2所,每个学校抽取各个年级的1个班级,整班抽取学生作为本次调研的对象。高校则以专业为单位抽取,每个院校抽取2个专业(艺术类专业除外)。抽取样本数见表1-3。

表1-3 2016年广东省学生资助知晓度与满意度调查抽样分配

教育阶段	地区 学校类型	珠三角 (佛山市)	粤北 (韶关市)	粤西 (湛江市)
学前教育阶段 (家长填写为主)	公办民办	2所学校×1个 班级(2)	2所学校×1个 班级(2)	2所学校×1个 班级(2)

续上表

教育阶段	地区 学校类型	珠三角（佛山市）	粤北（韶关市）	粤西（湛江市）
义务教育阶段（家长填写为主）	公办民办	2 所学校×9个年级×1个班级（18）	2 所学校×9个年级×1个班级（18）	2 所学校×9个年级×1个班级（18）
高中阶段	普通高中	2 所学校×3个年级×1个班级（6）	2 所学校×3个年级×1个班级（6）	2 所学校×3个年级×1个班级（6）
高中阶段	市属中职	1 所学校×3个年级×2个专业（3）	1 所学校×3个年级×2个专业（3）	1 所学校×3个年级×2个专业（3）
	省属中职	2 所学校×3个年级×2个专业（6）		
高等教育阶段	专科高校	2 所学校×3个年级×2个专业（12）		
高等教育阶段	本科高校	2 所学校×4个年级×2个专业（16）		
	研究生阶段（含硕博）	2 所学校×2个专业（4）		

注：表中括号中的数字为调查抽取的样本（班级/专业）数量。

（二）调查对象的基本情况

学校所在地。学生就读所在地 39.9% 来自佛山市，13.3% 来自韶关市，19.1% 来自湛江市，27.7% 来自广州市，其中广州市以本专科及研究生阶段学生为主。

学生所处教育阶段。调查对象的学习阶段分布方面，2.01% 来自学前教育阶段，24.18% 来自小学阶段（考虑到学生的认知水平，学前教育阶段和小学阶段的问卷发放到家长，由家长进行填写），17.74% 的学生来自于初中阶段，普通高中和中等职业教育阶段共占 16.93%，高职高专占 17.09%，大学本专科占 21.46%，硕士研究生与博士研究生共占 0.59%。由此可见，问卷调查对象处于义务教育阶段占比最高，高等教育本专科阶段次之，高中（含中职）阶段列第三。

学生户籍与家庭住址所在地。调查情况显示，问卷调查对象中广东省户籍为大多数，占比 87.7%。全体问卷调查对象中有 56.92% 的学生家庭所在地为农村，26.56% 为县城或镇区。（如图 1-17 所示）

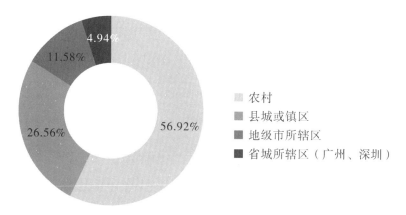

图 1-17　学生家庭住址分布

接受资助与否。问卷调查对象中有 43.35% 未接受任何资助，其余学生都曾经接受过不同类型的资助，其中几乎所有学前教育阶段的学生都曾接受过学前教育政府资助；14.36% 接受过义务教育生活费补助，占小学和初中参与问卷调查人数的 34.26%；12.9% 接受过普通高中国家助学金资助；12.22% 接受过本专科生国家助学金；14.21% 接受过学校奖学金资助。（见表 1-4）

表 1-4　学生接受资助情况分布

选项	比例（%）
学前教育政府资助	8.30
义务教育生活费补助	14.36
普通高中国家助学金	12.90
中职国家助学金	6.24
中职国家免学费	8.31
本专科生国家助学金	12.22
本专科生国家奖学金	1.46
国家励志奖学金	3.62

续上表

选项	比例（%）
研究生国家助学金	0.57
研究生国家奖学金	0.41
研究生学业奖学金	0.50
学校减免学费和杂费	8.24
学校奖学金	14.21
学校减免住宿费	8.85
学校发放的特困生补助（校园卡充值、餐券等）	4.63
勤工助学	9.12
社会捐赠	3.77
未获得过资助	43.35

学生家庭及经济情况。接受问卷调查学生中，来自一般家庭的占77.35%，来自低保家庭的占9.7%，单亲家庭占4.25%，另外这些学生的家庭包括特困职工、农村五保户或扶贫户、少数民族、孤儿、离异家庭等（如图1-18所示）。其中家庭成员月收入总额低于5000元的占71.5%，主要以父母工作收入为主。广东省人力资源和社会保障厅2016年9月公布的在岗职工月平均工资统计数据显示，2015年广东省平均工资是5525元/月，广州市平均工资是6764元/月，佛

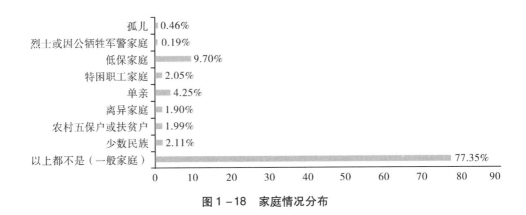

图1-18 家庭情况分布

山市是 5151 元/月，韶关市是 4577 元/月，湛江市是 4181 元/月。① 由此可见，参与本次调查学生的家庭收入大部分低于当地或全省的平均工资水平，家庭经济情况并不富裕。

学生学费及生活费支出来源。调查结果显示学生的学费和生活费 88.46% 来自于父母的收入，来自于政府部门资助包括教育部门对学生的资助、民政部门低保补助和工会特困职工补助的占 48.87%，其中接受国家助学金等政府资助的占 15.8%，国家助学贷款占 5.39%，学校奖学金占 8.78%，勤工助学的占 15.14%。来自于周边资源网络资助，如亲友的帮助和商业贷款等占比为 18.12%（见表1-5）。由此可见，政府和学校资助还是他们最重要的解困渠道，一方面是可信度高、资助政策完善，另一方面也能减少债务纠纷或人情问题。

表 1-5　学费及生活费来源分布

选项	比例（%）
家庭存款和父母工资	88.46
长辈、老师和亲友无偿资助	7.47
国家助学贷款	5.39
普通商业贷款	1.10
向亲友借钱	9.55
国家助学金等政府资助	15.80
低保补助等民政部门资助	3.19
工会发放的特困职工补助	0.57
勤工助学（含自主创业）	15.14
学校奖学金	8.78

学生学费与生活费占家庭经济比重。40% 的问卷调查对象认为与家庭经济状况相比，学费、生活费和住宿费占家庭资产和收入的比例合适，家庭在合理安排支出的情况下能够承担；占 19.88% 的学生认为上述费用占家庭资产和收入的比

---

① 广东省人力资源和社会保障厅. 关于公布 2016 社会保险年度企业职工基本养老保险缴费工资上限和下限的通知 [EB/OL]. (2016-09-30) [2017-07-28]. http://www.gdhrss.gov.cn/publicfiles/business/htmlfiles/gdhrss/s69/201610/58769.html.

例较大，家庭在大幅约束其他支出的情况下能够承担；有9.94%的学生认为上述费用若全额支出后，家庭基本开支会出现问题或需要负债；也有9.94%的学生认为家庭无法承担上述费用，必须接受资助（见表1-6）。根据全国妇联2012年对全国城乡家庭抽样调查结果，"孩子的教育费用越来越高"带来的子女教育经费问题是造成家庭经济困难三大因素之一（另外两个影响因素是家庭收入低和家人生病）。该项调查结果显示，52.7%的家庭认为教育支出对自己的家庭来说是适度的经济负担，有13.1%的家庭认为教育带来的经济负担较小，有12.9%的家庭不觉得是负担，但也有18.7%的家庭认为教育带来的经济负担较大，且2.6%的家长感到是沉重负担，家庭对教育经费负担轻重与家庭的教育经费多寡并没有正比关系。① 调查也发现，40%的家庭认为教育经费占家庭经济的比例较大，对教育的重视和希望通过教育改变家庭命运的信念，使家庭在教育方面的付出显得有必要而且是必需的。由此可见，学生资助政策对于经济困难家庭具有重要意义，在减轻家庭负担的同时也增加了家庭改变贫困状态的希望。

表1-6 学费与生活费支出占家庭经济比重情况

选项	比例（%）
占家庭资产和收入的比例较小，家庭能够轻松承担	19.32
占家庭资产和收入的比例合适，家庭在合理安排支出的情况下能够承担	40.00
占家庭资产和收入的比例较大，家庭在大幅约束支出的情况下能够承担	19.88
占家庭资产和收入的比例很大，全额支出后家庭基本支出有问题或需要负债	9.94
超出家庭资产和收入水平，家庭无法承担，如果得到资助则可以继续学习	9.94
超出家庭资产和收入水平，家庭无法承担，即使得到资助也不想继续学习	0.92

二、学生对资助政策的知晓度分析

学生对于家庭经济困难学生认定方式的认识度。从政策宣传的角度看，对家庭经济困难学生的认定条件，调查对象均能够清晰认识并了解，只有14.2%的受访者表示不了解（如图1-19所示）。从各教育阶段上看，博士研究生阶段和义

---

① 三亿文库. 家庭支出过高给家庭带来压力 [EB/OL]. (2012-03-16) [2017-07-28]. http://3y.uu456.com/bp_20b4z7al9d8mqar1rxb5_1.html.

务教育阶段对于家庭经济困难学生的认定方式了解程度较低,比例分别为32.35%和22.13%,表现出不太了解家庭经济困难学生认定的规定和操作流程(如图1-20所示)。分析其原因是义务教育阶段的"两免一补"几乎覆盖到所有义务教育阶段的学生,学生资助政策主要体现为物质减免的资助和营养补充,即书本费和学杂费的减免、宿舍费的补贴以及农村地区营养午餐计划,基本上所有在校生至少能享受到其中一项学生资助政策,绝大部分学生不需接触家庭经济困难学生的认定程序,这也造成义务教育阶段对家庭经济困难学生认定程序的了解程度相对较低。由此也看出,义务教育阶段实施免学杂费后,学生资助内容和形式统一,一定程度上忽略了义务教育阶段贫困学生的特殊性,这给政策调整提供了改善空间。①

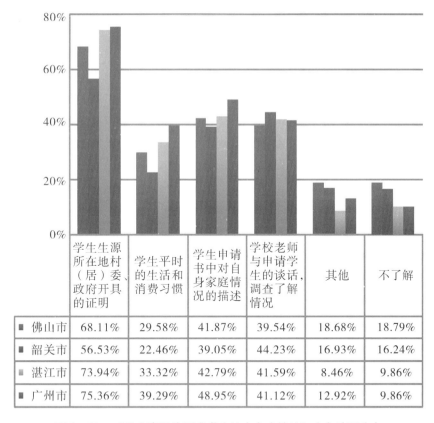

	学生生源所在地村（居）委、政府开具的证明	学生平时的生活和消费习惯	学生申请书中对自身家庭情况的描述	学校老师与申请学生的谈话，调查了解情况	其他	不了解
■ 佛山市	68.11%	29.58%	41.87%	39.54%	18.68%	18.79%
■ 韶关市	56.53%	22.46%	39.05%	44.23%	16.93%	16.24%
■ 湛江市	73.94%	33.32%	42.79%	41.59%	8.46%	9.86%
■ 广州市	75.36%	39.29%	48.95%	41.12%	12.92%	9.86%

图1-19 对于家庭经济困难学生认定方式的认知度各地区分布

---

① 吴宏超,卢晓中.义务教育免费后完善贫困生资助政策的设想——基于广东省的实证调查[J].教育研究,2014(4):53.

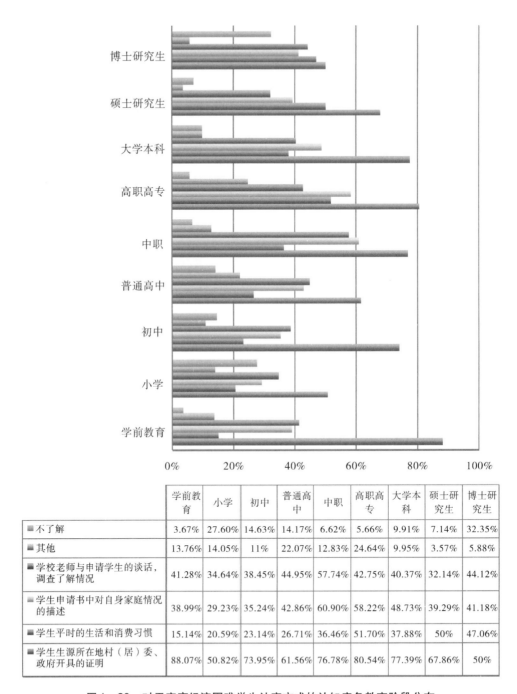

	学前教育	小学	初中	普通高中	中职	高职高专	大学本科	硕士研究生	博士研究生
■不了解	3.67%	27.60%	14.63%	14.17%	6.62%	5.66%	9.91%	7.14%	32.35%
■其他	13.76%	14.05%	11%	22.07%	12.83%	24.64%	9.95%	3.57%	5.88%
■学校老师与申请学生的谈话，调查了解情况	41.28%	34.64%	38.45%	44.95%	57.74%	42.75%	40.37%	32.14%	44.12%
■学生申请书中对自身家庭情况的描述	38.99%	29.23%	35.24%	42.86%	60.90%	58.22%	48.73%	39.29%	41.18%
■学生平时的生活和消费习惯	15.14%	20.59%	23.14%	26.71%	36.46%	51.70%	37.88%	50%	47.06%
■学生生源所在地村（居）委、政府开具的证明	88.07%	50.82%	73.95%	61.56%	76.78%	80.54%	77.39%	67.86%	50%

图1-20 对于家庭经济困难学生认定方式的认知度各教育阶段分布

学生资助政策的了解渠道分析。在政策宣传层面，根据调查结果，76.18%的问卷调查对象表示通过学校宣传了解学生资助政策，32.78%的是通过朋友同学口口相传，23.93%的学生是通过电视、网络、广告宣传了解到的，通过居委会和村委会宣传的比例为22.3%。（见表1-7）

表1-7 了解资助政策信息的渠道情况

选项	人数	比例（%）
学校宣传	8275	76.18
电视、网络、广告宣传	2600	23.93
报刊	1079	9.93
朋友同学口口相传	3561	32.78
居委会/村委会宣传	2422	22.30
其他	1962	8.06

各教育阶段的学生了解资助政策的渠道第一选择均是通过学校宣传。学前教育阶段学生第二选择是通过居委会或村委会的宣传，占比为31.19%；义务教育阶段第二选择是通过电视、网络、广告宣传，小学阶段占比为32.13%，初中阶段占比为37%；高中阶段第二选择是通过朋友、同学的口口相传，普通高中占比为25.67%，中职阶段占比为48.17%；高等教育专科、本科阶段和硕士研究生阶段第二选择是通过朋友、同学口口相传，分别占比是44.04%、42.73%和42.86%；博士研究生阶段第二选择是通过电视、网络、广告宣传，占47.06%（如图1-21所示）。由此可见，学校宣传与电视、网络、广告宣传以及朋友、同学之间口口相传是处于各学习阶段的学生获取资助信息的主要渠道，其中以校园为学生获得资助政策相关信息的主要场域，朋友同学的口口相传是非正式宣传途径，虽然可及性相对高一些，但其可信度和准确度不高，因此，应加强正式宣传渠道的可及性，让广大学生获得准确和有效的资助信息。

对于学校开展学生资助工作的评价。在政策执行层面对于学校开展学生资助工作的基本满意度达到了73.65%，其中36.81%认为资助宣传详细，同学能够了解资助措施，助学金发放的程序基本公平；36.69%认为资助宣传基本到位，有助于同学基本了解资助措施，助学金发放的程序基本公平（见表1-8）。其中韶关市、湛江市的学生（或家长）对资助宣传工作的认可度较高，超过50%的问卷调查对象认为资助宣传详细，同学了解资助措施，助学金发放的程序基本公平。

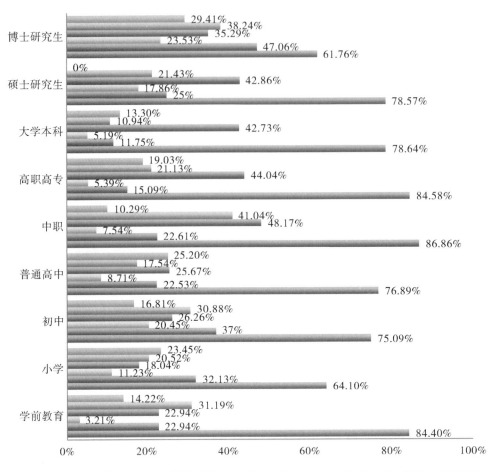

图 1-21 了解资助政策的渠道各教育阶段分布

表 1-8 学生对于学校开展资助工作的评价情况

选项	人数	比例（%）
资助宣传不到位，班上同学不了解资助措施，助学金发放不公平	1748	16.09
资助宣传基本到位，班上同学基本了解资助措施，但助学金发放不公平	910	8.38
资助宣传基本到位，班上同学基本了解资助措施，助学金发放的程序基本公平	3986	36.69

续上表

选项	人数	比例（%）
资助宣传详细，班上同学了解资助措施，但助学金发放的程序不公平	220	2.03
资助宣传详细，班上同学了解资助措施，助学金发放的程序基本公平	3999	36.81
合计	10863	100

从教育阶段来看，学生对于资助宣传、资助措施的了解以及助学金发放的公平性给予正面评价的，学前教育阶段高达84.87%，义务教育中的小学阶段达到67.15%、初中阶段达到83.13%，高中教育阶段（含普通高中和中职阶段）高达83.72%，高等教育本专科阶段达68.11%，研究生阶段（含硕博）达64.52%（如图1-22所示）。

根据调查结果，学前教育阶段、义务教育阶段和高中教育阶段对于资助政策的执行评价较高。高等教育本专科阶段和研究生阶段则需要加强，特别是对于资金发放的公平性，高等教育本专科阶段的学生有14.67%的问卷调查对象认为不公平。此项调研结果与现有文献资料关于高等教育阶段学生对于资助公平性的评价数据吻合，如在权勇太和吴博的调查中显示16.2%的学生认为资助评定不公平或没有关心过[1]，杜晓霞的调查也显示高校学生中有11%的学生认为资助评定基本不公平[2]。因此，有必要继续完善各项资助制度和工作机制，落实学生和老师多方参与、民主评议的评定制度，提高认定准确性，加强监督检查，结合学生日常消费和多维度访问，全面掌握学生状况，及时调整资助措施，合理分配资助资源，提高资助工作的公平性、公正性和公开度。

---

[1] 权勇太，吴博. 学生对于家庭经济困难学生资助工作满意度的调查报告——以西安培华学院为例[J]. 当代青年，2015（2）：155-156.
[2] 杜晓霞. 西部高校经济困难大学生受助状况调查报告——以甘肃为例[J]. 新课程（中旬），2013（8）：162-163.

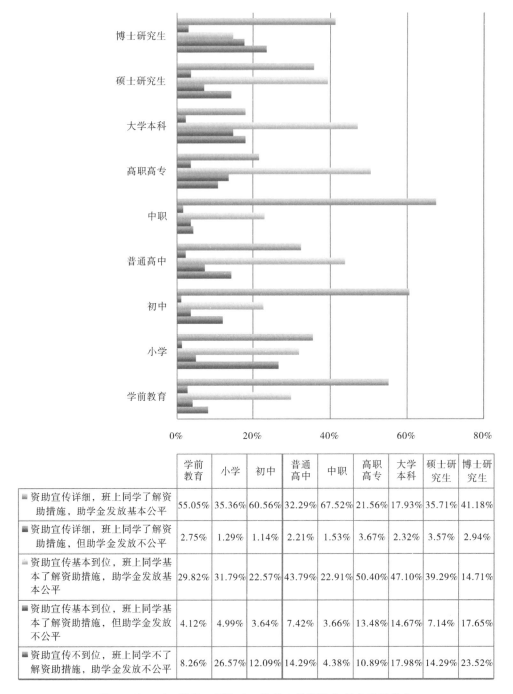

	学前教育	小学	初中	普通高中	中职	高职高专	大学本科	硕士研究生	博士研究生
■ 资助宣传详细，班上同学了解资助措施，助学金发放基本公平	55.05%	35.36%	60.56%	32.29%	67.52%	21.56%	17.93%	35.71%	41.18%
■ 资助宣传详细，班上同学了解资助措施，但助学金发放不公平	2.75%	1.29%	1.14%	2.21%	1.53%	3.67%	2.32%	3.57%	2.94%
■ 资助宣传基本到位，班上同学基本了解资助措施，助学金发放基本公平	29.82%	31.79%	22.57%	43.79%	22.91%	50.40%	47.10%	39.29%	14.71%
■ 资助宣传基本到位，班上同学基本了解资助措施，但助学金发放不公平	4.12%	4.99%	3.64%	7.42%	3.66%	13.48%	14.67%	7.14%	17.65%
■ 资助宣传不到位，班上同学不了解资助措施，助学金发放不公平	8.26%	26.57%	12.09%	14.29%	4.38%	10.89%	17.98%	14.29%	23.52%

图1-22 对于学校开展资助工作情况的评价各教育阶段分布

三、学生对资助工作满意度分析

对于学校发放政府资助资金是否及时、足额的评价。从政策执行层面,对于学校发放学生资助资金有32.57%的问卷调查对象表示知道并获得资助,认为学校发放基本及时、足额;有29.15%的问卷调查对象虽然没有获得资助,但是知道资助资金的发放,并认为学校发放基本及时、足额;但是,也有30.88%的问卷调查对象表示不知道也不清楚学校是否发放资助资金。(见表1-9)

表1-9 对于学校发放政府资助资金满意度评价

选项	人数	比例(%)
我不知道,也不清楚学校是否发放资助资金	3355	30.88
我知道,但没有获得资助,认为学校发放不及时、不足额	501	4.61
我知道,但没有获得资助,认为学校发放基本及时、足额	3167	29.15
我知道,也获得资助,但认为学校发放不及时、不足额	303	2.79
我知道,也获得资助,但认为学校发放基本及时、足额	3537	32.56
合计	10863	100

大部分曾经获得资助的学生认为所在学校的学生资助资金发放及时、足额,以韶关市对此项的评价最高,全体问卷调查对象中有72.84%认为资金发放及时、足额;湛江市次之,有67.56%的比例(如图1-23所示)。从不同教育阶段看,无论是否获得过资助,知道学校资助资金发放并且认为及时、足额的,学前教育阶段达79.36%,义务教育的小学阶段比例为39.97%,而初中阶段达到66.07%,普通高中阶段达67.95%,中职教育阶段高达86.05%,高等教育阶段专科高校达71.27%,本科高校达60.63%,研究生阶段(含硕博)达67.74%(如图1-24所示)。由此可见,中职教育阶段的学生对于资助资金发放的及时性和足额情况评价较高,有63.34%的学生知道资助政策也曾经获得资助,并认为资金发放及时、足额。这也在一定程度上反映了广东省学生资助在中等职业教育阶段的工作成效。与此同时,小学阶段的问卷调查对象对此项的评价较低,主要是因为从2008年开始已经实现了免费九年义务教育,农村义务教育阶段免收学杂费、教科书费、对农村家庭经济困难寄宿生补助生活费、农村的营养午餐计划、城市义务教育阶段免收学生的学杂费等,其所需资金直接纳入义务教育经费保障机制,家长并未能真切地体会到资助资金的获得,因此对于是否获得资助、资助金额等缺乏了解。

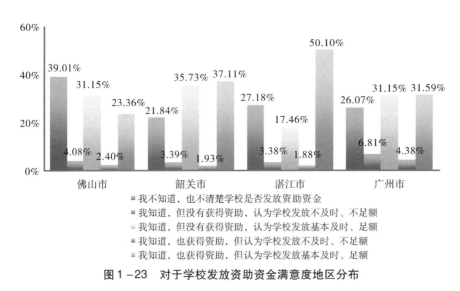

图1-23 对于学校发放资助资金满意度地区分布

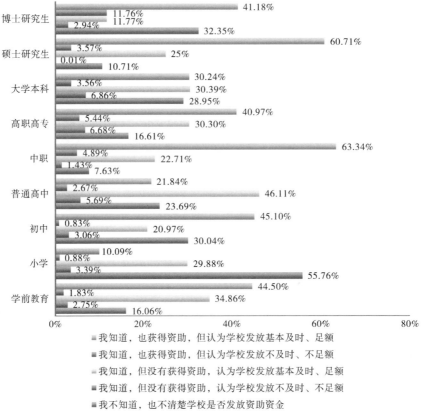

图1-24 对于学校发放资助资金满意度各教育阶段分布

学生对资助政策申请过程的了解以及申请结果公平性评价。总体调查显示，21.7%的学生知道政府学生资助政策，也了解申请的过程，并曾经获得过资助，认为评审结果基本公平；有21.15%不需要接受资助的学生知道资助政策，并且了解申请程序，认为评审结果基本公平；也有19.41%的学生并不知道政府学生资助政策；20.09%的学生虽然知道政策但不了解如何申请，也不知道班上哪些学生获得了资助。（见表1-10）

表1-10 对资助政策申请过程的了解及满意度情况

选项	人数	比例（%）
我不知道政府学生资助政策	2108	19.41
我知道政府学生资助政策，但不了解如何申请，也不知道班上哪些学生获得了资助	2182	20.09
我知道政府学生资助政策，但不了解如何申请，班上获得资助的同学家庭有比我好的	725	6.67
我知道政府学生资助政策，了解如何申请，总是无法获得（获得的同学并不比我贫困）	480	4.42
我知道政府学生资助政策，了解如何申请，总是无法获得（获得的学生比我贫困）	453	4.17
我知道政府学生资助政策，了解如何申请，也获得过（但认为评审结果不公平）	260	2.39
我知道政府学生资助政策，了解如何申请，也获得过（认为评审结果基本公平）	2357	21.70
我知道政府学生资助政策，了解如何申请，但我不需要资助（认为评审结果基本公平）	2298	21.15
合计	10863	100

从上述数据可知，大部分的学生知道资助政策并且了解如何申请也认为结果公平，其中湛江市、韶关市学生对资助政策的了解程度相对较高（如图1-25所示）。从不同学习阶段看，处于学前教育阶段的问卷调查对象中有55.97%了解资助政策并且认为资助结果公平，义务教育阶段有46.23%的问卷调查对象了解资助政策并且认为资助结果是公平的，高中教育阶段（含中职）有52.58%，高等教育本专科阶段有34.17%，研究生阶段（含硕博）有43.55%（如图1-26

所示)。由此可见,在政策宣传层面,高中教育阶段以及学前教育阶段的学生(或家长)对于资助政策的了解程度相对较高,而且对于资助公平性的评价也较高。特别是中等职业教育阶段,53.77%的学生表示了解资助政策并且认为资助评定结果公平,再次验证了广东省学生资助工作在中等职业教育阶段的突出成效。

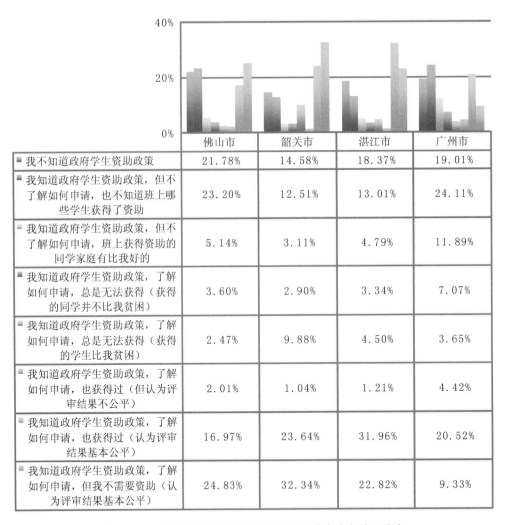

	佛山市	韶关市	湛江市	广州市
我不知道政府学生资助政策	21.78%	14.58%	18.37%	19.01%
我知道政府学生资助政策,但不了解如何申请,也不知道班上哪些学生获得了资助	23.20%	12.51%	13.01%	24.11%
我知道政府学生资助政策,但不了解如何申请,班上获得资助的同学家庭有比我好的	5.14%	3.11%	4.79%	11.89%
我知道政府学生资助政策,了解如何申请,总是无法获得(获得的同学并不比我贫困)	3.60%	2.90%	3.34%	7.07%
我知道政府学生资助政策,了解如何申请,总是无法获得(获得的学生比我贫困)	2.47%	9.88%	4.50%	3.65%
我知道政府学生资助政策,了解如何申请,也获得过(但认为评审结果不公平)	2.01%	1.04%	1.21%	4.42%
我知道政府学生资助政策,了解如何申请,也获得过(认为评审结果基本公平)	16.97%	23.64%	31.96%	20.52%
我知道政府学生资助政策,了解如何申请,但我不需要资助(认为评审结果基本公平)	24.83%	32.34%	22.82%	9.33%

图1-25 对资助政策申请过程的了解及满意度各地区分布

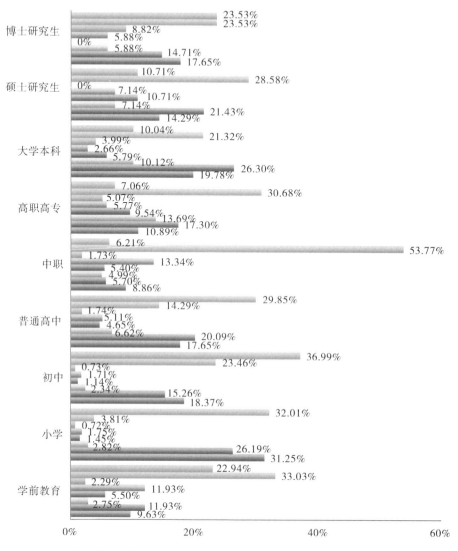

图1-26 对资助政策申请过程的了解及满意度各教育阶段分布情况

对于学生资助工作的满意度评价。总体而言，问卷调查对象对于广东省学生资助工作感到非常满意的占 26.6%，比较满意的占 28.2%，也有 37.3% 表示没有意见。各教育阶段问卷调查对象对学生资助工作满意度排序，依次是中职阶段的满意度最高，达 78.82%，初中阶段满意度为 70.78%，学前教育阶段为 66.97%，普通高中阶段为 56.57%，硕士研究生阶段为 53.57%，小学阶段为 45.99%，博士研究生阶段为 44.12%，大学本科是为 41.65%（如图 1-27 所示）。此处的满意度评价方包括了曾经接受过资助和未接受过资助的全体学生群体。比较而言，中职阶段、初中阶段和学前教育阶段资助工作的满意度较高，从本章前文关于资助政策知晓度的分析可知，中职、初中和学前这三个教育阶段接受问卷调查的学生和家长对资助政策的知晓度也相对较高，知晓度和满意度呈正向影响。各市对广东省学生资助工作的满意度评价中，韶关市和湛江市的满意度较高，分别是 72.49% 和 64.46%。（如图 1-28 所示）

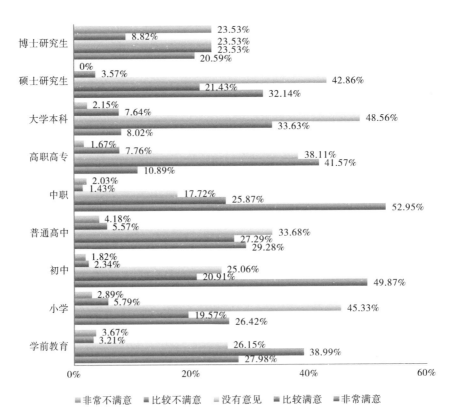

图 1-27　对广东省学生资助工作满意度各教育阶段分布

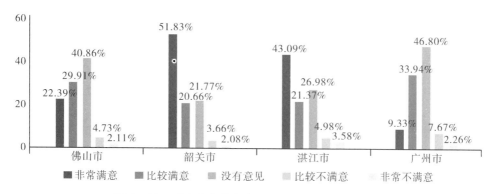

图1-28 对广东省学生资助工作满意度各地区分布

以曾经接受过学生资助的接受问卷调查者为分析对象，其满意度的数据显示，了解政府资助政策也曾经获得过资助的调查对象中有85.57%认为学校政府资助资金基本及时、足额，且对于过去一年学生资助工作的满意度达到85.5%，由此可见，受资助学生对资助工作满意度相对较高。从不同的受资助项目分析参与问卷调查者的满意度，对学校减免住宿费的满意度最高，达到83.76%；对中等职业教育阶段国家免学费的满意度排第二位，达到82.06%；对中等职业教育阶段国家助学金的满意度排第三位，达到81.71%（见表1-11）。由此可见，中职教育阶段的学生对资助政策满意度均达到较高水平。从数据可知，问卷调查对象对大部分政府资助项目的满意度超过了60%，对学校特困生补助和社会捐赠的满意度也相对较高，分别是76.54%和78%。值得注意的是，社会捐赠相对于政府资助，其申请和审批程序相对简化、形式灵活，这也是满意度高于多数政府资助类项目的原因。同时，调查数据也显示研究生阶段的各项资助项目满意度相对较低，目前，广东省研究生资助体系基本是沿用本专科生资助体系，资助政策的出台和实施主要参照本专科生资助政策进行。研究生资助体系虽然与本专科生资助有共性，但也需要考虑其特殊性，从资助机制、资助功能和资助模式上需进一步完善和创新，做到既能解决困难学生的经济压力，也能激励研究生的科研能力。①

---

① 赵军，惠鑫. 研究生资助体系：回顾与展望 [J]. 三峡论坛，2010 (6)：99-101.

表1-11 各资助项目受助对象对广东省资助工作满意度分析

资助项目	非常满意	比较满意	没有意见	比较不满意	非常不满意	人数
学前资助	298（33.04%）	327（36.25%）	213（23.62%）	38（4.21%）	26（2.88%）	902
义务教育生活费补助	618（39.62%）	453（29.04%）	391（25.06%）	61（3.91%）	37（2.37%）	1560
普通高中国家助学金	263（18.77%）	664（47.39%）	384（27.42%）	73（5.21%）	17（1.21%）	1401
中职国家助学金	391（57.67%）	163（24.04%）	96（14.16%）	13（1.92%）	15（2.21%）	678
中职国家免学费	496（54.93%）	245（27.13%）	122（13.51%）	15（1.66%）	25（2.77%）	903
本专科生国家助学金	213（16.04%）	747（56.25%）	318（23.95%）	36（2.71%）	14（1.05%）	1328
本专科生国家奖学金	22（13.84%）	58（36.48%）	60（37.73%）	11（6.92%）	8（5.03%）	159
国家励志奖学金	75（19.08%）	208（52.93%）	85（21.63%）	15（3.82%）	10（2.54%）	393
研究生国家助学金	13（20.97%）	19（30.65%）	18（29.02%）	3（4.84%）	9（14.52%）	62
研究生国家奖学金	7（15.91%）	13（29.55%）	14（31.81%）	3（6.82%）	7（15.91%）	44
研究生学业奖学金	14（25.93%）	18（33.33%）	13（24.08%）	2（3.70%）	7（12.96%）	54
学校减免学费和杂费	341（38.10%）	224（25.03%）	285（31.84%）	27（3.02%）	18（2.01%）	895
学校奖学金	422（27.33%）	510（33.03%）	506（32.78%）	76（4.92%）	30（1.94%）	1544

续上表

资助项目	非常满意	比较满意	没有意见	比较不满意	非常不满意	人数
学校减免住宿费	666（69.30%）	139（14.46%）	124（12.91%）	13（1.35%）	19（1.98%）	961
学校发放的特困生补助（校园卡充值、餐券等）	250（49.70%）	135（26.84%）	88（17.50%）	16（3.18%）	14（2.78%）	503
勤工助学	144（14.53%）	483（48.74%）	287（28.96%）	58（5.85%）	19（1.92%）	991
社会捐赠	222（54.28%）	97（23.72%）	67（16.37%）	8（1.96%）	15（3.67%）	409
未获得过资助	808（17.15%）	988（20.97%）	2420（51.38%）	329（6.98%）	166（3.52%）	4711

注：括号内为选项人数占该资助项目对应人数的百分比。

四、结论与讨论

综合上述调查数据显示，学生与家长对2016年广东省学生资助工作的知晓度和满意度总体处于较高水平，特别是在接受过资助的学生群体以及粤西、粤北地区，学生对于资助工作的了解程度和满意度更高，这也反映了资助政策向欠发达地区倾斜的效果与影响。从学生资助政策制定层面、政策执行层面、资金配置层面和政策宣传层面分析，2016年广东省学生资助政策知晓度和满意度调查有以下结论。

（1）在政策制定层面，规范资助评定标准和资助流程，提高了学生资助结果的公平性和公正性。调查结果显示大部分家庭对于家庭经济困难学生的申请程序能够了解，但认为资金发放结果公平性不足，需要进一步规范和细化学生资助评定标准和流程，增加学生对于评定结果的信服度。调查结果同时显示义务教育阶段，特别是小学阶段在知晓度和满意度方面都相对较低，主要是因为这个阶段的资助形式多为普惠性资助，家长和学生并未能直接感受到资助的效用，而且普惠性的资助也相对缺乏对于贫困学生资助需求的关注。另外，义务教育阶段家长的压力除了来自学杂费,还包括学生的教育配套需求,如学习用具、交通费用、兴趣班费用等附加教育经费,特别是对于进城务工人员子女而言,生活成本的提高也加大了家庭在义务教育阶段教育经费负担,上述情况使义务教育阶段资助政策仍存在进一步完善和加强之处。① 研究生阶段也存在类似问题,应在参照高等教育本专科阶段学生资助体系的基础上,综合考虑研究生教育阶段和资助对象的特殊性,完善研究生资助政策。

(2) 在政策执行层面,确保资金足额及时发放,明确并简化家庭经济困难学生申请和认定流程,加大监督管理力度。调查结果显示,学生对于资助资金发放的及时性、公平性和足额与否都有较正面的评价,这也是对广东省学生资助资金使用规范性和监督管理工作的认可。即便如此,对学生资助工作的监管力度仍需加大,及时解决资金配套不足额、资金发放不及时、资金审核不严格、资金管理不规范等问题,才能让学生和家长完全肯定资助政策的助困育人之效。在各项调查问题中,中等职业教育阶段资助都获得了较高的满意度,中等职业教育阶段对于学生资助管理过程中"零误差""全覆盖"精准资助和精准管理的经验值得其他各教育阶段借鉴学习。

(3) 在资金配置的层面,资助资金按照地区经济和不同教育阶段的需求差异配置,充分调动学校和社会资金。调查结果显示,知晓度和满意度与政策倾向的相关度较高。为彰显政策的公平性,广东省资助政策在顶层设计和实施过程中,注重向农村地区、贫困地区、民族地区、特困群体和特殊专业给予政策倾斜。从调查结果可以发现,韶关市与湛江市问卷调查对象对学生资助工作的满意度相对佛山市较高,在地方财政和社会资助资金不充裕的粤西、粤北以及少数民族聚居地区,中央、省级财政资金起到了较大的支持作用。此外,调查也发现学生对于学校资助和社会捐赠的满意度较高,多元资助主体能增加学生受助机会,灵活多样的资助形式对政府资助起到了积极的补充作用。

(4) 在政策宣传的层面,学生资助政策的获取渠道需更多元化和可及化,加大宣传力度,扩大宣传效应。调查结果显示,学生及家长获取资助政策信息的渠道较为局限,主要是通过学校宣传,也有片面地通过非正式的口口相传获知政策。随着科技和互联网对人们生活方式的改变,学生资助政策的宣传渠道应多借助互联网、APP或者动漫等新媒体方式让学生和家长更加便捷地获取信息。同时,资助申请条件和申请流程也应纳入资助政策的宣传内容,做到直观、明了,让资助政策的宣传更接地气,更深入基层。另外,根据问卷分析结果,对于学生

---

① 吴宏超,卢晓中. 义务教育免费后完善贫困生资助政策的设想——基于广东省的实证调查 [J]. 教育研究,2014,35 (4):53-58.

资助政策较了解的群体集中在曾经接受过资助的学生，未接受过资助的学生不太了解学生资助政策的内容和申请程序。不排除有家庭经济困难的学生因为不知道政策而未获得相应的资助。2016年学生资助工作的重点是精准资助，确保不让一个学生因家庭经济困难而失学。因此，建议学生资助工作进一步扩大宣传面，采用全体学生可知可及的方式宣传学生资助政策。各地各校可借鉴普通高校在发放新生录取通知书时，随通知书一并寄出学生资助政策宣传资料、"广东省家庭经济困难学生认定申请表"等材料，确保每一位新生在入学前就能详尽了解资助政策内容和资助申请方式。

第五章　2016年广东省学生资助工作研究发现及发展建议

一、研究发现

根据本编第三、四章对于2016年广东省学生资助政策的执行情况分析以及学生资助政策知晓度和满意度调查结果，总结学前教育阶段、义务教育阶段、高中阶段（含中职）、高等教育本专科阶段以及研究生阶段学生资助工作存在的共性，在以下五个方面还有待改善。

（一）政策落实方面

1. 全省资助水平存在地域差距

粤东西北欠发达地区与珠三角地区学生资助水平存在一定差距。粤东西北欠发达地区的政府、学校因财政、事业收入与社会资助来源有限，部分地区存在资助比例不足或覆盖面不全的问题。珠三角地区社会资源丰富，企业众多、名校荟萃、校友资源丰富，社会资助力度大于经济基础相对薄弱的粤东西北地区。

2. 资助资金拨付监管有待加强

资助资金经由省级、市级、县级、学校财政，最终发放至学生手中，存在一定的时间差。在这个过程中如果监控不到位，将延长拨付时间，或因信息不对称造成资金未能及时、足额到位。特别是对于没有设立负责学生资助专职机构的地市，省级层面对资金拨付过程应加强监管。

3. 社会资助资金筹措力度有待加强

从各教育阶段资助资金配比情况可知，学生资助资金中以省级财政的分担占比最大。广东省学生资助政策体系鼓励构建"多元混合资助"格局，除各级财政落实资助资金分担机制，学校按政策规定从事业收入中提取一定比例经费用于校内资助之外，还需积极筹集社会资金，充分整合校内外资源，加大学生资助力度。目前，仍存在部分地区未能足额安排配套资金，社会资助较为薄弱，部分学校也未能按照相应的比例足额提取事业收入用于学生资助，学生资助资金的构成较为单一。

(二) 精准资助方面

1. 资助政策精细化有待完善

广东省教育厅已出台了《广东省家庭经济困难学生认定办法》，应用评估工具客观评定学生的家庭经济困难程度，力求更加精准地识别有需求群体。但是因为广东省地区差异较大，家庭经济困难学生的认定难度大，部分地区对于家庭经济困难学生的认定办法仍需细化。[①] 另外，虽然目前广东省学生资助政策已经覆盖了全教育阶段，但仍需根据资助对象的特殊性进行完善。如研究生阶段资助政策需考虑对其创造性和研究能力的奖励机制；在义务教育阶段除了考虑城乡差距，还需考虑教育经费的逐年增长和竞争性趋势。资助形式和资助水平在满足学生的切实需求方面仍有改善的空间。

2. 建档立卡学生精准资助工作有待提升

因为建档立卡精准资助工作需协调联系多部门，在政策制定方面也存在特殊性和急迫性，所以在执行建档立卡学生资助过程中需花费较多沟通成本，对工作开展、资金拨付和配套进度存在一定影响。

(三) 监督管理方面

1. 部分地市学校资助工作监察力度有待加强

广东省于2016年制定了11项资金管理办法，建立了监督考核机制，聘请第三方对各地市和学校进行绩效考评，逐渐完善了学生资助工作的监督考核机制。然而，仍有部分地市和高校对于学生资助政策的监督考核落实不到位，未能建立规范的日常监督巡查细则，导致资助资金未能及时精准落实。从问卷调查的结果可知，资助政策的监督制度落实到位，对提升学生和家长对学生资助政策的信心、保障学生资助的公平性起关键作用。

2. 学生资助信息管理系统有待完善

全国、省、市、校各级学生资助信息化管理系统设置需统合兼容，避免因系统设置重复或缺漏导致增加信息管理的工作量。广东省正积极推行从学前教育阶段到研究生阶段的全国学生资助管理信息系统全覆盖，并在全国系统的基础上开发适用于本省的功能模块和子系统。然而，因学生资助政策多、信息面广，各地各校各自制定资助政策实施细则，导致全国资助信息系统和本省的信息管理系统未能百分之百切合各地各校的实际需求。另外，部分地市和学校会根据自身的需要开发当地信息管理系统。多系统的数据统合工作容易导致信息不匹配而增大资

[①] 李苗云，朱应举. 完善高校困难学生资助工作的建议 [J]. 教育教学论坛，2014 (9)：77 - 78.

助一线工作者的工作量，而且增加了管理成本。再者，部分地市和学校对于信息系统的推广态度不积极，信息化管理的滞后导致资助数据的不对称，不利于资助对象精准化认定。

（四）政策宣传方面

1. 基层资助政策宣传力度有待加强

2016年广东省学生资助已在省级层面通过媒体专访、电台广播、微信专栏等多种方式开展政策宣传。然而从调查结果可知学校是学生和家长接受资助政策信息最主要的场域，而且主要通过学校宣传获取学生资助相关信息。因此基层的宣传工作对于学生资助政策能否有效传达起决定性作用。部分地市和学校对于资助宣传工作的认识不到位，对学生资助政策的了解程度仍较低，导致有学生甚至并不知道学校是否发放过资助资金。宣传的不足一定程度上导致学生家长对资助政策公平性和满意度的负面评价。

2. 学生资助政策宣传手段有待完善

从调查中发现学生和家长更倾向于便利的信息获取渠道，如学校内的宣传以及朋友同学的口口相传。现在的资助政策宣传手段虽已经结合了传统媒体和新媒体等多样化形式，但在可及性和可读性方面仍有所欠缺。

（五）资助育人方面

1. 资助育人的成效有待进一步提升

当前资助形式偏重物资和资金，仍需提高对学生发展层面的关注。广东省教育厅一直将资助育人作为资助过程中的一项重要工作和考核指标，但是资助育人的手段目前更侧重于教育和典范宣传。随着教育竞争的加剧，学生的需求不仅仅停留在学业的完成，更在于技能的发展。学习机会的欠缺和资源的匮乏逐渐拉大农村学生、贫困生与其他学生之间的差距。对于学生发展性需求的满足，目前的资助政策仍有改善空间。

2. 学生心理因素需加强关注

由于经济压力，受资助学生在学习、人际交往和社交生活上都会表现出明显的自信心不足、不善交流或焦虑的状态，学生资助政策虽然能够给予学生物资上的帮助，但需要同时关注因家庭经济困难衍生出的学生的心理问题。[①] 另外，部分贫困生因为自卑心理而放弃受资助资格，资助未能公平和有效地帮助到有需要

---

① 杨冠英. 高校受资助学生自卑心理初探［J］. 漳州师范学院学报，2013（3）：148-152.

的学生,产生因学生的主动性差异引起资助资金分配不公平的问题。①

二、发展建议

(一) 发展资助理念,引领资助工作创新

党的十八大以来,广东省学生资助工作在教育部指导下,在省委、省政府关心下,以保障人民群众受教育权利为核心理念,坚持为家庭经济困难学生群体提供教育资源支持,促进了教育公平和社会公平,是确保全民共享社会主义建设成果的集中体现。

从政策资源特性来看,学生资助政策兼具公共政策与社会福利政策特性,具体表现为:通过经济、社会资源的统筹调配与投放,以经济资助为主要手段,确保家庭经济困难、少数民族和特殊群体受教育机会,为满足上述适龄学生的学习和发展需要提供资源保障和服务形式,是为保障全民受教育权利的政府责任与社会义务的体现。②

从社会福利类型来看,学生资助政策资源属于发展型福利,即为满足社会成员发展需要而提供的资源保障和社会支持。③ 在当前全面建成小康社会的决胜阶段,党和国家实施扶贫攻坚战略的关键时期,学生资助不仅肩负保障公民受教育权,促进教育结构优化,引导人才培养的基本任务;作为广义社会福利政策之一,也发挥着促进困难群体能力提升,改善自身贫困状态的作用,隐含着教育与育人功能。④

从资助理念落实角度来看,过去一段时间里,学生资助以实施助困式经济资助为主,近年来虽着力推进育人工作,但制度措施尚不健全且需要配套一定的资助支持型服务,导致各地各校推进程度不一。总体而言,当前资助政策在受助对象认定上采用了选择主义,即将资源集中于少数人口,以便在未能满足全部需求的情况下取得更多社会效率,⑤ 表现为按照一定标准确定受助学生并视之为特殊群体施以照顾。但由此而来的弊端在于,选择主义强化了受助对象在道德、经济

---

① 陈虎. 江苏省资助育人研究:第4辑 [M]. 南京:南京师范大学出版社,2013:225-227.
② 谭兵,张建奇. 贫困大学生教育资助政策分析 [J]. 广东社会科学,2007 (5):195-200.
③ 田北海. 社会福利概念辨析——兼论社会福利与社会保障的关系 [J]. 学术界,2008 (2):278-282.
④ 粟莉. 论国家新助学政策体系的导向功能 [J]. 中国高等医学教育,2011 (3):43-44.
⑤ 谭兵,张建奇. 贫困大学生教育资助政策分析 [J]. 广东社会科学,2007 (5):195-200.

层面的差距,^① 被贴上能力差的标签,让受助者感觉低人一等或有被歧视感,甚至形成逆向资助效应,产生"等靠要"和"我贫困就应当获得资助"的心理。这会造成政策实施者与受助者都过于关注资助资源的分配而忽视必要的价值引导与能力培育,引发比较性不公平感。由此可见,政策理念表达不完善,必然会影响政策执行的效率效果,如当前广东省存在部分市、县、校级资助机构对资助政策的理念、目标理解不足,着重资助资金的管理与发放,而未能将育人作为资助工作的核心来抓,导致顶层设计未能在基层有效传导。

反观英、美等国家学生资助理念的演变,先后经历了"慈善和宗教、国家需要、教育机会均等和人力资本投资、教育成本分担"四个发展阶段,且随着经济社会和各阶段教育发展的需要,与时俱进、因势利导,及时调整资助政策的轻重缓急和资助工作重心,形成了多元资助理念并存且融合发展的局面。^② 全国现行学生资助政策是从国情出发,着重宏观层面的政策导向与指引。广东省可根据经济、文化和地区差异在此基础上进行政策理念的深化与延展,将资助资源的投放使用与地区各阶段教育发展目标定位、资助对象能力提升、资助工作社会效率、价值倡导等要素综合考虑。结合资助工作外部形势和内在要求进行动态融合,建立多元、包容、内在统一的学生资助理念体系,在此指导下开展资助政策和资助模式创新,以制度化手段确保资助理念、资助目标得以落实,避免资助政策因理念偏差而出现相互掣肘的情况。

(二) 完善资助政策,保障资助公平与效率

学生资助政策的目标需兼顾"公平与效率",表现为以"助困"和"奖优"为政策重点。一方面,要加大对贫困生的资助,也就是在资助政策中考虑学生的家庭背景;另一方面,要求在资助有限的情况下,优先照顾成绩优秀的学生,也就是在资助政策中考虑学生的能力。^③ 从政策执行效率角度来看,"助困"为以公平为主,属非竞争性学生资助,以减轻贫困生经济压力、开放入学机会、促进学业顺利完成为目的,与学生家庭经济背景相关;"奖优"以激励为主,属竞争性资助政策,以提高生源质量、激励学生能力表现为目的,与学生的学习和综合能力相关。若资助政策与个人能力无关,则会丧失激励作用造成效率损失^④以及逆向激励,即学好学坏一个样。在广东省已实现学前教育到研究生教育资助政策

---

① 谭兵,张建奇. 贫困大学生教育资助政策分析 [J]. 广东社会科学,2007 (5):195 – 200.
② 王立. 英国大学生资助理念的嬗变及启示 [J]. 华北水利水电学院学报 (社科版),2009 (1):113 – 115.
③ 杨钋. 高中阶段学生资助政策分析 [J]. 教育发展研究,2009 (3):21 – 27.
④ 杨钋. 高中阶段学生资助政策分析 [J]. 教育发展研究,2009 (3):21 – 27.

全覆盖的现实情况提下，建议未来应从如何更好落实国家资助政策，从地区经济社会发展水平、教育发展目标、人口结构以及新型城镇化发展进度等宏观背景出发，就如何兼顾"公平和效率"，明确各阶段资助目标、建立资助调整动态机制，提高资助效率，发挥资助政策教育引导作用等方面予以完善。纵观广东省学生资助政策体系，已不同程度地体现了教育阶段的培养目标和省情特点，但仍存在完善空间，相关分析与建议如下。

1. **学前教育阶段**

广东省对3～6岁常住人口家庭经济困难儿童、孤儿、残疾儿童提供入园和生活费等资助。资助对象包括广东省户籍人口与常住人口，符合广东省学前教育公益普惠性发展要求，且侧重困难群体帮扶，以确保适龄幼儿最大化接受学前教育。但广东省城乡、区域经济发展水平差距明显，农村与城镇居民平均收入也存在一定差距，即便在相对贫困的韶关乐昌市，部分民办幼儿园的学习费用也能达到每学年2000元。建议借鉴北京市、江苏省、四川省等地做法，对粤东西北和珠三角地区实施分类资助，按照不同的资助比例划拨、配套资助资金；在资助标准方面，建议细分资助对象的经济困难程度，实施分档资助，提高资助效率；在民族地区重点群体保障方面，建议扩大民族地区资助面，推进该地区学前教育的公益普惠性发展。

2. **义务教育阶段**

广东省实施"两免一补"资助政策，即全面免除学生学杂费，免费提供教科书，为农村学生免费配发汉语字典，农村寄宿学生免收住宿费，向城乡家庭经济困难寄宿学生、农村家庭经济困难非寄宿学生和民族地区寄宿制民族班学生提供生活费补助，实施农村义务教育学生营养改善计划。义务教育阶段资助目标体现了促进义务教育均衡发展的基本目标，政策导向以助困为主，政策资源向农村地区倾斜，以保障农村地区人口受教育水平。随着新型城镇化进程的加快推进，农村户籍适龄学生正逐步减少，如在肇庆、佛山等地的部分区县已出现义务教育阶段没有农村户籍学生的情况。相对于户籍结构的变化，仅对农村家庭经济困难非寄宿学生提供资助的政策覆盖面就相对偏窄。建议在省市层面建立资助政策动态调节机制，针对户籍、人口结构变化趋势等影响因素，动态调整资助政策，鼓励并引导各地根据实际情况拓展学校资助与社会资助，试点开展符合地区实际的资助项目，与国家、省级资助政策有机融合，形成多元立体、全方位的资助体系。

3. **高中教育阶段（含中等职业教育）**

广东省建立了以政府为主导，国家助学金为主体，学校减免学费和顶岗实习等为补充，社会力量参与的资助政策体系。其中普通高中、中等职业教育阶段均设立国家助学金。普通高中和中等职业学校免学费对象为残疾学生、农村（含县镇）学生、城市涉农专业学生和非涉农专业家庭经济困难学生。部分地市如佛山市顺德区还根据地区产业发展需要，实施中等职业学校学费全免。此外，从2016年起广东省对普通高中和中等职业学校建档立卡学生实施免学费和生活费补助。

此阶段资助政策不仅体现了对困难群体的助困，对专业人才培育的引导，也回应了广东省产业结构升级的人才培养需求，但未能发挥"奖优"功能。高中阶段在校学生正值青春期，处于人生观和世界观形成的关键时期，一方面应确保应助尽助，另一方面也应引导和鼓励学生通过努力学习改变家庭困难现状，尽早树立自立自强的价值理念。若过于强调资助政策的贫困兜底作用，则无法发挥激励效应，陷入福利政策困境。因此，建议一方面完善高中阶段竞争性奖优资助政策，另一方面对育人工作制定制度化安排，以制度手段引导和约束各地各校将育人工作纳入日常教学和资助管理，在兼顾助困和奖优的同时，将育人工作始终作为核心要务，确保受助学生群体健康成长。

4. 高等教育阶段

广东省研究生教育阶段，政府资助方面建立了以国家奖助学金为主、研究生"三助一辅"岗位建设为补充的资助体系。国家奖学金、学业奖学金资助力度远大于国家助学金，奖优导向凸显，也符合硕博研究生受助学生的能力现状。高等教育本专科阶段资助政策与研究生阶段类似，国家奖学金、励志奖学金力度大于国家助学金，体现出奖优导向。国家助学贷款、大学新生资助、少数民族聚居区少数民族大学生资助、"南粤扶残助学工程"与建档立卡学生精准资助则分别以符合认定条件的学生为资助对象，重点考虑学生的家庭背景与经济能力，体现了助困的政策倾向。广东省学费补偿和国家助学贷款代偿政策，包括高校学生应征入伍服兵役学费补偿、国家助学贷款代偿及退役复学后学费减免、国家退役士兵教育资助、退役士兵就读高职院校资助、"三支一扶"助学贷款代偿则是在"助困"和"奖优"两个重点之外，发挥了资助政策的教育导向功能，引导大学生应征入伍、从事农村地区基层工作，鼓励退役士兵接受继续教育，促进人才资源的合理分布。

综上所述，从提高资助效率和增强教育导向功能的角度，建议高等教育阶段对资助政策框架内的资助资源进行优化配置，在助困的基础上加强奖优、引导，将资助重心从无偿补助向奖励和有偿贷款方向倾斜，引导学生先贷后补再助学，[1]在保证资助政策的"公平与效率"的同时，引导受助学生以发展能力为主

---

[1] 林艳. 广东省高校家庭经济困难学生资助工作的探讨与创新研究［J］. 教育与职业，2009（9）：41-43.

要目标。建议鼓励和引导各地各校建立并加强动态资助机制,对学生及其家庭因病、突发意外造成无力继续承担学习费用的情况予以动态支持。

(三) 健全多元资助格局,扩大资助资源供给

一方面广东省经济社会发展极不平衡,粤东西北欠发达地区经济水平低于全国水平,家庭经济困难与留守学生比例大;另一方面异地务工人员随迁子女众多,"十三五"时期,广东省要实现1300万农业转移人口市民化,异地务工人员随迁子女受教育问题将会非常突出。[①] 为保障教育公平,促进基本公共教育均等化,广东省学生资助亟待进一步健全多元资助格局,扩大资助资源供给。

1. 稳步提升政府资助

针对广东省外来人口和随迁子女众多的情况,为保障公民受教育权利,广东省基础教育阶段的学生资助政策均面向常住人口,随着人口流动加剧,省级财政资金压力逐渐加大。此外,粤东西北欠发达地区人口基数大,学生人数多,本地财力较弱,随着税费改革和产业转型,部分地区财力有阶段性下降趋势,造成落实资助配套资金困难。因此,建议中央加大扶持力度,提高中央财政奖补的金额,重点扶持粤东西北欠发达地区资助工作,确保教育公平水平与当前经济社会发展相适应;建议省级财政加强对学生资助发展趋势、资金规模的分析预测,根据省经济发展水平建立资助经费保障机制,完善省级统筹措施,合理配置资助资源。资助资金坚持向扶贫开发重点县、民族县、原中央苏区县、革命老区等粤东西北地区和薄弱学校倾斜。

2. 加大激励学校资助

建议明确不同教育阶段各地各校资助目标,进一步加强高校学生资助经费管理。完善不同教育阶段学校资助管理制度与监督机制,配套建立激励措施,对学校资助工作开展情况较好的地市与学校实施激励措施。分析学校资助落实的重点和难点问题,通过"省—市—县—校"四级资助管理体系联动,开展针对性督察与扶持工作,确保学校资助常态化发展。

3. 激发活力促进社会资助

出台社会资助激励措施,倡导社会捐资助学氛围。完善税收、补贴、冠名等社会资助激励措施,鼓励各地各校发挥自身资源优势,联动企事业单位、社会团体、慈善组织、公民个人开展社会助学活动与捐赠,发挥广东毗邻港澳地缘优

---

① 广东省教育厅. 关于印发《广东省教育发展"十三五"规划(2016—2020年)》的通知[EB/OL]. (2016-12-30)[2017-07-28]. http://www.gdhed.edu.cn/publicfiles/business/htmlfiles/gdjyt/flfg/201707/512212.htm.

势，广泛发动侨界、校友、公益慈善资源，开展规范化、系统化捐资助学工作。加强社会倡导与捐资助学宣传，联动广东公益慈善与社会服务行业发展，将粤东西北地区、少数民族聚集区、留守儿童、外来务工人员随迁子女等地区与群体作为捐资助学重点对象，鼓励企事业单位承担社会责任，对积极从事捐资助学的单位和个人实施表彰、奖励等激励措施，构建全社会广泛关注，共同推动学生资助发展的格局。

（四）健全工作机制，实施全过程精准资助

建议根据当前资助工作新形势、新要求，实施全过程精准资助，建立目标管理与过程管理并重，问责与激励机制并进的工作机制，确保资助工作"广东模式"持续、健康发展。

1. 实施全过程精准资助

一方面，贯彻落实新时期中央和省关于精准扶贫、精准脱贫的工作部署，落实国家和省政府关于建档立卡学生精准资助的各项政策，确保资助到人。另一方面，从资助资源配置、资助对象认定、资助力度、资助时间衔接四方面实施精准管理，以《广东省家庭经济困难学生认定办法》出台与学生资助信息管理系统全面应用为契机，运用评估工具客观评定学生的家庭经济困难程度，精准识别有需求群体；摸清广东省家庭经济困难学生尤其是建档立卡、低保、残疾、少数民族等重点保障人群的基本情况，综合困难学生比例、学校管理情况科学配置资助资源，靶向资助；结合前述对各教育阶段的学生资助政策的具体建议，逐步实现分类分档资助；强化资助项目有机组合，确保困难程度不同的群体获得有效资助；以落实建档立卡学生精准资助为契机，健全与财政、扶贫、民政、残疾人联合会等部门的协作联动机制，确保资助信息交换、审核、资助资金划拨无缝对接，确保资助资金精准落实到资助学生手中。

2. 强化资助工作目标管理与过程管理

完善全省学生资助工作绩效评价标准，建立资助工作监督检查的长效机制，实施资助工作目标管理与过程管理。以学生资助工作绩效评价为抓手，落实资助工作目标管理，要求各地各校就资助管理体系建立健全、资助政策落实、资金管理、资助过程管理、育人成效等方面对标发展，结合第三方评价与反馈机制，促进各地各校查找差距，促建促优。全面落实《广东省学生资助工作督察制度》，打出规范引导与监督检查组合拳，贯彻执行资助工作专项检查、专项会议、第三方审计、信息报送、人员培训、定期考核、监督举报、专项协调、发布报告等措施，对各地各校学生资助工作实施动态督察，将各项学生资助政策的贯彻落实作为督察重点，抓好省政府重点工作和民生实事，确保全省资助工作的重要精神、重要文件、重大政策措施落实到位，强化全省学生资助工作规范管理。依托"省—市—县—校"四级学生资助管理体系，实施层层指导、层层督察，将资助工作要求与责任扎实传导、落实到位。

3. 落实问责与激励机制

配合广东省资助工作目标管理与过程管理，建立问责与激励机制。以全省学生资助工作绩效考评结果与督察情况通报为依据，对绩效考评情况优秀、过程督察情况良好的单位予以通报表扬，对资助管理与服务手法创新的先进典型予以介绍推广。将上述结果与资助工作奖补资金下达、资助名额分配等资源配置措施挂钩，在全省范围内树立资助工作创新示范典型。对绩效考评和过程督察情况不利的单位或个人实施问责，要求督促整改，必要时约谈单位负责人甚至追究责任，将资助工作规范管理要求落到实处。

（五）强化资助育人，落实立德树人

党的十八大提出，"把立德树人作为教育的根本任务，培养德智体美全面发展的社会主义建设者和接班人"。① 教育部杜玉波副部长指出："资助育人目标就是培养青年学生全面发展，资助育人工作就是建立起解困、育人、成才、回馈这样一条良性通道，最终让受助学生同样享有人生出彩的机会、同样享有梦想成真的机会、同样享有同祖国和时代一起成长和进步的机会，并且能够感恩社会、回馈社会。"② 为强化资助育人，落实立德树人，广东省教育厅要求各地各校将资助工作与育人工作有机结合，围绕"一个核心、两项能力、三项教育"工作要求落实资助育人工作，取得了一定成效，为进一步加强本省资助育人工作，实践广东特色，拟从完善育人工作管理机制、开展育人工作创新、打造育人工作品牌等三方面提出建议。

1. 完善育人工作管理机制

建立资助育人工作长效机制，将资助育人实施情况纳入目标管理与过程管理，实施问责与激励机制。加强对各地各校育人工作指导，要求将育人工作与育人宣传有机结合，且各有侧重，避免部分地区和学校将资助育人与成效宣传混为一谈。

2. 深化资助育人内涵，开展资助育人创新

根据各学习阶段受助学生的特点，鼓励各地各校因地制宜，开展资助模式创

---

① 田建国. 把立德树人作为教育的根本任务［N］. 光明日报，2013-02-09.
② 深圳市教育事务和学生资助中心. 关于转发《全国学生资助管理中心关于印发杜玉波副部长在高校资助育人工作座谈会上讲话的通知》的通知［EB/OL］.（2016-09-08）［2017-07-28］. http：//www.sz.gov.cn/jyj/home/bsfw/fwxxkz_jy/jyjz/zktzgg/201609/t20160914_4926762.htm.

新。引导各地各校在落实经济资助的基础上,加强受助学生的心理疏导、学业指导、就业能力提升,秉承"以人为本"理念,创新育人工作模式,为受助学生提供贴心服务,创造能力提升平台。加强各地各校一线资助工作人员育人服务理念、工作能力培训,依托"省—市—县—校"四级资助管理体系,定期举行资助育人工作经验交流和培训活动。推广华南师范大学"榜样华师",广东医科大学"大学生互助中心",广东技术师范学院"冬日阳光",岭南师范学院、佛山科学技术学院、广东职业技术学院和广东工程职业技术学院建立大学生综合素质提升训练营等经验做法,带动全省资助育人工作的创新提升。

3. 全省联动,打造资助育人品牌

在鼓励各地各校因地制宜开展探索创新的同时,结合广东省资助工作实际,培育并打造具有广东特色的资助育人项目品牌,全方位、多角度展现广东省资助育人理念,树立育人典型,构建全社会关心关注困难学生成长的氛围。发动受助学生参与策划,定期开展全省性资助育人成效汇报,召开励志典型报告会,编辑出版年度资助育人成效报告。建议进一步扩大"资助政策下乡行"等全省性育人活动品牌影响力和号召力,以受助学生为骨干力量,支持学生自发组织、策划"资助政策下乡行"具体内容和形式。开展"资助政策下乡行"活动申报、评比,引导学生将资助政策培训、资助政策宣讲、励志成才典型推介和社会责任培育有机结合。鼓励受助学生将心路历程、自立自强事迹融入"下乡行"活动中,一方面通过社会实践提升受助学生综合能力,另一方面打通解困、育人、成才、回馈良性通道,以传帮带形式支持、带动困难学生群体。

(六)创新资助宣传,提升政策知晓度与社会参与度

1. 健全资助宣传监督检查机制,促进资助政策宣传落实

加强各地各校资助政策与成效宣传常态化监督检查机制。要求各地各校规范宣传管理制度,操作流程,因地制宜开展资助政策与成效宣传工作。注重选择符合学生、家长需求特点的资助渠道和方式,提高资助政策和资助成效的传播效率。结合绩效考评与资助督察工作,对未能执行常态化、制度化宣传的地市与学校实施通报、约谈机制,要求将相关政策宣传落实到位,保障潜在资助对象受资助的权利。

2. 创新资助宣传内容与形式,促进全社会关注与参与

建立省级资助政策与成效宣传品牌,实施省、市、县、校联动,扩大资助政策与成效宣传的社会影响,促进全社会对新时期资助工作的关注与支持,引导并带动社会力量参与资助工作。广泛应用新媒体、动漫、网络信息技术,鼓励受助学生共同参与励志教育、诚信教育和社会责任教育以及资助育人成才典型的创新

宣传，寓宣传于成长，一方面提高受助群体的自我认知与社会价值感，另一方面增强资助成效宣传的感染力和号召力，发挥社会倡导与推动作用。

（七）完善信息化建设，助力资助工作发展

随着资助理念创新、资助政策完善，资助工作信息化程度成为影响精准资助实施效率的关键要素，信息安全问题也不容忽视，建议将"省—市—县—校"四级资助管理体系信息化建设与信息安全管理同步建设、同步提升，严格保护受助学生个人信息，严密防控信息泄漏，杜绝不良影响。

1. 省级层面

依托全省资助信息系统的启用，建议开展全省资助学生信息大数据分析与动态管理，确保精准配置资助资源、精准识别资助对象、精准资助以及精确管理。对学生家庭经济状况评估、困难生认定、资助资源分配、学生申请、学校和教育部门审核、资金下达与发放、评审实施全过程信息化精准管理。实现与财政、扶贫、民政、残疾人联合会等职能部门数据信息系统的对接、共享，及时掌握全省适龄人口结构、经济困难人口分布以及适龄儿童家庭情况，实施动态精准管理。在省级层面构建信息安全防范系统，定期发布安全预警，要求各地各校落实信息安全要求，严格执行操作规范，确保学生资助信息安全。

2. 地市层面

确保精准实施信息审核、资金划拨、讯息上报等常态资助工作。及时掌握地市资助信息数据，为地区资助制度健全、模式创新，推动资助政策落实提供依据。通过信息系统的应用，加强对县区、校级资助机构的信息监管与支持引导作用，及时发现，及时解决。以信息化手段规范地市资助档案和过程性工作记录，为落实资助工作目标管理和过程督察管理提供佐证依据。

3. 县级层面

精准落实省市层面对县级资助信息管理的各项要求，在完善县级资助管理机构建设的基础上，规范资助信息系统的使用与日常监管。落实各教育阶段对资助信息采集报送、资助信息审核和信息维护管理工作。依托信息化手段提高资助信息采集、维护管理和日常监管的精准性，确保资助政策的落实到位。

4. 校级层面

科学运用全省资助信息系统，提高资助政策执行精准度。力争实现与校内一卡通、校内信息管理系统的对接。在提高资助信息审核、动态管理精准度的同时，借鉴中国科技大学根据学生一卡通消费情况开展"隐形资助"的做法，以学生校内消费信息为资助指标之一，结合数据分析与日常情况了解，探索更为人性化、"润物细无声"的动态资助管理，确保应助尽助。

（八）深化资助研究，发展"广东模式"

党和国家一贯高度重视学生资助工作，中共广东省委、省政府更是连续多年将学生资助工作纳入全省民生实事来抓。新时期学生资助工作的内涵与外延不断拓展，对资助工作理论创新与经验研究提出更高要求。广东省高度重视资助理念与实践研究，先后完成广东省高校学生资助政策、广东省家庭经济困难学生资助政策体系现状分析及对策研究、高校贫困生资助新视野等研究课题。自 2015 年起，启动高校学生资助育人提升计划，推动高校开展资助育人的专项研究。2016年申报立项 2 项厅内机关业务研究课题。未来建议从以下三方面全面提升资助研究工作，发挥理论先导与智力支持作用。

1. 加强学生资助理念与模式研究

一是针对性开展国内外资助理念发展历程研究，结合经济社会发展趋势等宏观背景，深化资助育人理念内涵，开展发展型资助理念研究前瞻。二是对比借鉴国际学生资助发展经验，对广东乃至全国资助工作的价值理念、目标定位、政策趋势进行总结梳理，丰富学生资助"广东模式"乃至"中国模式"内涵。三是总结各地各校资助工作经验与创新手法，应用行动研究模式，对创新型、探索型资助模式，理论模型设计、执行过程跟进、成效评估、推广应用，实施全过程跟踪研究，助力广东省资助模式的创新研发与成果转化。四是配合资助政策设计实施前期调研，为政策制定提供参考建议。对新政执行情况进行实效性评检，为政策体系完善与政策执行提供指导意见。五是定期汇编研究成果，落实年度资助发展报告制度，不断丰富学生资助"广东模式"经验体系。

2. 开展大数据分析，助力精准资助

合理运用广东省资助信息大数据，配合全省资助信息系统的启用，就资助趋势预测、资源配置、政策绩效评价以及地区资助模式特点等进行数据分析和探索性研究，为广东省深入落实教育全阶段精准资助、完善资助政策体系、发展资助理念、创新资助模式提供建议与依据。

3. 建立全省学生资助工作专家库，提升智力支持

积极邀约各高校、地市资助工作专家和业务骨干，组建全省学生资助工作专家库，为广东省资助工作专项研究、资助工作督察提供智力支持。组织开展资助工作学术交流，搭建全省乃至全国资助工作经验交流研讨平台，拓宽资助工作理论与实践研究视野，推介广东省乃至全国资助工作成效，促进资助工作水平稳步提升。

第二编 专题研究：
精准资助政策体系与资助模式探析

第一章 学生资助政策国内比较与经验借鉴

一、问题的提出

党中央、国务院高度重视学生资助工作，自2007年以来，在各级教育、财政、各级各类学校的共同努力下，全国学生资助政策体系基本健全，教育公平获得极大发展。特别是新时期以来，各省各地区立足家庭经济困难学生需求，因地制宜，探索创新，持续推进各级资助制度的建立健全。本研究立足于广东省学生资助工作发展，以各教育阶段资助政策实效性、适切性为分析视角，与国内资助工作特色省市进行比较分析，为广东省学生资助的深入发展提供经验借鉴。

学生资助工作与地区经济社会发展水平密切相关，尤其在当前全国以政府资助为主，学校、社会资助互为补充的多元资助模式之下，地区财政经济状况与政府资助的投入力度密切相关。根据2016年公布的全国各省市人均GDP排名数据，北京市、上海市、江苏省分列全国第二、三、四位，广东省GDP总量排名全国第一，人均GDP居全国第八。[①] 本研究拟以各省市人均GDP水平，教育、资助工作发展水平为主要衡量因素，选取以下四个地域（以下简称"四省市"）作为广东省学生资助比较分析的对象，包括：2个直辖市（北京市、上海市）、1个东部省份（江苏省）、1个西部省份（四川省）。本研究比较分析的资料来源，包括各省市公开发行的资助工作研究报告、教育统计年鉴、信息公开制度文件以及学界相关研究成果，通过对四省市各教育阶段政策体系梳理分析，总结各省市资助政策特点，为广东省学生资助工作发展提供借鉴。

二、学前教育阶段

学前教育阶段资助政策始于2011年，由财政部、教育部联合出台《关于建立学前教育资助制度的意见》（财教〔2011〕410号），要求完善国家资助政策体系，发展学前教育，切实解决家庭经济困难儿童入园问题。此后在全国范围内按

---

① 第一财经.2016中国各省人均GDP排名：9省超1万美元［EB/OL］.（2017-02-28）［2017-08-21］.http://www.guancha.cn/economy/2017_02_28_396351.shtml.

照"地方先行、中央补助"的原则,建立学前教育资助政策体系。各省市在贯彻落实国家学前教育资助政策的同时,建立地方特色资助政策体系。相关比较分析如下。

(一)资助政策体系

各省市先后建立以政府资助为主体、学校减免收费等为补充,社会力量积极参与的学前教育资助政策体系,并结合地区实际,设立不同的规定要求。其中北京市、江苏省、四川省均明确幼儿园事业收入提取比例,四川省还根据幼儿园属性分档划分事业收入提取比例。四省市学前教育资助政策体系情况见表2-1。

表2-1 四省市学前教育资助政策体系的简要情况

省市	资助政策体系
北京市	明确实施政府资助与幼儿园资助。规定各类幼儿园要从事业收入中提取3%比例的资金,专项用于在园儿童特殊困难补助
上海市	明确实施政府资助、幼儿园资助和社会资助。规定未列入政府资助政策范围的其他家庭经济困难适龄幼儿,由幼儿园据实给予资助,经费由幼儿园、社会筹集,未明确幼儿园事业收入提取比例
江苏省	明确实施政府资助、幼儿园资助和社会资助。规定幼儿园要从事业收入中提取3%～5%比例的资金,用于减免收费、提供特殊困难补助等。社会资助方面,要求建立和完善相关优惠政策,引导和鼓励社会力量捐资助学
四川省	明确实施政府资助、幼儿园资助。规定各类幼儿园要从事业收入中提取3%比例的资金,用于减免收费、提供特殊困难补助等。具体比例由各级财政部门会同教育部门制定。省直机关幼儿园和省级部门、事业单位、国有企业举办的幼儿园(不含已划归属地管理的)按4%的比例执行

(二)资助对象

资助对象规定方面,各省市在政府资助政策中均能落实国家关于"对经县级以上教育行政部门审批设立的普惠性幼儿园在园家庭经济困难儿童、孤儿和残疾儿童予以资助"[1]的政策要求,并在各地资助政策中做出明确规定。其中北京市

---

[1] 全国学生资助管理中心. 不让一个学生因家庭经济困难而失学——2016年国家学生资助政策简介[EB/OL]. (2016-08-01) [2017-08-01]. http://www.xszz.cee.edu.cn/tongzhigonggao/2016-08-01/2613.html.

对城乡特困适龄儿童、烈士子女、适龄儿童的身份证明文件进行限定，明确了资助对象认定的标准与依据，有助于实现上述三类常住儿童的政策覆盖。上海市学前教育资助对象为本市户籍符合条件的适龄儿童、残疾儿童，将低收入家庭经济困难儿童也纳入资助范围。江苏省学前教育阶段资助对象包括符合条件的在园家庭经济困难儿童以及公办幼儿园就读的残疾儿童，将持有《扶贫手册》在园儿童也纳入其中，政策未限定资助对象的户籍，有助于覆盖常住人口，但在省级政策层面未将民办幼儿园就读的残疾儿童明确纳入资助范围。四川省结合省情，采用"基本保障＋民族地区重点保障"的模式，从 2011 年秋季学期起，对经县级以上教育行政部门审批设立的普惠性幼儿园在园家庭经济困难儿童、孤儿和残疾儿童实施学前教育资助，并在此基础将民族自治县、民族待遇县、四大片区贫困县及其他县符合条件的资助对象纳入重点保障范围。四省市学前教育资助对象需符合的条件见表 2－2。

表 2－2　四省市学前教育资助对象的条件

省市	资助对象的条件
北京市	公办幼儿园、民办普惠性幼儿园（根据北京市教育委员会界定范围确定）的在园儿童，符合以下条件之一，可享受学前资助： 1. 持有北京市城市（农村）居民最低生活保障金领取证、北京市城市居民生活困难补助金领取证、农村五保供养证和北京市低收入家庭救助证的城乡特困适龄儿童 2. 持有中华人民共和国烈士证明书的烈士子女 3. 持有儿童福利证的适龄儿童 4. 残疾儿童
上海市	1. 在公办或政府购买学位的民办幼儿园就读，具有上海户籍的城乡低保家庭适龄幼儿 2. 特困供养人员、烈士家庭适龄幼儿、适龄孤儿、低收入困难家庭适龄幼儿 3. 在公办特教幼儿园、特教学校学前班、公办或政府购买学位的普通幼儿园特教班、随班就读，并持有上海市残疾人联合会颁发残疾人证的适龄残疾儿童
江苏省	1. 经县级以上教育行政部门审批设立的公办幼儿园和普惠性民办幼儿园在园家庭经济困难儿童（包括持有《扶贫手册》的学前教育在园儿童） 2. 公办幼儿园在读残疾儿童
四川省	1. 经县级以上教育行政部门审批设立的普惠性幼儿园在园家庭经济困难儿童、孤儿和残疾儿童 2. 民族自治县在园幼儿，民族待遇县在园幼儿 3. 四大片区贫困县、其他县的孤儿、残疾儿童、家庭经济困难儿童

(三) 资助内容及标准

各省市在学前教育资助标准方面均能体现分类资助理念与做法。北京市、上海市根据家庭经济困难程度不同，将资助标准分为 2~3 等。江苏省对在公办幼儿园就读的残疾学生加大资助力度，在免除保育费的同时免除管理费。四川省根据省情，对民族地区和贫困地区的资助标准进行细分，以确保特别困难群体的资助力度。江苏省、四川省落实国家关于实施教育精准扶贫工程的部署，在学前教育阶段对持有《扶贫手册》的建档立卡家庭经济困难幼儿实行精准资助。四省市学前教育资助内容及标准见表 2-3。

表 2-3 四省市学前教育资助内容及标准

省市	资助内容及资助标准
北京市	1. 甲等资助标准面向低保等家庭经济困难的儿童、烈士子女、持儿童福利证的适龄儿童、残疾儿童等，入园后免交保教费 2. 乙等资助标准针对低收入家庭的适龄儿童，入园后免交 50% 的保教费①
上海市	1. 对城乡低保家庭适龄幼儿、特困供养人员、烈士家庭适龄幼儿和适龄孤儿，免除保育教育费及幼儿园代办服务性收费 2. 对低收入困难家庭适龄幼儿，免除保育教育费及幼儿园代办服务性收费项目中的餐费和点心费 3. 对残疾学生实行免幼儿园保育教育费和代办服务性收费②
江苏省	1. 符合资助条件的家庭经济困难幼儿，政府资助平均标准每生每年 1000 元，幼儿园可在资助名额和经费总额内，根据儿童家庭经济困难程度，分 800 元、1000 元和 1200 元三档，确定具体资助标准 2. 在公办幼儿园接受教育的残疾儿童，免收保育费和管理费③

---

① 北京市财政局，北京市教育委员会，北京市民政局. 关于印发北京市学前教育资助管理办法的通知：京财文〔2012〕1549 号[EB/OL]. (2012-08-14) [2017-07-21]. http://xszzzx.bjedu.gov.cn/index.php/Zc/index/id/47.html.

② 上海市教育委员会，上海市财政局，上海市民政局. 关于对本市基础教育阶段残疾学生实施免费教育的通知：沪教委财〔2015〕103 号[EB/OL]. (2015-08-31) [2017-07-21]. http://xszz.scsa.org.cn/folder5/folder19/folder25/2015-09-09/1610.html.

③ 江苏省学生资助网. 确保每一名家庭经济困难学生都能顺利入学——2016 年江苏省学生资助政策简介[EB/OL]. (2016-09-02) [2017-07-21]. http://aid.ec.js.edu.cn/2016/09/02/2153815858100061 4.html.

续上表

省市	资助内容及资助标准
四川省	1. 对经县级以上教育行政部门审批设立的普惠性幼儿园在园家庭经济困难儿童、孤儿和残疾儿童，每生每月减免保教费100元 2. 从2013年秋季学期起，民族自治县公办幼儿园据实免除保教费，民办园参照同等类型公办园标准执行。民族待遇县保教费减免标准为每生每年600元，四大片区贫困县为每生每年1000元，其他县为每生每年1000元 3. 民族待遇县、四大片区贫困县、其他县建档立卡家庭经济困难幼儿据实免除，民办园参照同类型公办园的标准执行①

（四）资助比例

学前教育资助政策的基本原则和重要内容之一是让全体适龄儿童依法平等接受学前教育。② 各省市学前教育资助政策基本实现公办与民办幼儿园的全覆盖，通过规定资助比例以及重点保障地区资助覆盖面等，实现对民族地区、残疾儿童等重点保障地区人群的政策标准倾斜，保障了教育公平。其中江苏省根据地区发展差异，对苏南、苏中、苏北资助覆盖率做分级规定，以确保相对贫困地区儿童应助尽助。四川省对民族自治地区、民族待遇地区实现学前教育资助的全覆盖，对贫困地区根据经济发展水平实施分级资助，确保资助资源均衡、公平配置。四省市学前教育资助比例见表2-4。

表2-4 四省市学前教育资助比例

省市	资助比例
北京市	未明确规定资助比例
上海市	未明确规定资助比例
江苏省	平均资助比例为在园儿童总数的10%，其中苏南、苏中和苏北地区分别按8%、10%和12%的比例确定。各地可根据实际情况，按不低于省定比例确定当地的资助比例，并向农村和薄弱幼儿园倾斜。有条件的地方可提高资助标准

---

① 四川省财政厅，四川省教育厅．关于加大财政投入支持学前教育发展的通知：川财教〔2011〕224号［EB/OL］．（2011-10-17）［2017-07-21］．http：//www.scxszz.cn/article/2014-9-28/art1210.html．

② 孙美红．我国学前儿童教育资助政策：改革探索及启示——基于全国及部分省（市、自治区）现行相关政策的分析［J］．基础教育，2012，9（6）：28-35．

续上表

省市	资助比例
四川省	实现民族地区幼儿园减免资助政策全覆盖。民族自治县所有在园幼儿100%资助；民族待遇县所在园幼儿100%资助；四大片区贫困县按在园幼儿总数20%的比例资助；其他县按照在园幼儿总数10%资助

（五）资金分担

总体而言，根据国家资助政策对学前资助政策体系的要求，各省市分别建立了以财政投入为主，幼儿园、社会与家庭共同参与的学前幼儿资助资金分担机制。[1] 在政府资助资金投入方面，各省市注重加强资助经费保障，明确规定将资助所需经费纳入年度预算足额安排，明确省市各级财政资金分担比例，确保政府资助财政资金精准、及时安排、下达和拨付。四省市学前教育政府资助资金分担见表2-5。

表2-5 四省市学前教育政府资助资金分担

省市	政府资助资金分担
北京市	所需经费纳入市、区（县）两级财政预算。公办幼儿园资助所需经费由市、区（县）两级财政按照1∶1比例分担。民办普惠性幼儿园资助所需经费由市级财政从民办幼儿园奖励经费中统筹安排
上海市	按照现行的教育管理体制和财政管理体制，实施学前教育资助所需资金按以下方式分担：公办幼儿园按预算隶属关系，分别由市和区（县）财政承担；民办幼儿园由办园所在区（县）财政承担
江苏省	学前教育政府资助经费按幼儿园隶属关系和属地原则由市县财政承担。省财政按省定资助标准和比例对各地给予补助。省财政补助比例分为六档，补助比例分别70%、60%、50%、40%、30%及20%
四川省	减免保教费由政府财政对幼儿园给予补偿。所需资金，中央奖补后的差额部分，省财政总水平按35%安排，对不同地区实行分档补助，其余部分由市（州）、县（市、区）财政承担，具体分担比例由各市（州）自定

---

[1] 孙美红. 我国学前儿童教育资助政策：改革探索及启示——基于全国及部分省（市、自治区）现行相关政策的分析[J]. 基础教育，2012，9（6）：28-35.

（六）学前教育资助政策比较分析

1. 资助政策完备度

部分省市除了贯彻国家资助政策要求，也根据地区实际进行资助内容的创新，如上海市采取了减免代办性服务性收费的办法，以减轻经济困难家庭的教育成本压力。上海市实行的代办服务性收费是中小学（幼儿园）为在校学生（幼儿）提供确有必要的代办服务性项目时，按照非营利原则，在学生（幼儿）家长自愿的前提下，收取的相关费用，幼儿园阶段包括保育服务类、教育服务类和其他类收费项目三大类9项。[①] 代办服务性收费项目覆盖面广、分类详细，直接涉及并反映出学生学业生活的成本支出。减免代办服务性收入措施的指向性和精准性较强，对比"一刀切"规定全省统一资助标准的方式，更能减轻经济困难家庭因教育发展而增加的成本负担。

2. 学前教育资助精准化

各省市均能不同程度根据地区实际精准分类界定资助对象及认定依据。如北京市规定资助对象为"四类生"，即城乡特困适龄儿童、烈士子女、持儿童福利证的适龄儿童、残疾儿童，并根据困难程度划分两类资助标准；上海市将七类学前儿童纳入资助对象，分类实施三档资助标准；江苏省明确幼儿园可根据学前儿童的困难水平实施分档资助，使政策在操作层面更为精准，更能符合实际需求，有助于资助资金能够更精准地用于受助学生，覆盖更多的人群。

3. 资助经费保障合理性

江苏省根据区域经济水平差距大的现实，对不同区域设立不同的资助比例，使资助政策向农村和经济不发达地区倾斜。四川省重点针对民族地区、贫困地区，在实现资助政策全覆盖的基础上，配合分档资助，确保重点保障地区的资助资源投入力度，体现学生资助工作共享发展的初衷和理念。上述做法确保了省级财政资助资金根据地区差异的精准配置，同时通过规定不同市（县、区）的资金分担比例，一方面分担省级财政资金压力，另一方面合理筹集多级财政资助资源，确保财政投入的力度和可持续性。

三、义务教育阶段

当前国家义务教育资助政策规定，全面免除城乡义务教育阶段学生学杂费，

---

① 上海市物价局，上海市教育委员会，上海市财政局. 关于本市中小学（幼儿园）代办服务性收费管理有关事项的通知：沪价费〔2015〕13号[EB/OL]. (2015-07-17)[2017-07-21]. http://www.shmec.gov.cn/html/xxgk/201507/409092015001.php.

免费提供教科书，对家庭经济困难寄宿生提供生活费补助，实施营养改善计划，简称"两免一补"加营养餐。自 2008 年实行免费义务教育之后，免学杂费和免费提供教科书已转变为一项全体学生皆可享受的普惠政策，营养餐计划只在少数农村地区开展，"对家庭经济困难寄宿生提供生活费补助"是目前普遍实行的义务教育阶段贫困生资助政策。① 各省市根据近年来适龄人口变化趋势和区域教育发展规划等地区实际，从资助项目、资助对象、资助标准等方面进行不同规定，以推动义务教育均衡优质发展，保障在本地就读义务教育阶段学生的受教育权利。

（一）资助政策体系

各省市在义务教育资助政策及资助对象规定方面，均能贯彻落实国家关于全面实施城乡义务教育"两免一补"，实施农村义务教育学生营养改善计划的政策要求，根据新型城镇化和户籍改革发展形势，为促进义务教育优质均衡发展进行富有地区特色的资助政策实践。如北京市作为全国外来人口比例最高的城市，实施对进城务工人员随迁子女免除借读费，无疑是一项极大的优惠政策，影响学生甚众。上海市在实施城乡义务教育"两免一补"政策的基础上，实施义务教育阶段家庭经济困难学生资助，对公办或民办学校就读的上海户籍学生，根据家庭经济困难情况分两档，实施学校代办服务性收费免除政策。江苏省在"两免一补"政策的基础上重点关注残疾学生的受教育保障，实施残疾学生免费义务教育，全部免除住宿费并提供生活费补助。上述两地措施无疑是在已实施基本普惠性资助政策的义务教育阶段，重点关注了家庭经济困难、残疾学生等群体的资助需求，有效减轻了重点保障对象家庭的教育经济负担。四川省经过逐步完善，实现全省城乡及公办、民办学校"三免一补"政策全覆盖，为义务教育优质均衡发展进一步增强了保障。四省市义务教育资助政策体系见表 2-6。

---

① 吴宏超，卢晓中. 义务教育免费后完善贫困生资助政策的设想——基于广东省的实证调查 [J]. 教育研究，2014（4）：53.

表2-6 四省市义务教育资助政策体系的简要情况

省市	资助政策体系
北京市	1. 免除学杂费、提供免费教科书费。对城乡义务教育学生免除学杂费、免费提供教科书 2. 免除借读费政策。对进城务工人员随迁子女免除借读费 3. 生活费补助与助学补助政策。对家庭经济困难寄宿生提供生活费补助，对城乡低保家庭学生提供助学补助①
上海市	1. 免学杂费政策。对城乡义务教育学生免除学杂费 2. 免费提供教科书、作业本政策。对城乡义务教育学生免费提供教科书（含作业本），免费向本市义务教育阶段公办学校和民办学校中具有本市学籍的在校学生提供教科书和作业本 3. 生活费补助与代办服务性收费减免政策。对义务教育阶段公办和民办学校中特困供养人员、城乡低保家庭的在籍寄宿生给予生活费补助，以提供生活费补助的方式免除学校代办服务性收费 4. 实施营养改善计划。对在公办学校（含政府购买学位的民办学校）就读的本市户籍农村家庭（父母一方或父母双方为农业户口）学生、城市低保家庭学生（含特殊困难家庭学生），提供免费营养午餐
江苏省	全面免除城乡义务教育阶段学生学杂费，对城乡义务教育阶段所有学生免费提供教科书、作业本，对家庭经济困难学生提供生活费补助，实施营养改善计划 1. 免学杂费政策。全面免除城乡义务教育阶段所有学生学杂费 2. 教科书、作业本免费政策。对全省城乡义务教育阶段所有学生免费提供教科书、作业本，为全省城乡义务教育阶段一年级新生免费配发汉语字典 3. 生活费补助政策。为义务教育阶段家庭经济困难学生（包括持有《扶贫手册》的义务教育阶段在校学生）提供生活费补助 4. 残疾学生免住宿费与生活费补助政策。对义务教育阶段就读的残疾学生免住宿费并给予生活费补助

---

① 北京市人民政府．印发《关于进一步完善城乡义务教育经费保障机制实施方案》的通知：京政发［2016］16号［EB/OL］．（2016-07-21）［2017-07-21］．http://xszzzx.bjedu.gov.cn/index.php/Zc/index/id/57.html．

续上表

省市	资助政策体系
四川省	1. 农村义务教育营养膳食补助试点。2012年春季学期起，在集中连片特殊困难地区的60各县（市、区以下简称县）启动农村义务教育阶段营养膳食补助国家试点。在57个"老少边穷"县同步同标准启动地方试点，鼓励其余64个非试点县结合实际，因地制宜开展试点工作① 2. 实施"两免一补"政策。2013年春季学期起，实行城乡统一标准的义务教育"两免一补"政策，实现该项资助政策的全省覆盖 3. 实施"三免一补"政策。2014年春季学期起，实施"三免一补"；2016年，进一步规定民办学校学生同步、同标准享受"三免一补"政策②

（二）资助标准及资助比例

北京市自2017年春季学期开始完善"三免两补"资助政策，在提供城乡家庭经济困难寄宿制学生生活费补助的基础上，细分对城乡低保家庭的助学补助，进一步加强对特别困难家庭的资助支持。上海市明确义务教育阶段家庭经济困难学生的资助标准按照学校代办服务性收费标准据实免除，同时规定未列入政府资助范围的其他家庭经济困难学生通过学校资助和社会资助渠道予以补充。江苏省义务教育阶段家庭经济困难学生生活费补助政策与北京市类似，实施分档资助，对低保家庭学生提高生活费补助标准。四川省实行所有义务教育阶段学生同步同标准享受"三免一补"政策，且根据省情对家庭经济困难寄宿生生活费补助比例达到63%，超过寄宿生总数一半以上。四省市义务教育资助标准及资助比例见表2-7。

---

① 四川省农村义务教育学生营养改善计划协调小组. 关于印发《四川省农村义务教育学生营养改善计划》的通知：川学生营养〔2012〕2号［EB/OL］. (2013-04-24)［2017-07-21］. http://www.cdedu.gov.cn/news/Show.aspx?id=36350.

② 四川省人民政府. 关于进一步完善城乡义务教育经费保障机制的实施意见：川府发〔2016〕9号［EB/OL］. (2016-02-29)［2017-07-21］. http://www.scxszz.cn/article/2016-5-10/art2926.html.

表2-7 四省市义务教育资助标准及资助比例

省市	资助标准及资助比例
北京市	义务教育"两补"政策标准（即对义务教育阶段家庭经济困难寄宿生提供生活费补助，对城乡低保家庭学生提供助学补助）为： 1. 对具有本市学籍，在本市义务教育学校及相应学习阶段特殊教育学校、专门教育学校就读的城乡低保家庭寄宿生、残疾寄宿生（含随班就读学生）和工读寄宿生，按照每生每月240元的标准给予生活费补助，每年按10个月计发，免收住宿费 2. 对具有本市学籍，在本市义务教育学校及相应学习阶段特殊教育学校、专门教育学校就读的城乡低保家庭学生、残疾学生（含随班就读学生）、工读学生，按照每生每年300元的标准给予助学补助。生活费补助、助学补助所需资金由市级财政承担，免住宿费所需资金由各区财政承担
上海市	1. 免学杂费标准。对义务教育阶段公办学校、政府购买学位的民办学校（含以招收进城务工人员随迁子女为主的民办学校）在籍学生全额免除学杂费。民办学校在籍学生免除学杂费标准按照中央确定的生均公用经费基准定额执行，即普通小学每生每年650元、普通初中每生每年850元、特殊教育学校和随班就读残疾学生每生每年6000元。在此基础上对寄宿制学校寄宿生每生每年增加200元 2. 免费教科书和作业本标准。向公办和民办学校中具有本市学籍的在校生免费提供教科书和作业本 3. 生活费补助标准。对本市义务教育阶段公办和民办学校中特困供养人员、城乡低保家庭的在籍寄宿生给予生活费补助，即免除学校代办服务性收费，按照收费标准据实免除
江苏省	生活费补助标准。义务教育阶段家庭经济困难学生生活费补助标准为小学生每生每年1000元、初中生每生每年1250元，低保家庭小学生每生每年1500元、初中生每生每年2000元。资助覆盖面为在校生苏南6%、苏中8%、苏北10%
四川省	所有义务教育阶段（小学、初中、特教）学生同步、同标准享受"三免一补"政策。家庭经济困难寄宿生生活费补助标准为小学生每生每年1000元、初中生每生每年1250元，全省受助比例约为寄宿生总数的63%

（三）资金分担与经费保障机制

2015年，国务院印发《关于进一步完善城乡义务教育经费保障机制的通知》（国发〔2015〕67号），明确要求各地整合农村义务教育经费保障机制和城市义务教育奖补政策,建立统一的中央和地方分项目、按比例分担的城乡义务教育经费保障机制,包括统一城乡义务教育"两免一补"政策、学校生均公用经费基准定额等,旨在通过统一城乡义务教育经费保障机制,实现"两免一补"和生均公用经费基准定额资金随学生流动可携带,适应当前新型城镇化发展、户籍制度改革、学生流动性加大的新形势。各省市贯彻落实国务院文件精神,结合地区实际以及义务教育资助现行政策,相继制定地区进一步完善城乡义务教育经费保障机制的推进措施,为义务教育优质均衡发展,保障义务教育阶段适龄学生受教育权利增加了保障。四省市义务教育资金分担与经费保障机制见表2-8。

表2-8 四省市义务教育资金分担与经费保障机制

省市	资金分担与经费保障机制
北京市	1. 统一城乡义务教育"三免两补"政策。将免除学杂费、借读费所需资金纳入生均公用经费基准定额。免费教科书所需资金,国家规定的课程由中央财政全额承担,其他课程由市级财政承担。家庭经济困难寄宿生生活费补助政策和城乡低保家庭学生助学补助政策由市教委会同市财政局制定,两项补助所需资金由市级财政统筹使用中央财政相应补助资金全额承担 2. 统一城乡义务教育学校生均公用经费基准定额。本市城乡义务教育学校生均公用经费基准定额由市财政局会同市教委制定,并适时进行调整。义务教育公用经费由区级财政分担,市级财政给予补助。公共财政对民办义务教育学校按照生均公用经费基准定额给予补助
上海市	1. 统一城乡义务教育学生"两免一补"政策。公办以及政府购买学位的民办学校实施学杂费全额免除,民办学校在籍学生免除学杂费标准按照中央确定的生均公用经费基准定额执行;2016年生均公用经费基准定额为普通小学每生每年650元、普通初中每生每年850元、特殊教育学校和随班就读残疾学生每生每年6000元 2. 统一城乡义务教育学校(含民办学校)生均公用经费基本标准。按照不低于公办学校生均公用经费基本标准,补助公用经费(含免学杂费部分)。在此基础上,对寄宿制学校按照寄宿生年生均200元标准增加公用经费补助;对农村地区不足100人的规模较小学校按照不低于100人核定公用经费;特殊教育学校和随班就读残疾学生按照每生每年7800元标准补助公用经费

续上表

省市	资金分担与经费保障机制
江苏省	1. 建立统一的省和市县分项目、按比例分担的城乡义务教育经费保障机制。实现"两免一补"和生均公用经费基准定额资金随学生流动可携带 2. 统一城乡义务教育"两免一补"政策。其中民办学校学生免除学杂费标准，按照省定生均公用经费基准定额执行；免费提供国家规定课程教科书所需资金由中央全额承担，省（市县）定课程由省（市县）财政全额承担；免费作业本和《新华字典》资金由省财政全额承担；家庭经济困难学生生活费补助资金，寄宿生所需补助资金由省财政统筹中央财政资金按不低于50%的比例对所有市县分档补助，非寄宿生所需补助资金由省财政对经济薄弱地区给予分档补助，苏南、苏中、苏北补助面分别为在籍学生总数的6%、8%和10% 3. 统一城乡义务教育学校（含民办学校）生均公用经费基准定额。按照省定基准定额标准补助公用经费，并适当提高对寄宿制学校、规模较小学校、淮河以北地区学校的补助水平。所需资金由省财政统筹中央财政资金按照不低于50%的比例对所有市县给予分档补助
四川省	1. 统一城乡义务教育学校生均公用经费基准定额。对城乡义务教育学校（含民办学校）按照不低于基准定额的标准补助公用经费，并适当提高寄宿制学校、规模较小学校和高海拔地区学校补助水平 2. 深化实施城乡义务教育"三免一补"政策。确保民办学校学生同步、同标准享受"三免一补"政策，免除学杂费标准按照中央确定的生均公用经费基准定额执行，免费教科书和作业本的财政补助标准按照公办学校学生标准执行 3. 落实生均公用经费基准定额所需资金由中央和省财政按8:2比例分担的政策。免费提供国家规定课程教科书所需资金由中央全额承担（含出版发行少数民族文字教材亏损补贴），地方课程教科书资金由省级财政承担；免费提供作业本所需资金由省、市（州）、县（市、区）三级财政共同分担；家庭经济困难寄宿生生活费补助资金按国家规定由中央和省财政按照5:5比例分担

（四）义务教育资助政策比较分析

1. 资助政策完备度

尽管我国在义务教育阶段已全面实施"两免一补"资助政策，但随着人口流动，义务教育优质均衡发展，家庭承担的义务教育成本存在上升趋势。通过上述四省市义务教育资助制度比较分析可以发现，各地在贯彻落实国家关于"两免一补"资助政策的基础上，根据各地义务教育资助的发展形势，不断完善资助政策,扩大资助范围,加大资助力度。在费用减免方面,北京市实施"三免"政策,在"两免"的基础上,增加免除外地务工人员随迁子女借读费。该措施极大减轻了外来务工人员随迁子女教育负担,适应了当前义务教育适龄学生流动性增强的特点,确保了外来务工人员随迁子女的受教育权利。上海市则为缓解经济困难家庭逐步增加的教育成本,实施义务教育学校代办性服务减免,将学习用品、课外教育活动费、餐费等纳入减免范围。在生活费补助方面,国家政策的补助对象为寄宿制家庭经济困难学生,为能更全面资助困难学生,各省市都不同程度扩大资助范围。如北京市在执行家庭经济困难寄宿制学生生活费补助的同时,实施城乡低保家庭助学补助。上海市出台对本市义务教育阶段家庭经济困难学生实施资助的专项政策,明确对符合条件的困难学生实施学校代办服务性收费,对未列入资助政策范围的其他困难学生,要求学校使用学校资助或社会资助资金据实给予资助。江苏省对家庭经济困难学生(含持有《扶贫手册》学生)分寄宿制和非寄宿制实施生活费补助。

2. 义务教育资助精准化

各省市义务教育资助政策均能细分资助对象类型,合理配置资源,实施分类分档资助,有助于提高义务教育资助精准度。如江苏省在义务教育学生生活费补助方面设置两档,为家庭经济困难学生和低保家庭学生提供不同资助力度的生活费补助,同时根据地区经济水平差异,对苏南、苏中、苏北地区实施不同资助覆盖面,以确保对困难学生的资助力度。上海市于2015年制定对义务教育阶段家庭经济困难学生实施资助的政策也将对象分为两档,分别为城乡低保、特困供养人员、烈士子女和孤儿,以及低收入家庭困难学生,相应减免学校代办服务性收费资助标准分为两档实施,以便有效减轻不同困难程度家庭的经济负担。

3. 资助经费保障机制合理性

四省市均能落实国务院关于进一步完善城乡义务教育经费保障机制的整体部署,并根据地区实际深化义务教育资助制度,促进城乡一体化。其中四川省逐步完善"三免一补"政策及其保障机制,确保小学、初中、特教及民办学校同步且同标准享受资助政策。江苏省、四川省在制度建设中明确省内各级财政资金的分担比例,且综合地区经济情况差异、教育发展需求进行政策倾斜,加大贫困地区的支持力度,上述表明各省市能在义务教育资助工作具体落实中,改善办学条件降低贫困学生入学门槛,明确各级财政资金的分担比例,保障资助资金充实到位,确保资助政策惠及每一位家庭经济困难学生。[①] 但与此同时,也发

---

① 曲绍卫,纪效珲,王澜.推进"精准资助":义务教育学生资助管理绩效评估研究——基于第三方教育评估机构的数据分析[J].教育与经济,2017(1):83.

现各省市义务教育资助经费保障均以政府财政为主,虽然体现了义务教育中政府的主体责任,但随着教育发展和教育成本的增加,应鼓励建立多元主体参与的资助机制。目前,仅在上海市对家庭经济困难学生实施资助的政策文件中提及对学校资助与社会资助的定位与要求,建议可综合地区实际在本阶段资助制度中予以规定并配套相关激励措施,引导和鼓励学校和社会力量参与学生资助。

四、普通高中教育阶段

(一)资助政策体系

2010年,财政部、教育部联合发布《关于建立普通高中家庭经济困难学生国家资助制度的意见》(财教〔2010〕356号),做出建立普通高中阶段的学生资助体系的决策部署。各省市贯彻落实国家政策要求,先后建立以政府为主导、免费教育和国家助学金为主体、学校资助等为补充、社会力量积极参与的普通高中家庭经济困难学生资助体系。四省市普通高中教育资助政策体系见表2-9。

表2-9 四省市普通高中教育资助政策体系的简要情况

省市	资助政策体系
北京市	资助政策包括国家助学金,宏志奖学金,减免学费、住宿费,学校资助,社会资助 1. 国家助学金。面向在全日制普通高中学校、完全中学的高中部、特殊教育学校高中阶段就读,具有本市正式注册学籍,持有《扶贫手册》学生;持有民政部门核发证明的城乡低保家庭经济困难学生;革命烈士子女、孤儿等享受社会优抚待遇家庭学生① 2. 宏志奖学金。② 设立"北京市普通高中宏志奖学金"用以鼓励家庭经济困难的高中在校生勤奋学习,全面发展 3. 学校资助。包括学校奖助学金和减免学费,用于鼓励学生学习创新和帮扶家庭发生临时经济困难的学生 4. 社会资助。鼓励社会力量设立奖助学金

---

① 北京市财政局,北京市教育委员会. 关于印发《北京市普通高中国家助学金管理法》的通知:京财教育〔2016〕1923号[EB/OL].(2016-10-10)[2017-07-21]. http://www.bjcz.gov.cn/zwxx/tztg/t20161014_629595.htm.

② 李晓萌. 北京市学生资助政策盘点——高中教育阶段[N]. 北京青年报,2017-07-13.

续上表

省市	资助政策体系
北京市	5. 实施普通高中残疾学生补助。对具有本市户籍、持有残疾人证的残疾人学生、生活困难残疾人子女学生，包括就读于实施学历教育的全日制公办和民办学校中的高中学生给予补助①
上海市	1. 国家资助免费教育制度。对在公办、民办等普通高中学校（不含综合高中）在籍在读的城乡低保家庭学生、特困供养人员、烈士子女、孤儿和低收入困难家庭学生实施免学费、免课本费和作业本费 2. 国家助学金。为城乡低保家庭学生、特困供养人员、烈士子女和孤儿，低收入家庭、其他经济困难家庭学生提供分档助学金 3. 学校资助。从事业收入中足额提取3%的经费，用于设立校内奖助学金、特殊困难补助和享受国家助学金的其他家庭经济困难学生减免学费等支出 4. 鼓励社会捐资助学，设立奖助学金。② 同时，上海市也对普通高中残疾人学生，免学费、课本和作业本费，寄宿制学生免除住宿费，发放国家助学金③
江苏省	1. 免学费制度。免除建档立卡学生学杂费。从2016年秋季学期起，全面免除普通高中建档立卡家庭经济困难持有《扶贫手册》学生学杂费，对民办学校符合条件的学生，省财政按照当地公办普通高中免除学杂费标准给予补助，民办普通高中学费标准高于省财政补助的部分，学校可以按规定继续向学生收取；免除高中阶段残疾人学生学费 2. 国家助学金。用于资助普通高中在校生中的家庭经济困难学生（包括持有《扶贫手册》的普通高中在校学生） 3. 校内资助。学校从事业收入中提取一定比例的经费，用于减免学费、设立校内奖助学金和特殊困难补助等支出 4. 社会资助。引导和鼓励社会力量面向普通高中设立奖助学金

---

① 北京市残疾人联合会，北京市教育委员会，北京市民政局，北京市财政局．关于印发《北京市残疾人学生和生活困难残疾人子女学生助学补助办法》的通知：京残发〔2014〕4号［EB/OL］．(2014 – 01 – 24)［2017 – 07 – 21］．http：//xszzzx.bjedu.gov.cn/index.php/Zc/index/id/46.html.

② 上海市教育委员会，上海市财政局，上海市民政局．关于对本市普通高中家庭经济困难学生实施资助的通知：沪教委财〔2015〕102号［EB/OL］．(2015 – 08 – 31)［2017 – 07 – 21］．http：//xszz.scsa.org.cn/folder5/folder19/folder24/2015 – 10 – 08/1673.html.

③ 上海市教育委员会，上海市财政局，上海市民政局．关于对本市基础教育阶段残疾学生实施免费教育的通知：沪教委财〔2015〕103号［EB/OL］．(2015 – 08 – 31)［2017 – 07 – 21］．http：//xszz.scsa.org.cn/folder5/folder19/folder25/2015 – 09 – 09/1610.html.

续上表

省市	资助政策体系
四川省	1. 免学费政策。从2014年春季学期起,按照30%的资助覆盖面计算,对普通高中家庭经济困难学生免除学费;2016年春季学期开始,在民族自治地区全面实行高中免费教育政策。从2016年秋季学期起,免除公办与民办学校两类家庭经济困难学生普通高中生学杂费,并对地方给予资金补助。一类是建档立卡经济困难家庭学生;一类是非建档立卡家庭经济困难学生,即家庭经济困难的残疾人学生、农村低保家庭学生、农村特困救助供养学生① 2. 国家助学金。面向全省家庭经济困难学生实施,其中建档立卡学生、家庭经济困难残疾学生、低保家庭学生、特困救助供养学生、孤儿全部享受 3. 学费减免制度。学校从事业收入中提取一定比例用于减免学费、设立校内奖助学金和特殊困难补助 4. 社会捐资助学 5. 对民族自治县普通高中在校生免除教科书本费

(二) 资助标准与资助比例

四省市国家助学金平均标准均能达到国家政策规定,并实现公办与民办学校同步享受。其中北京市加大对烈士子女、孤儿等重点对象的资助力度,助学金按12个月计发。上海市实施普通高中免学费制度,根据困难学生就读高中类型分档免除学费,并为学校提供补助资金,一方面有助于切实减轻经济困难家庭教育成本负担,另一方面也有助于缓解学校成本压力。上海市还注重对残疾人学生资助,在高中阶段免除学杂费、寄宿制学生免除住宿费的基础上,提高国家助学金标准,以确保残疾学生能顺利完成学业。江苏省、四川省积极落实建档立卡学生免学杂费政策,按最高档次落实国家助学金。四川省实现民族自治县100%免除学费和教科书本费,非民族自治县家庭经济困难学生全省资助覆盖面达到在校生的30%。四省市普通高中教育资助标准及资助比例见表2-10。

---

① 四川省财政厅,四川省教育厅. 关于贯彻落实《财政部、教育部〈关于免除普通高中建档立卡家庭经济困难学生学杂费的意见〉》的通知 [EB/OL]. (2016-09-27) [2017-07-21]. http://www.scxszz.cn/article/2017-6-28/art3569.html.

表2-10 四省市普通高中教育资助标准及资助比例

省市	资助标准及资助比例
北京市	1. 国家助学金。标准为每生每月200元,每年按10个月计发,家庭无经济来源的革命烈士子女、孤儿按12个月计发,用于享受政策学生学习和生活费用支出。享受国家助学金的学生免交学杂费、住宿生免住宿费。在政府教育行政管理部门依法批准的民办普通高中就读的符合免学杂费政策条件的学生,可申请享受国家助学金,免除学杂费政策按照本区同类型公办普通高中标准给予补助 2. 普通高中阶段残疾人学生补助。标准为每人每年1200元
上海市	1. 免学费。公办高中按相应的学费收费标准予以免除(一般高中每生每年1800元、区县重点高中每生每年2400元、市重点高中每生每年3000元、高级寄宿制高中每生每年4000元);民办高中按高级寄宿制高中的学费收费标准予以免除(每生每年4000元) 2. 免课本和作业本费。按每生每年440元标准免除 3. 国家助学金。城乡低保家庭学生、特困供养人员、烈士子女和孤儿,资助标准为每生每年4000元;低收入困难家庭学生资助标准为每生每年2000元;其他家庭经济困难学生平均资助标准为每生每年1500元,结合学生家庭经济困难程度,在1000~3000元范围内确定,可以分2~3档 4. 资助面。国家助学金资助面为普通高中在校生总数的10%,由市和区(县)分别计算完成 5. 普通高中残疾人学生免学费、住宿费、国家助学金。免费标准同公办高中,寄宿制学生住宿费免除标准按照物价部门标准执行,学校收费低于物价部门标准的,按学校标准执行;普通高中残疾人学生国家助学金标准为每生每年4000元
江苏省	1. 建档立卡学生免学杂费标准。公办学校据实免除,经依法批准的民办普通高中参照同类型公办学校标准免除,高出标准部分可继续收取 2. 国家助学金。用于资助家庭经济困难学生的学习和生活费用开支,平均资助标准为每生每年2000元,可根据学生家庭经济困难情况在1000~3000元分档发放。国家助学金资助对象占在校生的平均比例为苏南和苏中地区10%,苏北地区15%,各地可结合实际确定所属城区、各校的具体资助比例,并向农村地区、贫困地区和民族地区适当倾斜

续上表

省市	资助标准及资助比例
四川省	1. 免学费政策标准。民族自治县100%免除学费，非民族自治县家庭经济困难学生全省平均资助面为在校生的30%，公办学校据实免除，民办学校参照同类型公办学校标准免除 2. 国家助学金。资助标准为平均每生每年2000元，可据地区实际分档资助，建档立卡学生按最高档次实施。按照中央"适当向贫困地区和民族地区倾斜"的要求，确定各地区资助面，其中，三州及内地民族县、民族待遇县和国家扶贫开发工作重点县为36%，其余地区约为28% 3. 免费教科书。民族自治县在校生100%免除，公办学校据实免除，民办学校参照同类型公办学校标准免除

（三）资金分担与经费保障

各省市通过完善政府资助资金分担机制，落实学校事业经费提取增强学校资助，以及设立鼓励措施，扩大社会资助渠道等方面完善资助资金分担与经费保障机制。同时结合地区和政策实际，对残疾人学生、民族地区学生、民办学校就读符合资助条件学生政府资助资金来源进行明确规定，保障了不同类型高中阶段家庭经济困难学生的受资助机会。四省市普通高中教育资金分担与经费保障机制见表 2-11。

表 2-11 四省市普通高中教育资金分担与经费保障机制

省市	资金分担与经费保障机制
北京市	1. 国家助学金、普通高中免学杂费所需资金，由市级财政统筹中央补助资金全额承担。普通高中免住宿费资金由区级财政承担 2. 家庭发生临时经济困难的学生减免学费、校内奖助学金。由普通高中学校从当年学费收入中按不超过5%的比例据实列支，用于以上减免政策补助。财政不予负担
上海市	1. 国家助学金、免学杂费资金。公办学校按预算隶属关系，分别由市和区（县）政府承担；民办学校由办学所在区（县）政府承担

续上表

省市	资金分担与经费保障机制
上海市	2. 学校资助资金。要求学校从事业收入中足额提取3%的经费，用于设立校内奖助学金、特殊困难补助和享受国家助学金的其他家庭经济困难学生减免学费等支出。公办学校提取时列"专用基金—奖助学基金"科目；民办学校提取时列"非限定性专用资金—奖助学金"科目。民办学校按照国家有关规定办学，按照3%比例从学费收入中足额提取经费用于资助家庭经济困难学生的，其招收的符合对家庭经济困难学生实施资助文件规定的普通高中学生，也可以申请国家资助 3. 免收课本和作业本费资金。费用免除后实际支出超出补助标准的由学校公用经费承担，结余部分在下期申请时抵扣。国家助学金按学期发放，结余部分在下期申请时抵扣
江苏省	1. 建档立卡学生免除学杂费所需资金。由省财政承担。符合条件在民办学校就读的建档立卡学生，省财政按照公办学校标准补助 2. 普通高中国家助学金。由中央、省、市和县（市、区）政府共同出资设立。省财政统筹中央补助经费，对经济薄弱地区给予补助，补助比例根据财政保障能力分类分档情况确定，最高不超过70% 3. 普通高中学校资助资金。从学费收入中足额提取3%～5%的经费，用于设立校内奖助学金和学生特殊困难补助等支出
四川省	1. 免学费政策，含建档立卡学生与非建档立卡家庭经济困难学生免学杂费资金。补助资金中央财政补助80%，地方财政承担20%。中央补助资金按免学杂费人数和财政补助标准计算确定，补助标准原则上三年核定一次 2. 国家助学金所需资金由中央与省财政按8:2分担。应由省财政承担的资金，省级财政负担35%，市县财政负担65%。助学金补助资金中央和省财政按定额标准给予补助，不同区域的具体标准为：对自治州、自治县、民族待遇县和国家扶贫工作重点县的补助标准为每生每年1345元；成都市的补助标准为每生每年1200元；攀枝花市、德阳市、绵阳市和宜宾市的补助标准为每生每年1272元；其他各市和扩权试点县（市）的补助标准为每生每年1316元。中央和省补助以后的差额部分，由各市（州）、扩权试点县自行承担，具体分担比例由各地自行确定 3. 学校资助资金。普通高中每年从事业收入中提取5%的经费用于学校资助 4. 社会资助资金。完善鼓励措施，拓展社会捐资助学资源

(四) 高中教育资助政策比较分析

1. 资助政策完备度

从各省市高中阶段资助政策体系比较可见，各地从自身经济社会发展水平、高中阶段困难学生需求出发，在国家资助政策的基础上，进行不同层面的资助政策完善。如北京市设立市级宏志奖学金，奖励品学兼优的经济困难高中生，鼓励其努力学习，提升自我。在学校方面要求设立校内奖助学金，实施临时困难资助的同时，鼓励学生创新、参与社会服务，发挥了"资助育人"的双重导向作用。上海市实施高中阶段国家资助免费教育制度，对符合条件的家庭经济困难学生提供免学费、免课本费及作业本费；加大残疾人学生资助力度，在免除高中阶段残疾学生学杂费的同时，提高国家助学金资助标准，实施残疾人寄宿学生免住宿费政策，有力缓解了残疾人学生家庭经济压力。

2. 普通高中资助精准化

江苏、四川落实教育部关于实施高中阶段建档立卡学生免除学杂费的政策要求，落实教育部门精准扶贫帮扶举措。其中江苏省对符合条件的公办、民办学校就读普通高中在校建档立卡学生免除学杂费。四川省在原民族地区普通高中在校生免学杂费的基础上，进一步落实建档立卡学生免学杂费政策。此外，各省市在实施普通高中阶段免学费、国家助学金资助时注重细分资助对象，优化资源配置，以促进资助资源的精准匹配，提高资助效率。如上海市在家庭经济困难学生免学费以及国家助学金方面均能做到细分资助标准，根据困难学生就读的学校类型、困难程度分档资助，以确保不同类型的学生获得充分资助。四川省加大民族地区和贫困地区的政策倾斜力度，设定与地区资助需求相匹配的资助覆盖面，以确保困难地区学生最大程度获得资助支持。

3. 资助资源多元化

部分省市在国家资助政策基础上加大资源投入，提高资助标准。如上海市实施家庭经济困难学生、残疾人学生高中阶段免学杂费、课本费、作业本费，寄宿制学生免住宿费制度。对低保家庭、烈士子女、孤儿等大幅提高国家助学金标准。四川省实施民族自治地区学生免学费，免费提供教科书，对建档立卡学生、家庭经济困难残疾人学生、农村低保家庭学生、农村特困救助供养学生四类普通高中在校生实施免除学杂费。

4. 经费保障机制合理性

各省市为保障普通高中阶段资助体系持续发展，建立并健全符合地区实际的资助保障机制。一是明确中央、省、市、区（县）各级财政资金的分担比例，根据地区经济水平设置不同分担比例，以保障对农村、贫困及民族地区的财政支持力度。如江苏省在普通高中国家助学金方面,由省财政统筹中央补助经费,对经济薄弱地区给予补助,补助比例根据财政保障能力分类分档确定,对苏北农村地区的补助比例高达70%～90%,苏中农村地区补助比例在40%～60%,苏南地区和城区补助比例为10%,① 有效缓解了地方财政压力。二是强化学校资助。上海市、江苏省要求学校每年从事业收入中分别足额提取3%与3%～5%的经费用于学校学费减免和学生临时性困难补助,四川省要求学校提取5%,北京市则要求学校对临时困难帮扶、校内奖助学金据实按不超过5%的比例从事业收入中列支。三是鼓励开展捐资助学,注重拓展社会渠道,扩大社会力量在资助工作中的参与。各省市通过上述措施加强学校资助与社会资助对政府资助项目的补充,进一步健全资助资金保障机制。

五、中等职业教育阶段

(一) 资助政策体系

2007年,国务院印发《关于建立健全普通本科高校高等职业学校和中等职业学校家庭经济困难学生资助政策体系的意见》,部署建立中等职业教育学生资助政策体系。截至2016年年末,全国已建立起以国家免学费、国家助学金为主,学校和社会资助及顶岗实习等为补充的学生资助政策体系。各省市在贯彻落实中等职业教育国家资助政策的同时,根据地区职业教育发展以及技术型人才培养需求,相继建立健全具有地区特色的中等职业教育资助政策体系。四省市中等职业教育资助政策体系见表2-12。

表2-12 四省市中等职业教育资助政策体系的简要情况

省市	资助政策体系
北京市	1. 免学费政策。自2012年秋季学期起,面向全日制中等职业学校(含公办和由教育、人力资源和社会保障部门批准的民办中等职业学校)在校城乡低保家庭(含生活困难补助家庭)学生、城乡低收入家庭学生、享受抚恤补助的优抚对象及其子女、孤儿(含福利机构供养和社会散居)、残疾人子女、残疾学生、农村学生和涉农专业学生(艺术类相关表演专业除外)免除学费

---

① 教育部. 以推动学生资助"四化"为抓手,提升资助管理——江苏省学生资助工作典型经验[EB/OL]. (2016-10-13)[2017-07-21]. http://www.moe.edu.cn/jyb_ xwfb/xw_ zt/moe_ 357/jyzt_ 2016nztzl/2016_ zt19/16zt19_ gzdy/201610/t20161013_ 284727.html.

续上表

省市	资助政策体系
北京市	2. 国家助学金。分为二等，一等资助城乡低保家庭（含生活困难补助家庭）学生、领取生活困难补助金的重残人子女、享受抚恤补助的优抚对象及其子女、孤儿，二等资助城乡低收入家庭学生和涉农专业学生① 3. 中等职业教育政府奖学金制度。对公办普通中专、职业高中和技工学校、企业举办的技工学校以及职业技术学院附属的中专部中具有本市正式学籍、具有本市户籍（或纳入北京市中等职业学校统一招生计划录取的铁路、艺术和体育外地生源）的全日制在校学生，品学兼优者予以奖励。民办学校在校生另行规定
上海市	1. 免费教育制度。面向全日制普通中等职业学校（包括公办和民办普通中专、职业学校、技工学校，不含综合高中、成人中专、成人中专班和成人中职班）在籍在沪就读的城镇低保家庭学生、特困供养人员、烈士子女、孤儿、农村家庭学生、海岛（崇明岛、长兴岛、横沙岛）家庭学生、就读涉农专业学生、就读奖励专业学生，以及本市户籍低收入困难家庭学生，根据中等职业学校收费标准，免除相应学费、书簿费 2. 国家助学金制度。资助对象为本市全日制普通中等职业学校（包括公办和民办普通中专、职业学校、技工学校、综合高中，不含成人中专、成人中专班和成人中职班）在籍在沪就读的在校学生② 3. 中等职业教育残疾学生资助。面向普通中等职业学校（全日制公办与民办特殊和普通中专、职业学校、技工学校、综合高中）残疾学生，免费、课本和作业本费，同时发放国家助学金每生每年 2000 元。对普通中等职业学校的寄宿制特教学生免住宿费，其标准按照物价部门批准的标准执行，学校收费低于物价部门标准的，按所在学校住宿费标准执行③

---

① 北京市财政局，北京市教育委员会．关于修订实施北京市中等职业教育免学费及国家助学金政策的通知：京财教育〔2012〕3118 号［EB/OL］．(2012–12–28)［2017–07–21］．http://xszzzx.bjedu.gov.cn/index.php/Zc/index/id/34.html．

② 上海市教育委员会，上海市财政局，上海市民政局．关于对本市全日制普通中等职业学校学生实施资助的通知：沪教委财〔2015〕115 号［EB/OL］．(2015–08–31)［2017–07–21］．http://xsszz.scsa.org.cn/folder5/folder19/folder25/2015–09–09/1611.html．

③ 上海市教育委员会，上海市财政局，上海市民政局．关于对本市基础教育阶段残疾学生实施免费教育的通知：沪教委财〔2015〕103 号［EB/OL］．(2015–08–31)［2017–07–21］．http://xsszz.scsa.org.cn/folder5/folder19/folder25/2015–09–09/1610.html．

续上表

省市	资助政策体系
江苏省	1. 免学费。对中等职业学校全日制正式学籍一、二、三年级在校生（从2016年秋季学期起包括艺术类表演专业）和非全日制学籍一、二年级涉农专业学生免除学费 2. 国家助学金。资助对象是有中等职业学校全日制正式学籍的一、二年级涉农专业学生，六盘山区等国家11个连片特困地区、西藏及四省藏区、新疆南疆三地州在江苏省中等职业学校就读的农村学生，持有《扶贫手册》的中等职业学校学生以及非涉农专业家庭经济困难学生。对中等职业学校一、二年级在校残疾学生和在特殊教育学校职业高中部（班）就读的残疾学生，全部享受国家助学金 3. 顶岗实习。安排中等职业学校三年级学生到企业等单位顶岗实习，获得报酬用于支付学习和生活费用 4. 校内资助。中等职业学校每年安排一定经费用于勤工助学、校内奖学金和特殊困难补助等 5. 社会资助。鼓励和支持社会力量资助中职学校家庭经济困难学生
四川省	1. 全面免学费政策。从2012年秋季学期起，对全省公办中等职业学校全日制正式学籍一、二、三年级在校学生免除学费（艺术类相关表演专业学生除外）。对在经职业教育行政管理部门批准的民办学校就读，符合免学费条件的学生，按照当地同类型同专业公办学校免学费标准给予补助。民办学校经批准学费高于财政补助标准的部分，可以继续向学生收取 2. 国家助学金政策。面向中等职业学校全日制学历教育正式学籍的一、二年级在校涉农专业学生和非涉农专业家庭经济困难学生（按一、二年级非涉农专业学生总人数的20%确定非涉农专业家庭经济困难学生人数，建档立卡学生全部享受）；"9+3"① 学生提供国家助学金资助，不受困难家庭20%比例的限制；连片特困地区、民族地区、藏文学校、彝文学校、志翔学校的一、二年级学生全部纳入享受范围，不受20%比例限制 3. 建档立卡家庭经济困难中等职业学校学生生活费补助。从2016年秋季学期起，面向四川省户籍建档立卡家庭经济困难全日制正式学籍中等职业学校学生（含在省外学校就读）实施生活费补助 4. 顶岗实习。安排中等职业学校三年级学生到企业等单位顶岗实习，获得报酬用于支付学习和生活费用

---

① 2009年，四川省人民政府发文实施藏区"9+3"免费教育，即在9年义务教育的基础上，对藏区孩子再提供3年的免费中职教育。

（二）资助标准与资助比例

四省市中等职业教育免学费和国家助学金制度均能达到国家资助政策要求标准，且根据地方特色与中等职业教育发展定位适当提高资助标准，扩大资助覆盖面。如北京市将中职免学费最高标准定为每生每年2800元。上海市执行精细化免学费政策，根据学校等级细分免学费标准，国家级重点中职学校最高可免除每生每年4000元，非国家级重点中职学校最高可免除每生每年2800元。国家助学金方面，北京市与上海市分别根据受助学生类型、经济困难程度细分助学金等级，以确保不同受助需求学生最大化获得有效资助。江苏省则在综合地区经济水平差异，设置差别化的地区资助覆盖面，以确保资助政策向欠发达地区倾斜。四川省结合民族地区特色，创新民族学生中等职业教育"9+3"模式，在确保落实国家资助政策的基础上，实现"9+3"所有学生，连片贫困地区、民族地区、藏文学校、彝文学校、志翔学校一、二年级学生的全覆盖。此外，四川省、江苏省将中等职业教育阶段建档立卡学生资助自2016年秋季学期起纳入政策范围，其中四川省为中职建档立卡学生提供生活费补助，江苏省将免学费政策范围扩大至艺术类表演专业学生，实现中等职业教育免学费全覆盖。四省市中等职业教育资助标准与资助比例见表2-13。

表2-13 四省市中等职业教育资助标准与资助比例

省市	资助标准与资助比例
北京市	1. 免学费。按照物价部门核定各专业学费标准免学费，最高免学费标准不超过每生每学年2800元。民办学校经批准的学费标准低于本市同类型同专业公办学校学费标准的，据实免学费；民办学校学费标准高于同类型同专业公办学校的，按同类型同专业公办学校免学费，高出部分可向学生继续收取 2. 北京市中等职业教育国家助学金资助标准。分二等，一等每生每学年2500元，二等国家助学金每生每学年1800元 3. 中等职业教育政府奖学金资助。标准为每生每年2000元，以学校为基本单位评定，享受奖学金的人数可占全校实行本办法学生总数的5%
上海市	1. 免学费制度资助标准。凡在国家级重点中等职业学校就读的学生，每人每学年最高免除学费4000元；凡在非国家级重点中等职业学校就读的学生，每人每学年最高免除学费2600元，每人每学年免除书簿费（含课本和作业本费）400～600元。对就读中职学校艺术类专业、中外合作办学专业、民办中职学校各专业的符合享受免费教育政策的学生，免学费、书簿费标准与公办学校相同

续上表

省市	资助标准与资助比例
上海市	2. 国家助学金标准。符合免费教育政策对象的学生，每人每年享受2000元国家助学金；不享受免费教育政策的学生，每人每年享受1000元国家助学金。三年学制的学生享受两年，四年学制的学生享受三年。毕业学年学生实行工学结合，顶岗实习，不再发放国家助学金 3. 中等职业教育残疾学生资助标准。符合条件的残疾学生享受同等标准免学费、课本和作业本费，同时发放国家助学金每生每年2000元
江苏省	1. 免学费标准。公办中等职业学校据实免除。对民办学校符合免学费条件的学生，按照当地同类型同专业公办学校免学费标准给予补助。民办学校经批准学费高于财政补助标准的部分，可以继续向学生收取 2. 国家助学金资助标准。生均每年2000元。资助比例按扣除涉农专业学生、国家11个连片特困地区和民族地区学生后的在校生的10%确定，苏南、苏中和苏北地区学校分别按8%、10%和12%确定
四川省	1. 免学费标准。公办学校据实免除，民办按同类型同专业公办学校执行 2. 国家助学金标准。2000元每生每年（每月200元，一年按10个月计算）；"9+3"按既定政策助学金标准，一、二年级学生（含内地自治县、民族待遇县）按全标准发放，三年级学生（不含内地自治县、民族待遇县）标准减半 3. 建档立卡家庭经济困难中职学生生活费补助标准。每生每学期500元

（三）资金分担与经费保障

四省市分别根据中等职业学校免学费和国家助学金政策建立财政分担机制，为资助政策提供资金保障。其中由省市设立的地方性资助措施，资助资金均由省级财政承担，如北京市设立中等职业教育政府奖学金，四川省实施"9+3"学生资助政策等。四省市中等职业教育资助资金分担和经费保障机制见表2-14。

表2-14 四省市中等职业教育资助资金分担和经费保障机制

省市	资金分担和经费保障机制
北京市	1. 免学费与国家助学金分担机制。中等职业学校免学费补助资金和国家助学金经费按照现行经费隶属关系由市、区（县）财政分级负担 2. 政府奖学金分担机制。北京市中等职业学校政府奖学金由市政府出资设立，所需经费由市财政全额负担

续上表

省市	资金分担和经费保障机制
北京市	3. 助学补助金经费保障机制。残疾人学生和生活困难残疾人子女学生助学补助资金，从区（县）残疾人就业保障金或社会募捐资金中列支 4. 学校资助经费机制。要求学校从学费收入中足额提取5%用于校内资助
上海市	1. 免学费与国家助学金分担机制。中等职业教育免学费与国家助学金所需资金，根据学校隶属关系，由市、区县两级财政分别负担 2. 残疾学生免费教育资金保障。根据学校隶属关系由市、区（县）两级财政分别承担。财力困难区县可在市级财政下达的教育转移支付中统筹安排
江苏省	1. 免学费与国家助学金资金分担。省属学校由省财政全额承担；市、县属学校和民办学校由省财政与所属地财政按一定比例分担① 2. 学校资助经费保障机制。要求中等职业学校从事业收入中提取一定比例经费用于校内资助，但未明确具体比例 3. 建档立卡学生资助经费保障。2016年秋季学期起，免除中职艺术类表演专业学生学费。资金由省与市县财政按中职免学费补助比例分担
四川省	1. 免学费各级财政分担政策。补助学校的财政资金在省财政统筹中央财政补助资金的基础上，由省、市、县三级财政共同分担 2. 国家助学金分担政策。省属学校由省财政全额补助；市（州）、县（市、区）属中职学校助学金补助比例与免学费一致，其余部分由学校同级财政承担；"9+3"学生由省财政全额补助

（四）中等职业教育资助政策比较分析

1. 资助政策完备度

综合上述各省市中等职业教育资助政策体系分析可知，各省市在落实国家资助政策基础上不断提高中等职业教育资助政策完备度，体现在各省市从完善资助对象、学校类型、专业覆盖面三方面逐步提高资助政策完备度。如北京市将家庭经济困难学生、优抚对象子女、残疾学生及残疾人子女、农村学生、涉农专业学

---

① 江苏省财政厅，江苏省发展和改革委员会，江苏省教育厅，江苏省人力资源和社会保障厅. 江苏省关于扩大中等职业教育免学费政策范围进一步完善国家助学金制度的实施办法（试行）：苏财规〔2012〕36号［EB/OL］.（2012-12-19）［2017-07-21］. http：//www.ec.js.edu.cn/art/2012/12/19/art_4267_100582.html.

生等均纳入免学费资助对象。上述四省市全部实现公办学校与经政府认定符合标准的民办学校免学费政策全覆盖，对民办学校按照同类型同专业标准提供学费减免。上海市在上述资助对象范围的基础上，对列入政府规定专业目录的奖励专业学生也实施免学费资助，提高资助政策导向功能。江苏省自2016年起将艺术类表演专业学生也纳入资助范围，实现中等职业教育资助政策全覆盖。此外，部分省市通过本级财政设立奖助学金，如北京市设立中等职业教育政府奖学金，加强资助政策的"奖优"功能。

2. 中职资助政策精准化

四省市中职资助政策精准化体现在资助对象认定精准、资源配置精准两大方面。其中资助对象的精准认定是在上述扩大资助对象和资助政策覆盖面的基础上，完善资助对象认定的措施要求，确保资助政策落实于真正有需求的资助对象。资源配置精准则体现在资助项目以及资助标准细分，实施分类分档资助，以确保应助尽助。如北京市国家助学金政策细分为甲、乙两等，面向困难程度、残疾或优抚待遇不同的资助对象。上海市则综合免学费的实施情况，对国家助学金细分为两档，根据是否符合免费教育政策情况实施不同力度资助。江苏省在国家助学金实现涉农专业、11个连片贫困区和民族地区学生全覆盖的基础上，根据地区经济水平差异实施梯度资助面政策，确保政策向欠发达地区倾斜。四川省制定"9+3"学生资助政策，实施民族自治地区等全覆盖，重点加强藏族地区学生受教育保障。

3. 经费保障机制合理性

上述省市根据中等职业教育实施免学费资助政策，均制定了对中职学校资助资金具体办法和措施，以确保中等职业教育免学费政策的持续落实。国家助学金以及在国家免学费政策基础上扩面政策，均能设立相应的经费分摊机制。由省（直辖市）层面设立的奖助措施，如政府奖学金、建档立卡学生资助、特定民族地区学生国家助学金政策等，上述省市根据地方财政情况，采用省（直辖市）级财政全额承担或分级分担的方式保障经费投入。如上海市实施残疾学生免费教育资金，规定采用市、区（县）两级财政分担，但同时规定对财力紧张、财力困难区县，可在市级财政下达的教育转移支付中统筹安排，以此减轻地方财政压力。此外，部分省市规定中等职业学校需从学费收入中提取一定比例用于校内资助，其中北京市明确要求按5%的比例执行，进一步完善中等职业教育资金保障机制。

六、高等教育阶段

建立健全高等教育资助体系，对进一步提升高等教育发展水平具有重要意义，符合推进全国教育事业科学发展、建设人力资源强国的迫切需求。2007 年，国务院出台《关于建立健全普通本科高校、高等职业学校和中等职业学校家庭经济困难学生资助政策体系的意见》（国发〔2007〕13 号），着力推进高等学校家庭经济困难学生资助政策体系完善。此后，随着《国家中长期教育改革和发展规划纲要（2010—2020 年）》颁布实施，高等学校家庭经济困难学生资助政策体系得到进一步完善。截至 2016 年 6 月，我国已在高等教育本专科和研究生教育阶段建立起国家奖学金、国家励志奖学金、国家助学金、国家助学贷款（包括校园地国家助学贷款和生源地信用助学贷款）、研究生学业奖学金、师范生免费教育、退役士兵教育资助、基层就业学费补偿与助学贷款代偿、服义务兵役国家资助、直招士官国家资助、新生入学资助项目、勤工助学、学费减免等多种形式有机结合的高校家庭经济困难学生资助政策体系。[1]

（一）资助政策体系

各省市在贯彻落实国家高等教育资助政策的基础上，结合地区实际建立符合地区教育发展与资助需求的资助政策体系。四省市高等教育资助政策体系详见表 2-15 至表 2-18。

表 2-15　北京市高等教育资助政策体系的简要情况

省市	资助政策体系
北京市	1. 奖学金制度。落实国家奖学金制度，用于奖励普通本科高校和高等职业学校全日制本专科在校生中特别优秀的学生；中央及北京市设立国家励志奖学金，用于奖励普通高校、高职高专全日制在校生中品学兼优的家庭经济困难学生 2. 国家助学金制度。设立北京市国家助学金，用于资助市属普通本科高校、高等职业学校全日制本专科在校生中家庭经济困难学生。[2] 对办学水平较高，农、林、水、地、矿、油、核等国家需要的特殊学科专业为主的高校予以适当倾斜。民办高校（含独立学院）按照规定办学，从学费收入中足额提取 10% 的经费用于学生资助，其招收的符合规定的学生，可申请奖助学金

---

[1]　全国学生资助管理中心. 高等学校学生资助政策简介（本专科生）[EB/OL]. (2016-06-08) [2017-07-21]. http://www.xszz.cee.edu.cn/ziliaoxiazai/2016-06-08/2557.html.

[2]　北京市教育委员会，北京市财政局，北京市民政局. 关于印发《北京市属普通本科高校及高等职业学校国家奖学金、国家励志奖学金和北京市国家助学金管理实施办法》的通知：京教财〔2007〕32 号 [EB/OL]. (2007-09-10) [2017-07-21]. http://xszzzx.bjedu.gov.cn/index.php/Zc/index/id/48.html.

续上表

省市	资助政策体系
北京市	3. 国家助学贷款政策。2009年起面向考入京外普通高校的家庭经济困难学生开展生源地信用助学贷款工作；对考入本市高校（含中央院校）的家庭经济困难的学生（包括外地生源在户籍所在地没有享受生源地信用助学贷款政策的学生）仍然实行国家助学贷款政策 4. 师范、农林专业免费教育。实施免交学费、享受专业奖学金政策 5. 学校资助。高校每年须从学费收入中足额提取10%的经费用于学费减免、国家助学贷款风险补偿、勤工助学、校内无息借款、校内奖助学金和特殊困难补助等 6. 学生生活物价补贴政策。给予生活物价补贴，保证学生生活水平稳定，对象包括市属普通大专院校学生与市属院校中师范、农林专业学生实施分级补助 7. 困难学生补助政策。对北京地区高校家庭经济困难的大学生实施饮用水补助、洗澡补助以及节假日发放电话卡的补助政策 8. 残疾学生和生活困难残疾人子女助学补助政策。本地户籍，持残疾人证的学生或残疾人子女，参加统招考试并被普通高校录取的，提供补助；在普通高校或科研院所全日制学习且无工资性收入的研究生，提供补助；参加全国成人高考、高等教育自学考试、成人研究生考试取得学历证书的给予一次性补助① 9. 新生入学救助。低保、低收入救助家庭或享受生活困难补助重残人家庭子女经正式录取接受全日制本专科、高职教育的可享受一次性救助②

表2-16 上海市高等教育资助政策体系的简要情况

省市	资助政策体系
上海市	1. 奖学金。国家奖学金用于奖励全日制普通本科高等学校、高等职业学校和高等专科学校（含符合条件的民办高校）就读的全日制二年级以上（含二年级）的本专科（含高职、第二学士学位）学生及特别优秀的研究生；国家励志奖学金用于奖励品学兼优、家庭经济困难的二年级以上（含二年级）的全日制本专科（含高职、第二学士学位）学生；上海奖学金由上海市人民政府设立，用于奖励

---

① 北京市残疾人联合会，北京市教育委员会，北京市民政局，北京市财政局. 关于印发《北京市残疾人学生和生活困难残疾人子女学生助学补助办法》的通知：京残发〔2014〕4号[EB/OL]. (2014-01-24) [2017-07-21]. http://xszzzx.bjedu.gov.cn/index.php/Zc/index/id/46.html.

② 北京市民政局，北京市财政局，北京市教育委员会，北京市残疾人联合会. 关于进一步规范高等教育新生入学救助的通知[EB/OL]. (2011-09-09) [2017-07-21]. http://zhengwu.beijing.gov.cn/gzdt/gggs/t1197939.html.

续上表

省市	资助政策体系
上海市	高校本专科（含高职、第二学士学位）二年级以上（含二年级）特别优秀学生，符合规定民办高校（含独立学院）招收的符合条件学生一并纳入；① 上海地方高校从2014年秋季学期起，设立研究生学业奖学金② 　　2. 国家助学金。用于资助高校全日制本专科（含高职、第二学士学位）在校生中的家庭经济困难学生的生活费用开支，以及纳入全国研究生招生计划的全日制研究生（有固定工资收入的除外）的基本生活费用③ 　　3. 国家助学贷款。本专科以及研究生阶段校园地国家助学贷款和生源地信用助学贷款执行国家统一规定 　　4. 毕业生学费补偿和国家助学贷款代偿。执行基层就业和农村基层涉农就业补偿代偿两类。基层就业代偿补偿为符合条件的应届毕业生提供补偿代偿；对到农村基层涉农单位就业、农村任教实施不同标准的补偿代偿政策④ 　　5. 应征入伍服义务兵役学费补偿、贷款代偿及学费减免。对高等学校学生应征入伍实施学费补偿、国家助学贷款代偿及退役后复学后学费减免⑤ 　　6. 退役士兵教育资助。落实国家政策，对退役一年以上，考入全日制普通高等学校（包括全日制普通本科学校、全日制普通高等专科学校和全日制普通高等职业学校）的自主就业退役士兵，实施学费资助、家庭经济困难退役士兵学生生活费资助、其他奖助学金资助⑥ 　　7. 其他资助。包括勤工助学、校内资助、"绿色通道"以及社会资助等

---

① 上海市财政局，上海市教育委员会. 关于印发《上海市奖学金管理实施办法》的通知：沪财教〔2014〕36号［EB/OL］. （2014 – 08 – 12）［2017 – 07 – 21］. http：//xszz. scsa. org. cn/folder5/folder19/folder26/folder61/2015 – 10 – 10/1700. html.

② 上海市财政局，上海市教育委员会. 上海市地方高校研究生学业奖学金管理暂行办法［EB/OL］. （2014 – 09 – 01）［2017 – 07 – 21］. http：//xszz. scsa. org. cn/folder5/folder19/folder27/2017 – 03 – 29/3532. html.

③ 上海市财政局，上海市教育委员会. 关于印发《上海市普通本科高校、高等职业学校国家助学金实施细则》的通知：沪财教〔2014〕38号［EB/OL］. （2014 – 08 – 12）［2017 – 07 – 21］. http：//xszz. scsa. org. cn/folder5/folder19/folder26/folder61/2015 – 10 – 10/1702. html.

④ 上海市财政局，上海市教育委员会. 关于印发《上海市高等学校毕业生学费补偿和国家助学贷款代偿办法》的通知：沪财教〔2014〕38号［EB/OL］. （2013 – 11 – 18）［2017 – 07 – 21］. http：//xszz. scsa. org. cn/folder5/folder19/folder26/folder62/2015 – 01 – 07/938. html.

⑤ 财政部，教育部，总参谋部. 关于印发《高等学校学生应征入伍服义务兵役国家资助办法》的通知：财教〔2013〕236号［EB/OL］. （2013 – 08 – 20）［2017 – 07 – 21］. http：//xszz. scsa. org. cn/folder5/folder19/folder26/folder63/2015 – 10 – 10/1704. html.

⑥ 财政部，教育部，民政部，总参谋部，总政治部. 关于实施退役士兵教育资助政策的意见：财教〔2011〕538号［EB/OL］. （2011 – 10 – 25）［2017 – 07 – 21］. http：//xszz. scsa. org. cn/folder5/folder19/folder26/folder64/2014 – 04 – 10/775. html.

表2-17　江苏省高等教育资助政策体系的简要情况①

省市	资助政策体系
江苏省	1. 奖学金。包括本专科阶段国家奖学金、国家励志奖学金和研究生阶段国家奖学金、学业奖学金。其中本专科生国家奖学金、励志奖学金，研究生国家奖学金均执行国家政策。从2014年秋季学期起设立江苏省研究生学业奖学金，用于激励研究生积极进取，潜心科研 2. 助学金。包括本专科阶段国家助学金、研究生阶段国家助学金。资助政策以及对象标准均执行国家政策 3. 国家助学贷款。本专科以及研究生阶段校园地国家助学贷款和生源地信用助学贷款执行国家统一规定。采用校园地助学贷款与生源地信用助学贷款两种模式 4. 基层就业学费补偿贷款代偿。对赴苏北相关基层单位就业的省内外普通高校应届毕业生在服务满36个月后实施学费补偿贷款代偿，由政府一次性返还其攻读最后学历期间所缴纳的学费 5. 应征入伍服义务兵役学费补偿贷款代偿及学费减免。执行国家政策，对符合条件的高等学校学生应征入伍实施学费补偿、国家助学贷款代偿及退役后复学后学费减免 6. 直招士官学费补偿贷款代偿。政策内容与国家资助政策规定一致 7. 退役士兵教育资助。对退役一年以上、考入全日制普通高等学校的自主就业退役士兵，实施学费资助 8. 其他资助。包括勤工助学、校内资助、"绿色通道"、社会资助以及研究生"三助一辅"岗位津贴等 9. 学费减免。从2014年秋季学期起，全面免除省属高校残疾人大学生学费；从2016年秋季学期起，全面免除省属普通高校建档立卡家庭经济困难本专科学生学费，持市县级扶贫办发放的《扶贫手册》可到校办理免学费手续

---

① 江苏省学生资助管理中心. 确保每一名家庭经济困难学生都能顺利入学——2016年江苏省学生资助政策简介［EB/OL］.（2016-09-02）［2017-07-21］. http：//aid.ec.js.edu.cn/2016/09/02/21538158581000615.html.

表2-18 四川省高等教育资助政策体系的简要情况

省市	资助政策体系
四川省	1. 奖学金。包括本专科阶段国家奖学金、国家励志奖学金；研究生阶段国家奖学金、学业奖学金。其中本专科生国家奖学金、励志奖学金，研究生国家奖学金均执行国家政策。从2014年秋季学期起设立四川省省属高校研究生学业奖学金 2. 助学金。包括本专科阶段国家助学金、研究生阶段国家助学金。资助政策以及对象标准均执行国家政策 3. 国家助学贷款。本专科以及研究生阶段校园地国家助学贷款和生源地信用助学贷款执行国家统一规定。采用校园地助学贷款与生源地信用助学贷款两种模式 4. 直招士官与应征入伍服义务兵役学费补偿贷款代偿及学费减免。执行国家政策，对符合条件的直招士官、高等学校学生应征入伍实施学费补偿、国家助学贷款代偿及退役后复学后学费减免 5. 退役士兵教育资助。对退役一年以上、考入全日制普通高等学校的自主就业退役士兵，实施学费资助 6. 基层就业学费奖补。2009年以后对赴艰苦边远地区基层单位就业的省属普通高校应届毕业生在服务满36个月后实施学费奖补，由政府按标准一次性奖补其攻读最后学历期间所缴纳的学费 7. 新生入学资助。由中国教育发展基金会设立，用于资助考入普通高校家庭经济困难学生到校报道。对考入全日制普通高等院校的家庭经济困难新生。对省内外录取新生实施不同标准资助① 8. 其他资助。包括勤工助学、校内资助、"绿色通道"、社会资助以及研究生"三助一辅"岗位津贴等

（二）资助标准与资助比例

四省市高等教育资助标准与资助比例见表2-19至表2-22。

---

① 中国教育发展基金会，全国学生资助管理中心．关于印发《普通高校家庭经济困难新生入学资助项目暂行管理办法》的通知：教基金会〔2012〕10号［EB/OL］．（2012-05-23）［2017-07-21］．http://www.scxszz.cn/article/2016-9-2/art3251.html.

表2-19　北京市高等教育资助标准与资助比例

省市	资助标准与资助比例
北京市	1. 国家奖学金的奖励标准。符合条件本专科生每生每学年8000元；研究生方面，博士研究生为每生每学年30000元；硕士研究生为每生每学年20000元 2. 国家励志奖学金标准。每生每学年5000元 3. 北京市国家助学金标准。从2010年秋季学期开始，市属普通本科高校、高职国家助学金资助标准从每生每学年2200元提高到每生每学年3200元，一等北京市国家助学金标准为每生每学年4500元；二等北京市国家助学金标准为每生每学年2300元。① 更为困难的学生可享受一等北京市国家助学金。实行免交学费享受专业奖学金的首都师范大学、首都体育学院和北京农学院三所高等学校相关专业学生不参与 4. 国家助学贷款。含校园地国家助学贷款和生源地信用助学贷款。从2009年起，试点生源地信用助学贷款。全日制本专科生每生每学年可申请不超过8000元的贷款；研究生每生每学年可申请不超过12000元的国家助学贷款② 5. 师范、农林专业免费教育标准。按照教育部有关规定执行 6. 学生物价生活补贴标准。市属普通大专院校每生每月60元、市属师范院校每生每月100元、市属农业院校每生每月116元，全年按10个月发放 7. 困难学生补助标准。按照向重点普通高校和师范、农林、体育、水利、矿产、石油等艰苦专业学生占比较大的普通高校适当倾斜的原则，补助比例为各学校学生人数的10%～25%，补助标准为每生每年饮用水补助45元、洗澡补助80元、电话费补助60元。经费由市财政负担 8. 残疾学生和生活困难残疾人子女助学补助标准。符合政策规定被普通高等院校录取的残疾大学生或残疾人子女，每生每学年补助4500元；全日制无工资性收入研究生每生每学年补助6000元；参加政策规定学历考试并取得相应学历证书的残疾学生，一次性助学补助标准为大专6000元、本科8000元和研究生10000元 9. 新生入学救助。考取普通高等院校接受本专科或高职教育的符合政策的学生，当年一次性最高救助4500元。学费低于上述救助标准的，按实际发生金额救助

---

① 北京市财政局，北京市教育委员会. 关于提高北京市属普通高等学校国家助学金标准的通知：京财文〔2010〕2284号〔EB/OL〕. （2010-11-08）〔2017-07-21〕. http://xszzzx.bjedu.gov.cn/index.php/Zc/index/id/53.html.

② 北京市财政局，北京市教育委员会，北京市民政局，中国银行业监督管理委员会北京监管局. 关于开展北京市生源地信用助学贷款试点工作的通知：京财文〔2009〕1493号〔EB/OL〕. （2009-07-21）〔2017-07-21〕. http://xszzzx.bjedu.gov.cn/index.php/Zc/index/id/54.html.

表 2-20　上海市高等教育资助标准与资助比例

省市	资助标准与资助比例
上海市	1. 国家奖学金标准。符合条件本专科生每生每年 8000 元；博士研究生为每生每学年 30000 元；硕士研究生为每生每学年 20000 元 2. 国家励志奖学金标准。奖励标准为每生每年 5000 元；在全国资助面平均 3% 的基础上，上海市每年再增加 2000 人，增加后的受资助人数约占各高校在校本专科学生总人数的 3.5% 3. 上海奖学金奖励标准。每生每学年 8000 元，奖励名额为每学年 1000 名，部属高校 250 个名额，地方高校 750 个名额；分配名额时，适当向办学水平较高以及以农、林、水、地、矿、油、核等国家需要的特殊学科专业为主的高校倾斜 4. 上海地方高校研究生学业奖学金。地方高校研究生学业奖学金标准不得超过同阶段研究生国家奖学金标准的 60%，由各校根据研究生收费标准、学业成绩、科研成果、社会服务以及家庭经济状况等因素确定实施细则，可分档设定标准 5. 国家助学金实施标准。本专科阶段平均资助标准为每生每学年 3000 元，具体标准和档次由学校结合本校家庭经济困难学生认定结果在每生每学年 1500～3500 元范围内确定。名额分配方面，综合在校生人数和生源结构，保障中西部生源在校生在资助名额中的比例；博士研究生资助标准为每生每学年 12000 元，硕士研究生资助标准为每生每学年 6000 元 6. 国家助学贷款实施标准。含校园地国家助学贷款和生源地信用助学贷款。全日制本专科生每生每学年可申请不超过 8000 元的贷款；研究生每生每学年可申请不超过 12000 元的国家助学贷款 7. 学费和国家助学贷款代偿标准。执行国家政策，符合条件的高校毕业生每学年补偿代偿的金额最高不超过 6000 元。在校学习期间每年实际缴纳的学费或获得的国家助学贷款低于 6000 元的，按照实际缴纳金额实行补偿代偿；在校学习期间每学年实际缴纳的学费或获得的国家助学贷款高于 6000 元的，按照每学年 6000 元实行补偿代偿。学生可以在上述两项政策中选择就高申请 8. 高校毕业生到农村基层涉农单位就业、任教学费补偿和贷款代偿标准。在校期间实际缴纳的学费确定，每生每学年标准为：本专科生最高不超过 8000 元，全日制研究生最高不超过 12000 元。对取得教师资格并到本市农村学校任教，符合条件的高校毕业生，本专科生最高不超过 8000 元，全日制研究生最高不超过 12000 元 9. 应征入伍服义务兵役学费补偿、贷款代偿及学费减免标准。根据学生在校期间每学年实际缴纳的学费或所获国家助学贷款确定，退役复学学费减免金额按照实际收取学费确定，本专科生每生每学年最高不超过 6000 元，硕士研究生每生每学年最高不超过 8000 元，博士研究生每生每学年最高不超过 10000 元

续上表

省市	资助标准与资助比例
上海市	10. 退役士兵教育资助标准。学费资助标准最高不超过年人均6000元，高于6000元部分自行负担。生活费及其他奖助学金资助标准，按国家现行高校学生资助政策的有关规定执行 11. 勤工助学标准。校内勤工助学岗位时间原则上每周不超过8小时，每月不超过40小时。校内固定岗位按月计酬，每月40个工时的酬金原则上不低于当地政府或有关部门制定的最低工资标准或居民最低生活保障标准。校内临时岗位按小时计酬，每小时酬金原则上不低于每小时8元

表2-21　江苏省高等教育资助标准与资助比例

省市	资助标准与资助比例
江苏省	1. 奖学金标准。本专科国家奖学金、国家励志奖学金，研究生国家奖学金均执行国家资助政策标准。其中国家励志奖学金奖励面为3%。江苏省研究生学业奖学金由省属高校根据研究生收费标准、学业成绩、科研成果、社会服务以及家庭经济状况等因素，确定研究生学业奖学金的覆盖面、等级、奖励标准和评定办法（可分三档设定奖励标准）。研究生学业奖学金标准不超过同层次研究生国家奖学金标准的60% 2. 助学金标准。其中本专科国家助学金全省资助面约为在校学生总数的16%，平均资助标准为每生每学年3000元，可分设2～3档；研究生国家助学金政策同国家政策。研究生国家助学金与国家资助政策一致 3. 国家助学贷款实施标准。执行国家政策，实施每学年贷款金额原则上不超过8000元，贷款期限为学制加13年最长不超过20年。国家助学贷款利率执行中国人民银行同期公布的同档次基准利率，不上浮。学生在校期间的贷款利息全部由财政贴息，毕业后3年为"不还本金、只付利息"的还本宽限期。全日制本专科生每生每学年可申请不超过8000元的贷款；研究生每生每学年可申请不超过12000元的国家助学贷款 4. 学费补偿代偿标准。基层就业学生资助标准为2014年之后（含2014年）入学的本专科生每学年不超过8000元，此前入学的本专科生每学年6000元，研究生每生每学年不超过12000元；应征入伍服义务兵役学生资助标准为，根据学生在校期间每年实际缴纳的学费或获得的国家助学贷款确定，退役复学学费减免金额按照实际收取学费确定，本科生每生每学年均不高于8000元，研究生每生每学年不超过12000元；直招士官资助标准相同 5. 退役士兵教育资助标准。学费资助标准本专科生最高不超过年人均8000元，研究生最高不超过年人均12000元

续上表

省市	资助标准与资助比例
江苏省	6. 勤工助学标准。校内勤工助学岗位时间原则上每周不超过 8 小时，每月不超过 40 小时，每月 40 个工时的酬金原则上不低于当地政府或有关部门制定的最低工资标准或居民最低生活保障标准 7. 学费减免。省属高校残疾人学生学费据实免除；建档立卡家庭经济困难本专科生学费据实免除

表 2 - 22　四川省高等教育资助标准与资助比例

省市	资助标准与资助比例
四川省	1. 奖学金标准。本专科国家奖学金、国家励志奖学金，研究生国家奖学金均执行国家资助政策标准。其中国家励志奖学金奖励面为 3%。四川省属高校研究生学业奖学金分 3 档设立。博士研究生每生每学年 12000 元、10000 元、8000 元的标准分 3 档和 70% 的比例给予奖励，硕士研究生每生每学年 10000 元、8000 元、6000 元的标准分 3 档和 40% 的比例给予奖励 2. 助学金标准。资助标准为博士研究生每生每学年 10000 元、硕士研究生每生每学年 6000 元。本专科（含高职、第二学士学位）国家助学金资助标准为平均每生每学年 3000 元，具体分为 3 档：每生每学年 2000 元、3000 元、4000 元 3. 国家助学贷款实施标准。本专科生每生每学年可申请不超过 8000 元的贷款；研究生每生每学年可申请不超过 12000 元的贷款 4. 直招士官与应征入伍服义务兵役学费补偿贷款代偿及学费减免标准。根据学生在校期间每学年实际缴纳的学费或获得的国家助学贷款确定，本专科生每生每学年不超过 8000 元，研究生每生每学年不超过 12000 元；退役复学学费减免金额按照实际收取学费确定，本专科生每生每学年不高于 8000 元，研究生每生每学年不高于 12000 元 5. 退役士兵教育资助标准。学费资助标准本专科生年人均不超过 8000 元，研究生不超过 12000 元。生活费及其他奖助学金资助标准，按国家现行高校学生资助政策的有关规定执行 6. 基层就业学费奖补标准。奖补金额根据毕业生在校期间实际缴纳的学费确定，每生每学年不高于 6000 元 7. 新生入学资助标准。省（自治区、直辖市）内院校录取的新生每人 500 元，省（自治区、直辖市）外院校录取的新生每人 1000 元 8. 勤工助学标准。校内勤工助学岗位时间原则上每周不超过 8 小时，每月不超过 40 小时，以每月 40 个工时的酬金原则上不低于当地政府或有关部门制定的最低工资标准或居民最低生活保障标准

（三）资金分担与经费保障

四省市高等教育资助资金分担和经费保障机制见表 2-23。

表 2-23　四省市高等教育资助资金分担和经费保障机制

省市	资金分担和经费保障机制
北京市	1. 国家奖学金所需资金。由中央财政负担。国家励志奖学金和北京市国家助学金由中央和北京市人民政府共同出资设立 2. 生源地信用助学贷款运作机制。学生在校期间（按专业规定学制计算）的利息由中央财政全额负担，毕业后的利息由共同借款人负担；设立生源地信用助学贷款风险补偿专项资金，风险补偿金比例按当年贷款发放额的 15% 确定，由中央财政负担。风险补偿金若超出生源地信用助学贷款损失，超出部分将对本息收回较好的区县学生资助管理中心给予奖励；风险补偿金若低于生源地信用助学贷款损失，不足部分，由经办银行和市财政部门各分担 50% 3. 师范、农林专业学生免交学费，享受专业奖学金经费。由市财政负担 4. 学生物价生活补贴、困难学生补助经费。由市财政负担 5. 残疾学生和生活困难残疾人子女助学补助。残疾人学生和生活困难残疾人子女学生助学补助资金，从区（县）残疾人就业保障金或社会募捐资金中列支 6. 学校资助经费。须从学费收入中足额提取 10% 的经费，用于学费减免、国家助学贷款风险补偿、勤工助学、校内无息借款、校内奖助学金和特殊困难补助等方面的开支，并且要实行分账核算、专款专用 7. 新生入学救助。实施高等教育新生入学救助所需资金，在市级财政资金中列支，纳入临时救助资金，实行专账管理，专款专用
上海市	1. 国家奖学金经费。本专科国家奖学金、研究生国家奖学金由中央财政负担。国家励志奖学金所需资金由中央与上海市按比例分担，本市承担部分所需资金纳入市教委部门预算 2. 国家助学金经费。国家助学金由中央和地方政府共同出资设立，市级承担部分所需资金列入市教委部门预算。由市级财政根据中央下达本市国家助学金情况，按规定统筹安排资助名额和资金。地方高校研究生国家助学金地方承担部分所需资金纳入市级财政教育资金，在市教委部门预算中安排。上海市财政局、上海市教育委员会每年按规定程序将研究生国家助学金名额下达至地方高校 3. 上海市奖学金经管理。上海市奖学金由上海市政府出资设立 4. 研究生学业奖学金经费。自 2014 年秋季学期起，上海市财政对地方高校研究生学业奖学金所需资金，按照博士研究生每生每年 10000 元、硕士研究生每生每年 8000 元的标准，以及按在校人数的一定比例给予支持

续上表

省市	资金分担和经费保障机制
上海市	5. 高校毕业生到农村基层涉农单位就业、任教学费和补偿贷款代偿经费。由市级财政教育经费安排，纳入市教委部门预算 6. 应征入伍服义务兵役经费学费补偿代偿经费。中央部门所属高校国家资助资金由中央财政拨付全国学生资助管理中心，地方所属高校国家资助资金由中央财政拨付省级财政 7. 学校资助经费。高校要按照国家有关文件，从事业收入中按规定足额提取一定的经费用于资助家庭经济困难学生
江苏省	1. 国家奖学金经费。本专科国家奖学金、研究生国家奖学金由中央出资。国家励志奖学金所需资金由中央与江苏省按比例分担 2. 国家助学金经费。本专科阶段与研究生阶段均由中央财政与省级财政共同出资设立 3. 江苏省研究生学业奖学金经费。研究生学业奖学金由省属高校负责组织实施。省属高校应按规定统筹使用财政拨款、学费收入、社会捐助等保障资助经费。从2014年秋季学期起，省财政对省属高校研究生学业奖学金所需资金，按照博士研究生每生每年10000元的标准以及在校生人数70%的比例、硕士研究生每生每年8000元的标准以及在校生人数40%的比例给予支持，所需资金按照预算管理程序列入年度部门预算 4. 学费补偿代偿经费。高校毕业生基层就业学费补偿所需资金，由省财政和基层单位所在地的县级财政按8:2分担，所需经费由省、县两级财政分别全额列入部门预算；应征入伍服义务兵役学费补偿贷款代偿及学费减免经费分担及划拨按照国家资助政策规定执行；直招士官学费代偿补偿经费按国家资助政策执行，由中央财政安排 5. 建档立卡学生学费减免。普通高校本专科阶段建档立卡学生学费减免，由高校从生均财政拨款、事业收入中统筹安排解决 6. 学校资助经费。规定高等院校从事业收入中提取4%~6%用于校内资助
四川省	1. 国家奖学金经费。本专科国家奖学金、研究生国家奖学金由中央财政负担。国家励志奖学金所需资金由中央与四川省按比例分担。省级各部门属高校、民办高校和企业办高校由中央财政和省级财政按8:2分担；市（州）属高校由中央财政和市（州）级财政按8:2分担 2. 国家助学金经费。本专科阶段与研究生阶段均由中央财政与省级财政共同出资设立。中央部门所属高校国家助学金所需资金由中央财政负担。地方所属高校国家助学金所需资金根据各地财力及生源状况由中央与地方财政按比例分担

续上表

省市	资金分担和经费保障机制
四川省	3. 省属高校研究生学业奖学金经费。省属高校研究生学业奖学金所需资金由省财政和省属高校共同分担。省财政对省属高校研究生学业奖学金的补助资金，按预算管理程序列入年度部门预算；各高校应按规定统筹利用财政拨款、学费收入、社会捐助等落实分担资金，列入年度部门预算 4. 学费补偿代偿经费。高校毕业生基层就业学费补偿所需资金，由省财政安排。① 应征入伍服义务兵役学费补偿贷款代偿及学费减免经费分担与划拨按照国家资助政策规定执行；直招士官学费补偿代偿经费按国家资助政策执行，由中央财政安排 5. 新生入学资助经费。由中国教育发展基金会根据各省（自治区、直辖市）当年高三学生在校生人数，确定项目实施方案并商全国学生资助管理中心后，将资助额度分配到省级学生资助管理部门；省级学生资助管理部门综合考虑各地的贫困程度、上年度各地高考新生录取人数的情况以及录取院校的地域分布等因素，将资助额度逐级分配到各县级教育行政部门 6. 学校资助经费。规定高校要从事业收入中提取5%的经费，用于资助家庭经济困难学生；民办高校按照规定办学，按规定比例从事业收入中足额提取经费用于学生资助的，其招收的符合申请条件的普通本专科（含高职、第二学士学位）学生，可以申请国家励志奖学金

（四）高等教育资助政策比较分析

高等教育资助在全国资助工作中起步最早，资助政策体系较为完善。从上述四省市高等教育资助政策比较分析中可以看出，相较于基础教育和中等职业教育，高等教育阶段资助政策在全国范围具有高度统一性，符合高等教育人才培养和教育体制特点。但随着各地深化高等教育改革，服务于地区经济社会发展的不同要求，前述各地逐步在落实国家高等教育资助政策基础上，从提高资助政策完备度、加强经费保障两大方面进一步完善了地方资助政策及实施细则。

1. 提高资助政策完备度

表现在以高等教育国家资助为基础，拓展资助项目，扩大资助范围，提高资助标准，以增加学生资助政策体系"助困"与"奖优"两大主要作用。在增强

---

① 四川省财政厅，四川省教育厅. 关于印发《四川省省属高校毕业生到艰苦边远地区基层单位就业学费奖补暂行办法》的通知：川财教〔2009〕184号［EB/OL］. （2014 – 09 – 30）［2017 – 07 – 21］. http://www.scxszz.cn/article/2014 – 9 – 30/art3297.html.

高等教育资助助困功能方面，北京市设立学生物价生活补贴政策、困难学生生活费补助政策、残疾学生以及残疾人士子女助学补助，江苏省对建档立卡家庭经济困难本专科生实施学费减免政策，四川省通过中国教育发展基金会为新生入学提供一次性入学资助经费，为家庭经济困难学生入学报到交通与基本生活费提供资金支持。在增强奖优功能方面，上海市设立政府奖学金，用于奖励普通高校本专科生中特别优秀者，奖励比例覆盖部属高校、省属高校，公办学校与民办学校。在现有以"助困型"资助政策为主的体系中提升"奖优型"资助政策力度。

2. 增加资助经费保障

各省市为落实国家资助政策以及地方特色资助政策体系，均能设立资助项目管理办法和实施细则，明确规定资助政策经费分担与保障机制，注重与中央财政、省市财政以及省属高校的经费分担比例，合理安排资金预算，统筹来源，适当减轻财力困难地区的资金压力。各省市根据自身实际均能明确规定普通高校须从事业收入中提取4%以上的经费用于资助项目，其中北京市规定比例为10%，上海市、江苏省规定比例为4%~6%，四川省规定比例为5%，以此拓展资助资源，完善多元资助体系。北京市教育部门还联合民政、残疾人联合会设立新生入学一次性救助，通过设立社会救助性政策，对家庭经济困难新生入学实施救助资助，拓展了政策范围，增加了资助经费保障。

七、总结与讨论

综上所述，对不同教育阶段全国四大主要省市资助政策体系内容比较以及具体分析，以下拟从四个方面对广东省学生资助工作的进一步发展完善提供建议。

（一）完善资助政策动态调整机制

当前各教育阶段学生资助政策体系渐趋完善，尤其是高等教育阶段建立了"奖、助、贷、勤、免、补"的全方位资助政策体系。在省级学生资助工作层面，已基本建立政府资助为主，学校资助为补充，社会资助广泛参与的多元资助模式。但随着教育领域深化改革，地区经济社会发展对教育工作提出的新形式、新任务，要求资助政策更好地服务于教育和社会发展，保障教育公平与发挥教育引导作用，因此在一段时间内需根据教育发展与资助工作的形式要求，建立完善资助政策的动态调整机制，及时回应不同教育阶段在不同时期的发展目标，避免出现资助政策体系多年不变，无形中落后于现实资助需求的情况。如上海市在全面实施义务教育阶段"两免一补"政策后，针对义务教育阶段课外活动、餐费、保险费用等教育成本逐步增加的情况，设立教育费用减免机制，建立梯度减免学校代办性服务收费政策，实现分层分类动态减轻贫困家庭负担，在义务教育阶段实施基本普惠性资助政策的基础上，保障了家庭经济困难学生的资助需求得到关注及回应。

（二）推动资助方式多元化

综合前述关于国家资助政策以及重点省市资助政策体系可发现，各地资助政策以确保教育公平为基本目标，着力于"助困型"资助政策完善，以期确保应助尽助，总体而言，"奖优型"资助手段不足。资助政策在确保教育公平的同时还应发挥教育引导功能，包括引导受助学生个人发展目标及方向，以及根据国家、地区教育发展需求引导学生群体接受相应教育和服务社会行为。目前，各省市在基础教育阶段，尤其义务教育与中等职业教育阶段，通过逐步实现免学费政策全覆盖，建立起基本普惠的资助政策体系，使无论家庭经济状况良好与否、能力高低、个人努力情况与否，各种类型的学生凭个人意愿和基本条件即可接受相应教育，若缺乏必要的育人、奖优措施，极有可能造成学生因主观原因而产生的流动与择校行为，这一情况在中等职业教育阶段尤为凸显，有违资助工作初衷。为杜绝上述情况的发生，可借鉴北京、上海等地做法，细分资助项目，增加奖优型资助方式，辅以育人工作实施，引导学生努力学习，通过自身能力改善家庭情况，从而确保不同教育阶段资助工作目标的实现。

（三）多措并举，推动精准资助

在资助政策体系相对完备的情况下，需要进一步优化资助工作机制，提高资助效能，通过精准资助提升资助资源转化效率。精准资助就是要找准资助对象，通过差别化的资助形式，提升资助目的与资助对象需求之间的契合度，最大程度发挥资助的效能，包括对象精准、需求精准、效能精准等三方面。在对象精准方面，北京市对资助对象进行精准细分，细致界定受资助的群体；在需求精准方面，上海市改变以往"一刀切"的统一标准，而是采用减免代办性服务性收费这种能够涵盖更多实际需求的方式，指向性强，可以满足受助学生更多样的需求；在效能精准方面，上海市针对不同的受助学生，规定了种类齐全的助学金资助标准，而不是均一的标准，江苏省按照苏北、苏中、苏南的地域划分，制定不同的资助覆盖面标准，确保资助政策的倾斜力度。以上措施使得地方政府可以根据实际财政能力，将有限的资金更精准地投放到受资助学生手中，让更多学生群体受益，最大化提高资助效率。

（四）促进资助资源多元化

尽管各省市均不同程度地建立以政府资助为主导，学校资助为补充，社会资助广泛参与的资助工作模式，但相对于日渐增长、日趋细化的资助需求而言，多元资助模式、资助资源多元化程度仍需进一步加强。相对于政府资助的预算资金安排、审批监管等一系列制度化操作流程，学校资助与社会资助具有内容丰富、形式灵活，易于满足一定规模学生临时性、特殊性资助需求的特点。北京、上海、江苏等地不同程度加大对各教育阶段学校按一定比例提取事业收入用于学生资助的管理力度，开展设立捐赠表彰、税收优惠等政策措施，积极引导和鼓励企业、社会团体、个人等参与捐资助学活动，以充分发挥区域富庶、教育人文氛围浓厚的地区优势，为政府资助提供有力补充。反观广东省，可发挥区域经济发达、侨乡宗族传统文化紧密、公益慈善与社会服务活跃的地方特色，完善捐资助学税收优惠以及社会表彰促进政策，鼓励各地各校与热心助学的企业、社会团体和个人广泛开展形式多样的资助项目，为进一步完善资助工作模式，促进资助资源多元化打下坚实基础。

第二章 广东省建档立卡学生精准资助政策与执行情况研究
——以普通高校为例

一、建档立卡学生精准资助政策相关背景

党的十八大以来，以习近平总书记为核心的党中央高度重视扶贫开发工作，提出到2020年完成"全面建成小康社会"的宏伟目标，将"精准扶贫"作为新时期我国贫困治理工作的重要指导思想，将"扶贫先扶志"，教育脱贫理念作为精准扶贫思想的战略重点。① 习近平总书记提出"扶贫必扶智。让贫困地区的孩子们接受良好教育是扶贫开发的重要任务，也是阻断贫困代际传递的重要途径"。② 2015年全国两会期间，习总书记更是指出："扶贫先扶智，绝不能让贫困家庭的孩子输在起跑线上，坚决阻止贫困代际传递。"③

学生资助工作是扶贫开发在教育领域的重要实践，在教育扶贫中有着十分重要的意义。一是贫困人口中有相当一部分因教育致贫。截至2016年年底，广东省扶贫信息系统数据显示，因学致贫在广东省相对贫困人口致贫原因中占比4.9%，为前五项主要致贫原因之一。二是教育作为能力提升的有效途径，有利于贫困家庭子女能力发展与未来就业，有助于提升贫困家庭自我造血能力，阻断贫困代际传递。教育部副部长高玉波就曾指出，"从教育扶贫到教育脱贫，从扶助完成学业到阻断贫困代际传递，是国家对学生资助工作定位的不断深化"。④ 针对建档立卡学生展开精准资助是教育部门贯彻落实精准扶贫基本方略与习近平

---

① 唐任伍. 习近平精准扶贫思想阐释 [J]. 人民论坛，2015（10）：30.
② 中国网. 习近平扶贫新论断：扶贫先扶志、扶贫必扶智和精准扶贫 [EB/OL]. (2016-01-03) [2017-07-28]. http://news.china.com.cn/txt/2016-01/03/content_37442180.html.
③ 中国网. 习近平扶贫新论断：扶贫先扶志、扶贫必扶智和精准扶贫 [EB/OL]. (2016-01-03) [2017-07-28]. http://news.china.com.cn/txt/2016-01/03/content_37442180.html.
④ 杜玉波. "十三五"期间实现精准资助——教育部副部长杜玉波就学生资助工作答记者问 [EB/OL]. (2016-03-11) [2017-07-21]. http://www.moe.gov.cn/jyb_xwfb/gzdt_gzdt/moe_1485/201603/t20160311_233083.html.

总书记"扶贫先扶志、扶贫必扶智"思想的重要部署。本研究拟纵向回顾广东省建档立卡学生精准资助相关政策及执行情况,以普通高校为分析重点,通过建档立卡学生精准资助相关概念及其内涵的梳理,分析在精准扶贫视角下建档立卡与精准资助间的关系理路,介绍广东省对建档立卡学生资助相关政策内容与制定背景,以普通高校对建档立卡学生精准资助政策执行情况为例,分析当前政策制定与执行中存在的难点与不足,为进一步完善广东省建档立卡学生精准资助工作提出对策建议。

二、建档立卡学生精准资助相关概念及其内涵分析

(一) 精准扶贫

2013年11月,习近平总书记在湖南湘西调研扶贫攻坚时指出:"扶贫要实事求是,因地制宜。要精准扶贫,切忌喊口号。"① 首次明确提出精准扶贫概念。2014年1月,中共中央办公厅、国务院办公厅印发《关于创新机制扎实推进农村扶贫开发工作的意见》的通知(中办发〔2013〕25号),明确提出建立精准扶贫工作机制,由国家制定统一的扶贫对象识别办法,由各省(自治区、直辖市)按照县为单位、规模控制、分级负责、精准识别、动态管理的原则,对每个贫困村、贫困户建档立卡,建设全国扶贫信息网络系统;在贫困识别、致贫原因分析的基础上,逐村逐户制定帮扶措施并集中力量予以扶持,实行动态管理,使稳定脱贫的村或户及时退出,从而切实做到扶真贫、真扶贫。② 此后,国务院扶贫办于2014年5月印发关于《建立精准扶贫工作机制实施方案》的通知(国开办发〔2014〕30号),明确精准扶贫四阶段工作任务与要求。综上所述,精准扶贫即通过精准识别、精准帮扶、精准管理和精准考核,以精准理念贯穿于扶贫开发工作全阶段,改"大水漫灌"为"精准滴灌"的治贫理念与方式。

(二) 教育扶贫

教育扶贫,是指针对贫困地区的贫困人口进行教育投入和教育资助服务,使贫困人口掌握脱贫致富的知识和技能,通过提高当地人口的科学文化素质以促进

---

① 新华网. 习近平赴湘西调研扶贫攻坚 [EB/OL]. (2013-11-03) [2017-07-28]. http://news.xinhuanet.com/politics/2013-11/03/c_117984236_8.html.
② 中共中央办公厅,国务院办公厅. 印发《关于创新机制扎实推进农村扶贫开发工作的意见》的通知:中办发〔2013〕25号 [EB/OL]. (2014-06-03) [2017-07-28]. http://www.gdfupin.org.cn/new18.asp?id=56.

当地经济和文化发展，并最终摆脱贫困的一种扶贫方式。① 自 20 世纪 60 年代以来，伴随扶贫开发相关理论研究，教育的扶贫功能得到关注。我国学者林乘东在 20 世纪 90 年代提出教育扶贫论，指出教育可以切断贫困的恶性循环链，应将教育纳入扶贫的资源配置中，使公共教育资源向贫困地区倾斜，通过提高贫困地区的人口综合素质，提高贫困人口劳动力与生产要素的结合度和效率，增加资本积累和投入从而增强经济基础，创造出更多的就业机会。② 党的十八大以来，随着我国扶贫开发工作进入攻坚阶段，教育扶贫在保障基本、发展能力、促进就业、阻断代际贫困方面的作用得到进一步重视与加强。2013 年 7 月，国务院办公厅转发教育部等七部门《关于实施教育扶贫工程意见的通知》（国办发〔2013〕86 号），明确提出"以教育扶贫为扶贫开发优先任务，以提高人民群众基本文化素质和劳动者技术技能为重点"，确定全面加强基础教育，加快发展现代职业教育，提高高等教育服务能力，提高学生资助水平，教育信息化水平五项主要任务。③ 2015 年 11 月，中共中央、国务院发布《关于打赢脱贫攻坚战的决定》（中发〔2015〕34 号），再次将着力加强教育脱贫，加快实施教育扶贫工程纳入精准扶贫方略，以加快推进贫困人口脱贫。④

（三）建档立卡

建档立卡作为扶贫对象识别机制，在中共中央、国务院于 2011 年印发的《中国农村扶贫开发纲要（2011—2020 年）》中明确提出。该纲要要求"建立健全扶贫对象识别机制，做好建档立卡工作，实行动态管理，确保扶贫对象得到有效扶持"。⑤《国务院扶贫办关于印发〈扶贫开发建档立卡工作方案〉的通知》（国开办发〔2014〕24 号）规定建档立卡的对象包括贫困户、贫困村、贫困县和连片特困地区。其中建档立卡家庭也就是建档立卡贫困户，是指各省、直辖市、自治区以 2013 年农民人均纯收入 2736 元（相当于 2010 年 2300 元不变价）的国家农村扶贫标准，结合当地实际，确立识别标准，以农户收入为基本依据，综合考虑住房、教育、健康等情况，通过农户申请、民主评议、公示公告、逐级审核

---

① 谢君君. 教育扶贫研究述评［J］. 复旦教育论坛，2012（3）：66.
② 林乘东. 教育扶贫论［J］. 民族大家庭，1997（3）：51.
③ 中央政府门户网. 国务院办公厅转发教育部等部门《关于实施教育扶贫工程意见》的通知：国办发〔2013〕86 号［EB/OL］.（2013 - 09 - 11）［2017 - 07 - 21］. http://www.gov.cn/zwgk/2013 - 09/11/content_ 2486107. htm.
④ 林乘东. 教育扶贫论［J］. 民族研究，1997（3）：43 - 52.
⑤ 中共中央、国务院. 中国农村扶贫开发纲要（2011—2020 年）［EB/OL］.（2011 - 07 - 14）［2017 - 07 - 28］. http://www.cpad.gov.cn/art/2011/7/14/art_ 46_ 51506. html.

的方式，整户识别的贫困户。① 广东省根据党中央、国务院的统一部署制定《关于新时期精准扶贫精准脱贫建档立卡工作的通知》（粤扶办〔2016〕76号），要求各地在做好帮扶村和贫困户基本情况摸查、审核、公示的基础上，按照《广东省新时期精准扶贫精准脱贫贫困村/户帮扶记录簿》统一制式要求建立纸质档案，并录入广东扶贫信息系统。② 综上所述，建档立卡是指各地扶贫部门通过对贫困户、贫困村进行精准识别，记录贫困状况、分析致贫原因、明确帮扶需求、定制帮扶措施，发放统一扶贫记录手册，建立电子信息档案，录入扶贫信息系统实施动态管理的工作流程。建档立卡学生是指符合国务院扶贫办及各省、直辖市、自治区扶贫部门认定标准，在扶贫开发信息系统中建立电子信息档案，持有各地扶贫部门统一制定并发放《扶贫手册》的贫困户家庭学生。

（四）精准资助

精准资助是教育扶贫的重要措施之一，是精准扶贫方略在教育领域的落实与体现。从概念范畴来看，精准资助有广义和狭义之分。广义精准资助包括资助对象认定、资助项目安排、资助资金管理和资助过程动态管理，是近年来教育部门贯彻落实国家对教育扶贫的任务要求，将精准帮扶落实到学生资助的全过程和具体实践中去。狭义精准资助是指根据中央、各省市精准扶贫要求，通过教育、扶贫等部门协作，对建档立卡学生实施对象明确、标准明确、信息化动态管理的精准资助工作。各地教育部门在落实教育扶贫重点工作的同时也不断进行资助理念与模式创新，将精准资助工作理念延伸发展。如广东省教育厅学生助学工作管理中心提出"以精准助学为主线，精准落实国家、省对建档立卡等家庭经济困难学生资助政策，实现资助资源配置精准、资助对象认定精准、资助力度实施精准"的工作思路，建立"精准认定、精细管理、精心服务"的精准资助工作模式。

通过上述核心概念梳理，本研究所指建档立卡学生精准资助，即以经扶贫部门统一认定的建档立卡贫困户学生为资助对象，落实国家、省资助政策，并从学生需求出发，开展经济资助、能力发展、就业扶持、立德育人相结合的资助工作。此项工作相较于日常学生资助工作有以下三方面特点：一是对象特定。所资

---

① 国务院扶贫开发领导小组办公室. 关于印发《扶贫开发建档立卡工作方案》的通知：国开办发〔2014〕24号[EB/OL]. (2014-04-11)[2017-07-28]. http://www.cpad.gov.cn/art/2014/4/11/art_50_23761.html.

② 广东省扶贫开发办公室. 关于做好新时期精准扶贫精准脱贫建档立卡工作的通知：粤扶办〔2016〕76号[EB/OL]. (2016-05-09)[2017-07-28]. http://www.gdfp.gov.cn/zcfg/sfpb/201609/t20160909_792739.html.

助对象为由其户籍所在地扶贫部门认定并颁发《扶贫手册》建档立卡家庭的学生。二是资助对象精准。资助建档立卡贫困户子女作为该户精准扶贫的措施之一，与其他针对该户需求的扶贫措施同时发力。通过支持扶贫对象子女的持续学习，配合身心发展、综合能力、就业辅导等支持服务，助力建档立卡学生通过学习成才、就业，帮助家庭改善生活状况，支持全户脱贫。三是动态管理。由于建档立卡实行全过程动态管理，建立了认定与退出机制。对经过阶段性扶贫措施实现脱贫的家庭进行退出登记，对因重大变故致贫的家庭实施动态吸纳，反映到建档立卡学生的资助方面，也同样需实施对象数据的动态管理，做到对建档立卡学生升学、建档情况的及时跟踪、动态收集、及时管理。

三、广东省建档立卡学生资助政策现状

中共广东省委、省政府高度重视教育扶贫工作，2016年6月出台《关于新时期精准扶贫精准脱贫三年攻坚的实施意见》（粤发〔2016〕13号），将教育文化扶贫作为广东省脱贫攻坚八项工程之一。明确提出率先从建档立卡学生实施普通高中免除学杂费，逐步分类推进中等职业教育免除学杂费。在落实现有家庭经济困难学生资助政策的基础上，对贫困户子女就读小学、初中、高中、中职（含技校）、大专实行生活费补助。[①] 此后广东省教育厅、广东省财政厅等部门协作制定具体政策，落实省委、省政府的决策部署。

（一）政策内容

2016年10月《广东省扶贫开发领导小组关于印发省教育厅等单位〈关于推进教育精准扶贫精准脱贫三年攻坚的实施意见〉配套实施方案的通知》（粤扶组〔2016〕18号），围绕省委、省政府关于"发展教育脱贫一批"的中心任务，提出实施学生资助惠民政策、特殊儿童保障政策，在落实现有各教育阶段家庭经济困难学生资助政策的基础上，精准资助建档立卡贫困户子女，实现家庭经济困难学生资助的全覆盖，增支所需经费，省级财政负担60%。12月广东省教育厅、财政厅、人力资源和社会保障厅等六部门联合印发《关于做好我省建档立卡家庭经济困难学生精准资助工作的通知》（粤教助〔2016〕5号），明确广东省精准资助建档立卡贫困户学生补助标准、资金安排、推进机制等各项措施，具体如下：

---

① 中共广东省委，广东省人民政府. 关于新时期精准扶贫精准脱贫三年攻坚的实施意见：粤发〔2016〕13号[EB/OL]. （2016-12-13）[2017-07-28]. http://www.gzns.gov.cn/zwxxgk/zdlyxxgk/fpgz/fpzcfg/201612/t20161213_336251.html.

1. 补助内容

包括学杂费与生活费两大类,以解决建档立卡等家庭经济困难学生主要的入学支出,减轻家庭负担。

2. 免学杂费对象与补助标准

根据中共广东省委、广东省人民政府《关于新时期精准扶贫精准脱贫三年攻坚的实施意见》(粤发〔2016〕13号)和财政部、教育部《关于免除普通高中建档立卡家庭经济困难学生学杂费的意见》(教财〔2016〕292号)以及广东省扶贫开发领导小组《关于印发省教育厅等单位〈关于推进教育精准扶贫精准脱贫三年攻坚的实施意见〉配套实施方案的通知》(粤扶组〔2016〕18号),从2016年秋季学期起,实施对就读义务教育、高中教育和全日制专科教育阶段的建档立卡贫困户子女免学杂费并给予生活费补助政策(资助政策见表2-24)。

表2-24 广东省建档立卡家庭经济困难学生精准资助政策简介(2016年12月)[①]

补助内容	补助对象	补助标准	相关要求
免学杂费补助	普通高中:2016年秋季学期起在校、广东户籍的建档立卡等家庭经济困难(含非建档立卡残疾、农村低保家庭、农村特困救助供养)的普通高中全日制学生	免学杂费(不含住宿费):每生每学年2500元	1. 关于符合免学杂费条件学生已收费用退费要求:2016年秋季学杂费已收取的,及时退费;按学年收取的,应一次性退还。公办学校全额退费,民办学校按补助标准退费,学杂费高于补助标准的部分可不退还,低于补助标准的,应按学生实际缴纳额度退还 2. 补助对象数据来源:根据学生学籍信息管理系统、扶贫开发信息系统、民政全国低保信息管理系统、残疾人联合会信息系统等有关数据确定
	中等职业学校(含技工学校):2016年秋季学期起在校、广东户籍的建档立卡贫困户中等职业学校和技工学校全日制学生	免学杂费(不含住宿费):每生每学年3500元	
	普通高等学校:2016年秋季学期起在校、广东户籍的建档立卡普通高校全日制专科学生	免学杂费(不含住宿费):每生每学年5000元	

---

① 广东省教育厅,广东省财政厅,广东省人力资源和社会保障厅,广东省民政厅,广东省扶贫开发办公室,广东省残疾人联合会. 关于做好我省建档立卡家庭经济困难学生精准资助工作的通知:粤教助〔2016〕5号[EB/OL]. (2016-12-29)[2017-07-28]. http://www.gdfp.gov.cn/tzgg/xztz/201612/t20161229_813549.htm.

续上表

补助内容	补助对象	补助标准	相关要求
生活费补助	义务教育阶段：2016年秋季学期起在校、广东户籍的建档立卡贫困户义务教育学校全日制学生	每人每学年3000元（每月300元，每学年按10个月计）	3. 已享受其他家庭经济困难生活费的学生按"就高不就低"原则享受补贴，不重复享受生活费补助政策（不包括国家助学金）。各地各校免除学杂费和生活费补助范围宽于或高于标准要求的，继续执行 4. 建档立卡学生其他资助政策适用规定。其他各教育阶段家庭经济困难学生资助政策，除奖学金和其他有特殊要求的政策外，必须将建档立卡学生列入资助对象
	高中阶段：2016年秋季学期起在校、广东户籍的建档立卡贫困户普通高中、中职学校和技工学校全日制学生	每人每学年3000元（每月300元，每学年按10个月计）	
	高等教育阶段：2016年秋季学期起在校、广东户籍的建档立卡贫困户普通高校全日制专科学生	每人每学年7000元（每月700元，每学年按10个月计）	

（二）政策特点

1. 扩大补助范围

实现公办、民办学校建档立卡学生精准资助政策全覆盖，即在公办学校以及由政府教育行政管理部门依法批准的民办学校就读符合条件的学生享受同等补助政策。在外省就读相应教育阶段和在民办学校就读的广东户籍建档立卡学生均纳入补助范围。

2. 加强高中阶段补助力度

将在全日制普通高中就读、广东户籍的建档立卡贫困户子女，非建档立卡残疾、农村低保家庭、农村特困救助供养家庭子女均纳入免学杂费保障范围。

3. 多政并施解决建档立卡贫困户子女经济困难

明确在建档立卡学生免学杂费和生活费补助之外，其他各阶段资助政策，除奖学金和其他有特殊要求的政策外，均须将建档立卡学生纳入资助范围。

4. 学校补助与学生补助并举

免除学杂费补助给学校。由财政按照学校免学杂费学生人数和标准补助学校，民办学校按照同类型公办学校标准补助，确保学校不因执行免除符合条件建档立卡学生学杂费而减少收入，确保政策的执行效率与可持续性。生活费补助，由省财政将补助资金下达学生学籍所在地财政部门，由当地财政部门下达学生所在学校，通过学生饭卡、资助卡和现金形式按月发给学生或其监护人，并规定不得以实物或服务等形式抵扣或扣减，以便实时监控，保障受助学生权益。

5. 明确资金分担与划拨机制

建档立卡等经济困难学生的免学杂费和生活费补助资金增支经费由省级财政负担60%。省属高校和中职学校（含技工学校）的免学杂费和生活费补助金随部门预算下达。地级以上市及县（市、区）所属高校和中职学校（含技工学校）的免学杂费和生活费补助金采取提前下达、年度清算的拨付程序。于每年11月30日前，由省财政厅会同省人力资源和社会保障厅按不低于本学年免学杂费和生活费补助总额90%的标准提前下达下一学年的补助资金并清算上学年补助资金。

（三）工作机制

1. 建立部门协作机制，进行数据共享

建档立卡学生精准资助工作全过程包括对象认定、政策制定、资助安排、资助落实、动态跟进，需多部门协作、有效衔接才能保障资助政策精准落实于符合条件的学生。为此，广东省教育厅等六部门在《关于做好我省建档立卡家庭经济困难学生精准资助工作的通知》中，明确了各部门职责：一是财政部门负责预算管理，加强预算编制、执行和监督，及时下达配套资金，做好资金清算，确保补助资金落实到位；二是教育部门负责完善学生学籍信息管理系统，联合财政、扶贫、民政、残疾人联合会等部门共同做好建档立卡学生身份认定和相关信息采集统计工作；三是各地人力资源和社会保障部门负责完善技工学校学生学籍信息管理系统，做好学籍信息系统数据与相关部门信息数据的比对，联合扶贫、民政、残疾人联合会等部门共同做好建档立卡家庭经济困难学生身份认定和相关信息采集统计工作；四是各地扶贫部门负责完善本地建档立卡信息系统，审核有关学生信息，做好与学籍信息的对接工作；五是民政部门负责本地农村低保家庭和农村特困补助等家庭信息系统，审核有关学生信息，做好与学籍信息的对接工作；六是残疾人联合会负责完善本地残疾人管理信息系统，审核本地残疾学生信息，做好与学籍信息的对接工作。[①]

2. 严格核查数据，确保对象精准

大数据动态管理是建档立卡学生精准资助的基础工作，也是核心环节，需教

---

① 参见广东省教育厅学生助学工作管理中心《我省建档立卡学生精准资助工作进展情况——2017年脱贫攻坚巡查工作培训辅导汇报材料》。

育部门学籍管理系统、广东省扶贫办建档立卡信息数据、广东省民政厅的低保户信息数据以及广东省残疾人联合会的残疾人信息四方面的信息共享与比对，才能实现按照政策标准确定精准资助对象。为此，2016年9月广东省教育厅等四部门进行建档立卡贫困户以及家庭经济困难学生信息数据的交换共享，由广东省扶贫办提供全省扶贫对象信息，广东省民政厅提供低保和五保户数据，广东省残疾人联合会提供残疾人信息。此后，广东省教育厅组织各地各校将扶贫对象信息与中小学学籍、中职学校学籍、高校学籍系统进行比对，将低保、五保、残疾人的信息与普通高中学生学籍进行比对，并收集复核建档立卡学生资料信息、资助意愿，确定核查统计名单。

3. 资源调配，确保资助资金精准落实

2016年12月，广东省教育厅经过资料核查与学籍信息系统二次核查确定了2016年秋季学年资助名单，按照相应的补助标准编制资助计划。2016年10月，预安排2016—2017学年广东省财政补助资金3.8亿元；2016年12月，提前下达2017—2018学年广东省财政补助资金3.8亿元。为确保资助资金的精准落实，广东省教育厅学生助学工作管理中心通过组织会议与实地走访，调研各地各校资助资金发放进度，收集存在问题、加强工作指导、确保建档立卡学生精准资助工作落实到位。

四、普通高校建档立卡学生资助政策执行情况

为系统掌握广东省建档立卡学生精准资助政策执行现状以及执行中存在的难点，本研究选取华南师范大学、广州大学分别作为广东省属高校、广东省和广州市共建高校的代表，于2017年6月就学校对建档立卡学生的精准资助政策落实情况进行实地调研与深度访谈。本次所选取两所高校均为广东省普通高校学生资助工作绩效评价优秀单位，资助体系建设与制度建设完善、资助管理到位、资助理念与资助模式创新，为落实建档立卡学生精准资助工作提供了良好基础。

对建档立卡学生精准资助是2016年广东省学生资助的重点工作之一，落实此项政策对各校在政策熟悉度、数据精准度、动态管理及时度等方面提出更高要求，也为现阶段高校资助工作提出新的挑战。2016年度各校在广东省教育厅的统筹下，先后启动建档立卡学生精准资助准备，精准核定资助对象，开展建档立卡学生精准资助探索等，具体情况如下。

（一）启动建档立卡学生精准资助准备

各校根据广东省教育厅的工作要求，及时启动建档立卡学生资助工作，由学

生工作处牵头，通过"校—院—班"学校资助工作体系，各类校内宣传平台向师生介绍建档立卡精准扶贫以及对建档立卡学生的资助政策。要求各院系高度重视建档立卡学生资助，在当前针对家庭经济困难家庭学生所实施的各项资助措施中优先考虑建档立卡学生资助工作。根据建档立卡学生精准资助政策要求，组织资助工作人员优化学生资助管理系统，增加建档立卡单项，排查系统中以含建档立卡信息的学生，加以重点关注。

（二）精准核定资助对象

根据广东省教育厅要求启动建档立卡学生信息核查工作。一是开展初步核查。9月各校将省教育厅统一下发的建档立卡贫困户名单与学籍系统、资助管理系统中认定为家庭经济困难学生名单进行核查比对，摸清本校全日制专科生中建档立卡学生的基本情况。二是落实国家助学金等相关政策。根据核查信息，对符合条件的建档立卡学生落实国家助学金资助，为保障建档立卡学生应助尽助，如华南师范大学在已完成国家助学金评选后，从学校经费中列支费用对此前未申请或未认定为家庭经济困难生的建档立卡学生按同等标准补发助学金。三是开展二次核查。12月，根据广东省教育厅反馈的当月建档立卡贫困户与高教学籍比对结果，就建档立卡学生相关材料、《扶贫手册》等证明文件进行再次核查，查找信息出入原因，确保资助对象认定的精准性。

（三）建档立卡学生精准资助探索

各校在落实广东省教育厅对建档立卡学生信息摸查、资料收集各项工作要求的同时，也积极探索针对建档立卡学生精准资助措施。如广州大学高度重视建档立卡学生资助工作，一方面积极落实广东省财政对建档立卡学生免除学杂费和生活费补助，另一方面在现有资助政策中优先安排建档立卡学生，通过拓展社会资助，增加该群体资助保障。根据学生身心成长和能力发展需求，组织外出参访、交流学习等社会活动，扩充建档立卡学生的视野，提高综合能力。如华南师范大学除了落实对建档立卡学生经济资助，还注重开展发展性资助，加强对学生就业能力的培养，针对家庭经济困难学生开展领袖训练计划，指导学生开展公益服务项目，全面提升组织、协调与沟通等综合能力，为未来就业做好准备。

五、存在的难点

1. 受助学生与资助工作队伍对政策知晓度有待加强

建档立卡学生资助作为2016年政府惠民的新政，在完善政策体系的同时，广东省级相关职能部门、各地各校也在同步启动资料核查、信息核对等基础工作，政策完善与政策执行同步进行，一线资助工作人员存在对政策了解不足的情况。通过调研还发现由于广东省各地扶贫部门建档立卡贫困户认定工作进度不一，认定结果规范程度不一，导致受助学生群体与一线资助工作队伍对政策操作细节不清晰甚至与原本家庭经济困难学生认定工作相混淆。在受助学生方面，存在以下漏报、错报情况：家庭已被认定并发放《扶贫手册》但学生本人未知晓或因不清晰相关扶持政策，未能及时在校提出申请，造成漏报；或对建档立卡贫困户认识不足，与民政部门的低保（最低生活保障）、五保（保吃、保穿、保医、保住、保葬）认定混淆，以街道、民政部门出示困难证明为依据在校提出申请，造成错报。上述情况增加了一线资助人员信息核查的难度和复杂度。在资助工作队伍方面，存在对建档立卡政策制定的理念、背景缺乏理解或认识不清等问题，主要表现在对建档立卡学生的资助与常规家庭经济困难学生资助的区别和定位不清晰，配套政策与资助要求不清晰，地方扶贫部门对建档立卡贫困户认定流程、结果应用、认定材料规范性以及与资助工作协作要求方面存在困惑。

2. 各地各部门数据信息共享与协作性有待提高

实施建档立卡学生精准资助须各地、各部门以及学生资助信息管理系统之间实现数据对接，且与各地扶贫部门建档立卡贫困户认定，全省职能部门低保五保、残疾人员信息进行定期共享。由于学生资助工作与学籍变动密切相关，需实施动态与节点管理，这也导致教育部门数据信息与财政、扶贫、民政、残疾人联合会等部门信息对接核定存在关键节点。一旦各部门数据对接错过资助节点，便需要再次核定信息并另外编制资助补发计划，无疑影响资助工作的时效性和精准度，甚至会影响符合条件学生对资助工作的认识与评价。

六、完善广东省建档立卡学生精准资助工作的建议

1. 完善政策体系，提高政策知晓度

建议完善建档立卡学生精准资助相关制度和配套措施，明确工作目标、理念、定位，围绕精准识别、精准帮扶、精细管理要求完善实施措施。加强对各地各校资助工作人员的政策宣讲与相关培训，增强资助工作人员对建档立卡学生资助工作的理解与重视，将落实建档立卡学生精准资助作为发挥教育扶贫功能，实践精准扶贫方略的重要工作来抓。认真解决新政推进工作中的难点问题，精准落实国家、省对建档立卡学生精准资助政策，确保应助尽助。建议由扶贫部门统筹，对建档立卡贫困户提供精准扶贫措施的同时，将对其子女的精准资助政策纳入该户脱贫帮扶计划，让受助家庭全面知晓帮扶政策，使受助家庭子女有意识主

动提出资助申请。建议各校在新生录取、新学年开学之际，加强建档立卡学生资助政策宣传与告知，以保障该群体的资助权益。

2. 完善工作机制，加强流程指引

建议省级教育、财政、扶贫、民政、残疾人联合会等部门加强协调，结合教育部门学籍动态管理节点要求，建立定期数据共享机制与常态化管理机制。掌握扶贫部门对建档立卡贫困户核定、动态跟进以及民政、残疾人联合会对低保、残疾人群信息统计的工作节点，结合教育部门资助工作机制要求，就建档立卡对象的核定、动态管理、信息共享建立合理化、常态化工作制度，争取做到计划先行、及时协调、无缝对接，减少数据信息对接不及时造成的错报与漏报。在此基础上，为各地各校落实建档立卡学生的精准资助提供常态化工作流程指引，建立监督检查与评价机制，确保各地各校及时落实建档立卡学生的相关资助政策，精准关注建档立卡学生的发展需求，落实精准帮扶。

3. 完善信息管理，提高资助精准度

建立并完善具备资助对象认定、资助需求分析、资助措施实施、资助成效评价等功能的动态信息管理系统。推进扶贫信息系统、低保信息系统、残疾人信息系统与学生资助管理系统的数据对接，建立广东省建档立卡学生大数据信息系统，对因学籍变动、脱贫退出、中途致贫等情况进行动态管理和信息共享，确保资助对象信息的准确性和精准度。随着建档立卡学生精准资助的深入推进，逐步实现对资助对象帮扶需求的细分与资助措施差异化、精准跟进，将相关过程纳入信息管理系统，设置评价机制，做到动态监控与评价激励。加强资助信息安全管理，对数据信息核查、汇总、上报和传递过程中严格执行信息安全规定，严防受助学生个人信息泄漏，确保建档立卡学生的个人隐私和信息安全。

4. 完善精准资助模式，提高育人发展性

将精准扶贫思想落实到精准资助工作中。将按需帮扶作为精准资助的核心，以保障建档立卡学生经济资助为基础，各校应根据受助学生的需求特点，分类实施多维度帮扶措施。转变以经济帮扶为主的资助机制，建立以学生需求为核心，以能力发展为目标，以普遍性帮扶与个性帮扶相结合的多维度精准帮扶机制。为建档立卡学生提供基本经济资助的同时，注重发展性资助育人服务的配套实施，帮助学生树立自立自强观念，通过针对性的能力建设、身心发展、就业促进等措施，鼓励受助学生通过自身能力改变家庭经济状况，实现可持续发展，达到通过实施精准资助、教育扶贫切断贫困代际传递的最终目标。

第三章　2016年广东省中等职业教育资助精准化模式研究
——以佛山市顺德区为例

中等职业教育学生资助体系，是国家为保障家庭经济困难学生受教育权利，使他们掌握一技之长，"努力让每个人都获得人生出彩的机会"[①] 的一项系统性资助工作。中共广东省委、省政府高度重视中等职业教育发展，着力提升职业教育服务产业升级能力。自2002年以来，广东省学生资助根据国家的统一部署，按照"中央政策引导、地方统筹安排、积极稳妥起步、逐步推进实施"的原则，不断完善中等职业教育阶段各项资助政策，逐步分类推进中等职业教育免除学杂费，建立了主要以免学杂费、国家助学金与生活费补助为主的资助政策体系。2015年，中共广东省委、省政府印发《关于创建现代职业教育综合改革试点省的意见》（粤府〔2015〕12号），提出"到2018年，建成在国内外有较大影响力的现代职业教育综合改革先进省，形成具有广东特色、适应发展需要、基本达到世界水平的现代职业教育体系"。作为推动职业教育发展改革的重要措施之一，省委、省政府高度重视中等职业教育阶段学生资助工作，连续2年将其列入广东省十件民生实事，并建立定期督办机制，推进民生实事落实。

本研究拟从广东省中等职业教育阶段资助现状出发，梳理当前中等职业教育阶段资助工作存在的困难与不足，以广东顺德地区中等职业学校开展资助精准化模式探索为例，总结该模式的实践经验，结合当前广东中等职业教育阶段资助工作的现实要求，分析资助精准化模式借鉴推广的可行性。

一、广东省中等职业教育阶段学生资助现状

（一）免学费补助

目前，广东省中等职业教育阶段免学费资助政策对象包括中等职业学校全日

[①] 教育部职业教育与成人教育司. 中等职业教育改革发展的思路与举措 [EB/OL]. (2017-04-06) [2017-07-29]. http://www.moe.edu.cn/jyb_xwfb/xw_fbh/moe_2069/xwfbh_2017n/xwfb_170406/170406_sfcl/201704/t20170406_301933.html.

制正式学籍农村籍（含县镇）学生、城市籍涉农专业学生和非涉农专业家庭经济困难学生（不含艺术类相关表演专业学生）、残疾学生。从2016年起，省财政对地市属中等职业学校的免学费补助分担标准由原每生每年3000元提高到3500元。① 提高标准后，中等职业教育阶段免学费补助资金较2015年增加了3.25亿元。根据全国学生资助管理信息系统（以下简称"资助系统"）2016年12月份中职资助子系统报表数据，广东省中等职业教育学校数474所，在校学生90万人，国家免学费学生人数74.04万人，各级财政共投入26.07亿元，其中省级以上财政资金14.18亿元，市县财政资金11.89亿元；同时，地方政府、社会和学校等各项资助资金共计0.33亿元，资助学生2.2万人。

（二）国家助学金

国家助学金对中等职业学校全日制正式学籍一、二年级的残疾人学生与涉农专业一、二年级在校学生和非涉农专业家庭经济困难的一、二年级在校学生进行资助。资助标准从2015年春季学期起从每生每年1500元提高到2000元。2016年，享受国家助学金资助学生数8.81万人，各级财政共投入1.76亿元，其中省级以上财政资金1.01亿元，市县财政资金0.75亿元。

（三）建档立卡学生精准资助

2016年，广东省落实省委、省政府关于打赢扶贫攻坚战，实施教育扶贫的总体部署，实施建档立卡学生精准资助，对建档立卡学生免除学杂费（不含住宿费）并提供生活费补助，在原有每生每学年2000元国家助学金的基础上，再给予每生每学年3000元生活费补助。

中等职业教育阶段资助政策的逐步完善和标准提升，切实减轻了中等职业教育阶段贫困学生的家庭负担，使他们能无后顾之忧地投入到学习当中，促进了教育公平；推动了中等职业教育阶段的发展，获得了社会各界的重视，更好满足了经济社会发展对高素质技术型、技能型人才的需求。尤其是针对建档立卡学生的精准资助工作，对实施教育扶贫工程做出了积极推动。目前，广东省中等职业教育阶段已基本建成"省—市—县—校"四级资助管理体系，实施全过程精准资助工作机制，确保了中等职业教育阶段学生资助工作的有序开展，保障了资助工作的实效性。

---

① 广东省财政厅，广东省教育厅，广东省人力资源和社会保障厅. 关于调整中等职业教育免学费政策的通知［EB/OL］. (2015 – 04 – 15)［2017 – 07 – 28］. http://www.gdhrss.gov.cn/publicfiles/business/htmlfiles/jgjyzx/zxdt/201504/50644.html.

二、广东省中等职业教育阶段学生资助工作面临的困难

由于中等职业教育阶段资助面广、对象多、管理难度高，目前广东省中等职业教育学生资助工作还面临一些困难，影响了该阶段资助政策的实施效果。这些困难包括以下三方面。

（一）资助对象认定

部分地区、学校未能制定家庭经济困难学生认定细则，资助对象的认定标准不统一，部分中等职业学校认定工作执行不严格。目前，中等职业教育阶段资助覆盖范围广，其中以农村户籍、涉农专业为资助对象的认定工作易于操作。对家庭经济困难学生的认定，各地各校在实际操作中存在不同程度的困难。一方面各地经济发展水平不同，难以应用统一的量化标准；另一方面学校在开展资助工作时，往往要求学生能够提供相关证明材料即可，而各地提供的证明材料样式不一，学校对证明材料难以核查真伪，对学生的家庭经济情况也不能做到实地核查，对认定结果较难做到规范、统一，严重的甚至出现虚假申请，影响资助工作的精准性。①

（二）助学金发放

少数经济欠发达地市的地方配套资金落实不够及时，导致中职学生助学金发放出现延迟，影响受助对象对政策执行透明度和满意度评价，资助的实效性也因此大打折扣；部分学校对发放流程缺乏监管，监督不严格；对发放后学生的跟踪反馈不足。中职学生大部分是未成年人，资助金发放到位后，若未能及时通知家长，则学生将助学金用于非理性消费的情况就有可能发生。

（三）学生信息管理

部分学校学籍信息管理存在不足，影响资助资金的准确发放。出现这些问题的原因在于，中等职业学校近年来普遍存在较高的学生流失率，这就要求学校应及时做好学籍信息、基础数据库与资助信息库的动态信息管理。但部分学校存在学籍管理不及时，未能及时剔除和更新学生学籍，也未能主动向主管部门上报的情况，不能实时保证学籍库、基础数据库和资助信息库的"三库"统一，存在学籍重复甚至虚假学籍现象，影响了国家资助资金的准确发放。若学生的学籍、

---

① 刘银凤. 中等职业学校学生资助政策实施效果研究［D］. 广州：广州大学，2016.

资助信息管理不及时，可能导致资助资金多发或结余，不利于中等职业教育阶段资助工作规范化、精准化发展。

三、中等职业教育阶段资助精准化模式探索

精准资助是精准扶贫国家方略在学生资助领域的具体体现。建立精准资助工作机制，精准识别家庭经济困难学生群体，针对性开展资助已成为我国进一步提高学生资助工作水平的必然要求。新时期以来，党中央与各级政府大力实施扶贫攻坚计划，开展精准资助，实施教育扶贫，对学生资助工作提出了新的要求。广东省学生资助工作也围绕教育和扶贫中心任务，以精准助学为主线，以立德树人为统领，统筹协调，精细管理，不断提高学生资助水平，力求将"精准助学"贯穿资助工作全过程。2016年6月底，由教育部职业教育与成人教育司和全国学生资助管理中心委派的联合调研组在广东地区实地调研中发现，顺德区的北滘职业技术学校在学籍库、基础数据库和资助信息库能做到及时更新，三个数据库名单完全统一，体现了较高的工作管理水平，获得调研人员的积极评价。同年12月，全国中职精准资助经验现场推介会在佛山市顺德区召开，参会人员到顺德区的北滘职业技术学校、陈村职业技术学校进行了现场观摩。两所学校在精准资助工作上各有特色，卓有成效，顺德区中等职业教育阶段资助工作更是走在全省乃至全国前列，在中等职业教育阶段资助精准化模式探索中贡献了宝贵的经验，值得借鉴。

（一）佛山市顺德区中等职业教育阶段资助工作经验做法

佛山市顺德区中等职业教育发展态势良好，精准资助管理体系建设完备。2010年顺德区被国务院确立为职业教育体制改革试点地区，全区13所职业技术学校中，国家示范性中等职业学校3所，国家级重点职校7所，省级重点职校3所。2012学年起，顺德区在全省率先实行中等职业教育阶段免费教育，减免优惠对象为全区中等职业教育阶段在读学生（不限户籍、年龄），并建立了全区精准资助管理体系。主要措施包括：一是由区教育局财务基建科负责学生资助管理工作，各职校成立学生学籍管理和资助工作小组，建立完善的资助工作组织体系，有效组织、宣传和落实学生资助政策体系；二是中等职业教育阶段免学费及助学金实行国库集中支付制，学校的公用经费和学生的助学金按时拨付，大大缩减中等职业教育阶段学校申请资金的时间，也确保了中等职业教育阶段免学费后学校的公用经费；三是要求各中等职业教育阶段学校专人负责维护学生学籍信息和资助信息，每月更新上报资助系统，实施多部门联动，有效维护学生信息系统，确保信息完备准确。

（二）北滘职业技术学校的资助工作模式

顺德区的北滘职业技术学校以"精准资助"为核心，坚持"五化"（领导机构精细化、工作职责制度化、申请流程具体化、档案管理标准化、资金管理规范化）与"三位一体"（三个不同部门管理员负责的学校学籍系统、资助系统、年初统计系统的分工合作）相辅相成的做法，实现了学生资助工作的"七个零误差"的动态精准资助管理工作模式，① 即学籍系统学生录入信息的零误差、学籍系统学生人数与实现在校生人数的零误差、学籍系统与资助系统同步的零误差、资助对象认定的零误差、资助系统受助学生录入信息的零误差、资助系统受助学生人数在校生情况的零误差、资助系统受助学生资金发放录入的零误差。

1. "五化"资助工作模式

（1）领导机构精细化。通过校长办公会议讨论，要求成立校级国家助学金及免学费政策的领导机构，组建国家资助管理领导小组，并设立办公室，校长、德育副校长作为责任人，组员包括学校行政主管、系统管理员、财务人员等，分工明确，建立起了明晰的责任体系，将各项工作落实到具体责任人。

（2）工作职责制度化。根据国家和省的文件精神，制定了《北滘职业技术学校学生资助管理制度》《北滘职业技术学校学生资助工作档案管理实施细则》《北滘职业技术学校学生资助工作档案管理办法》《北滘职业技术学校中等职业教育阶段资助申请流程》等一系列校内规章，明确了国家资助金的标准、资助对象、申请与审核程序及发放程序等，工作规范有序。

（3）申请流程具体化。通过校内管理制度明确资助申请流程，包括政策宣传—资料收集—资格审查—资格公示—上报资助系统等五个步骤，每个步骤都进行精细管理，在细节上精益求精。例如在政策宣传上，新生（含中途转校生）入学后第一周，学校资助管理办公室通过班主任向学生开设资助专题班会课（或班会微课），将国家免学费、助学金政策以及学校资助管理制度向学生及时传达。在资格审查上，规定新学年第一周，学校资助管理办公室要核查学生资料的准确性，特别是学生户籍性质属城市还是农村，核查准确后上交"新生户籍性质审核表"到区级审核。审核无误后，安排下发免学费和助学金申请表接受学生申请，要求各班上交班级集体照与"国家免学费信息确认表"，两者人数必须一致。之后由班主任结合"国家助学金申请表"对享受国家助学金资格进行初审，学校资助管理办公室进行二审。

---

① 全国学生资助管理中心. 中等职业教育阶段精准资助经验现场推介会情况报告[EB/OL]. (2017-02-06)[2017-07-28]. http://www.xszz.cee.edu.cn/liluntantao/2017-02-06/2842.html.

(4) 档案管理标准化。学校开设资助工作档案室，专门用于存放受助学生档案资料。档案材料实行专人专柜管理，便于材料的收集、整理、归档。受助学生档案资料按年份、项目保存，并以纸质文件和电子档案材料形式同步存储。在资助管理实行标准化操作流程的基础上，采取了统一规格、统一标准的学生资助档案材料模板。对档案盒外封面和脊背标签登载的信息给予精确细致的规定，如学期、项目、册号等，利于档案保管。

(5) 资金管理规范化。在免学费申请上，每学期第一个月月底，资助系统管理员和学籍系统管理员将"国家免学费人数统计表"与"全日制正式学籍在校学生人数统计表"上报至顺德区教育局。顺德区教育局审核通过后，盖章留档。在助学金申请与发放上，每学期最末一个月，资助系统管理员将助学金发放数据提交财务人员（报账员），财务人员及时以书面报告形式向顺德区财政局有关部门提出助学金发放申请，待审批资金到账后，根据《中等职业学校国家助学金管理暂行办法》有关规定，按时、足额将国家助学金发放到学生资助卡，并办理好相关签收手续。

2. "三位一体"的资助工作模式

在"五化"的基础上，顺德北滘职业技术学校还实行"三位一体"资助工作模式，确保了学校学籍系统、资助系统、年初统计系统的零误差，为精准资助提供有力保障。具体做法是：由分属三个不同部门的系统管理员分别负责学校学籍系统、资助系统、年初统计系统的管理工作，即专人专管一个系统，遵循"统筹规划、统一管理、分工协作、认真负责、信息共享"的工作原则，做到数据更新及时，确保数据无错漏。如负责学籍系统的管理员，工作职责是做好学籍系统的录入更新，尤其是学籍信息变更及学籍异动的及时常态管理，每月按时上报学生学籍月报表，做到"籍在人在、人走籍销，信息变更、及时处理，过程档案、二档（电子及纸质档案）一致"的信息采集和档案管理目标，从而保障学籍数据精准；资助系统管理员对班主任上报的班级户籍性质进行认定，对免学费、助学金受助学生的信息进行再次审核，每月上报资助系统相关信息；年初统计系统的管理员负责再次核查班级人数，对退学、转出、转入的学生都进行标注，得出实际在校名册，这样便可以保证与学籍系统相一致。三个系统管理员分工合作，定期审核数据，互通信息，互相纠错，发现问题，及时解决，确保三个系统的零误差，从而实现精准资助。

（三）陈村职业技术学校的资助工作模式

顺德区的陈村职业技术学校坚持"精准资助，一个不少"的理念，根据学校实际情况，在组织机构、制度建设、政策宣传、信息管理、资金发放等方面进行个性探索，从学生资助档案规范化入手，工作流程环环相扣，实现了管理精细化、资助精准化。主要做法包括以下两种。

1. 管理精细化

学校成立国家资助管理领导小组，设立资助办公室，配备资助工作专员，建立完善的资助管理工作制度。校长作为第一责任人，领导小组成员包括学校行政主管、信息管理员、财务人员，明确学校资助工作各个环节的负责人。制定《陈村职业技术学校学生资助管理办法》，为学校资助工作的顺利开展提供明确指引。校长作为第一责任人负有协调和监督的责任，定期召开资助工作协调会议，及时解决阻碍开展资助工作的瓶颈问题，定期监督资助申请情况、评选情况、认定情况、公示情况、系统录入情况、资金发放情况和归档情况。

2. 资助精准化

陈村职业技术学校根据工作需要建立"班级—学生资助管理部门—学校—顺德区"四级资助对象认定管理流程、严格档案管理、对学籍信息及时收集上报等做法，实现了"机制健全，流程精准""档案规范，管理精准""监控得当，信息精准"。例如，为确保资助对象的精准识别，学校建立四级资助对象认定管理流程，对助学金和免学费对象区分认定，对符合国家资助政策要求和符合地方扩面资助政策要求的对象分类报送，实施四级审核（班级初审、学校资助管理部门复审、学校资助工作领导小组再次复审、顺德区资助管理机构终审），确保资助对象认定的零误差；为实现学籍系统在校人数与实际一致，学校要求每月班主任定时上报"学生异动情况表"，学籍系统操作员根据"学生异动情况表"到班级上核实学生人数，并实时在学籍系统中做更新处理，做到"人在籍在，人走籍销"，确保学籍系统在校学生人数零误差；为确保学籍系统与资助系统信息一致，每月学籍系统管理员和资助系统管理员遵循"主动沟通、分工协作、信息共享、同步更新"的原则，加强比对，确保学籍系统与资助系统同步零误差；为确保资助资金发放准确，每月资助系统管理员通过认真比对财务人员提供的助学金发放流水记录和"助学金受助学生签领表"后，再将助学金发放情况录入资助系统，确保资助系统资助资金发放录入零误差。通过加强上述各个环节的精细管理，实现精准资助。

四、经验推广可行性分析

（一）广东省中等职业教育阶段资助特色模式总结

通过分析顺德区的北滘职业技术学校、陈村职业技术学校资助精准化模式探索的做法和经验，综合广东省中等职业教育阶段资助政策执行情况、成效，将广东省中等职业教育阶段资助的特色模式概括为以精准资助为主线，精细管理为基础的精准化资助模式，具体体现在：

1. 制度完备，探索创新

中共广东省委、省政府高度重视中等职业教育的发展，将实施中等职业教育国家助学金和免学费政策，作为推进中等职业教育改革与发展的重要措施进行部署。广东省教育厅先后出台系列文件，对中等职业教育阶段资助工作的制度建设、政策落实、资金管理、信息管理、监督检查、宣传教育等各方面工作进行了详细部署与具体落实。各地进行政策落实时根据当地实际情况，在规范资助管理、扩大资助覆盖面等方面进行了不同程度的探索创新，丰富了该教育阶段学生资助工作的经验体系。

2. 健全责任体系，实施精细管理

一是市（区、县）与各中等职业教育阶段学校设立体系健全、分工明确的资助工作领导机构，由专人负责资助工作的组织、宣传和落实。严格实行学校法人责任制，对资助工作人员进行系统培训，对中等职业教育阶段班主任、学生加强资助工作培训与政策普及。二是管理上对各环节进行精细管理，严格要求，确保学生学籍管理、资格认定、资金发放等方面达到精准效果。

3. 提升信息化水平，强化监督检查

一是在学校层面，通过实行学校学籍系统、资助系统、年初统计系统等信息系统专职专人分开管理，分工合作，定期审核数据，互通信息，互相纠错，发现问题，及时解决，强化了校内自我监督和检查力度；二是在市（区、县）层面，严格实行信息及时上报、定期更新机制，对学校资助工作进行动态管理和监督，确保资助工作的准确进行和资金的规范使用。

（二）精准化资助模式应用推广可行性分析

根据广东省中等职业教育阶段资助工作的实际情况，在全省乃至更大范围推广精准化资助模式经验，可以从工作认识、制度体系、技术支持三方面来分析其可行性。

（1）工作认识层面，各校职能部门对精准资助的重要性和必要性都有深切认识，迫切希望学习精准资助的经验。各级教育、财政、审计部门对资助资金的安全性、资助精准性十分重视，不断加大对学生数据和资金的核查清算力度，对各校的精准资助工作提出了越来越高的要求。社会公众也对中等职业教育阶段资助工作高度关注，对资助的精准性、资助的公平性有着较高期望。推广中等职业教育阶段精准化资助模式，对各校、各级政府是促进资助政策妥善落实、提升资助工作管理水平的有效机会和途径。

（2）制度体系层面，各地各校贯彻落实省级政策规定，制定了完备、统一的资助政策和操作办法。以顺德区探索为先导建立的精准化资助模式来自本土实践，其所构筑的制度基础源于贯彻落实广东省教育厅各项政策规定，与当前各地各校现行资助政策体系相对统一。若进行应用推广不会存在较大制度阻碍。另外，该特色模式所提出的操作化精细管理规范，对各地各校资助工作的薄弱之处能起到补充、完善的作用。

（3）技术支持层面，各地各校具备统一的技术支持条件应用资助系统。本书所述精准化资助模式的一大特点，就是借助不同信息系统，实现资助信息的精准管理以及动态监管。资助系统中等职业教育阶段资助子系统正式上线运行后，广东省中等职业教育阶段资助子系统的应用工作也全面展开。各地各校在学籍管理、资助信息维护、动态监管方面，拥有相同的技术条件。资助系统是各级教育部门、各校学生实施资助信息管理的重要平台，该系统实现了与学籍等系统的有效数据对接，推动了学生资助信息的共享和互通，能够动态跟踪学生资助信息变动情况，为精准资助提供了技术保障，也为推广应用广东中等职业教育阶段资助特色模式提供了坚实的技术基础。

五、结论与建议

总结以上研究分析，针对当前中等职业教育阶段资助工作中的不足之处，结合顺德区精准化资助模式的探索经验，建议在以下方面进一步完善中等职业教育阶段资助工作，助力中等职业教育阶段资助工作精准化发展。

（一）建立健全资助机构，加强资助队伍建设

县级层面要进一步健全学生资助管理机构，学校也应严格执行政策规定，建立与县级对接的资助管理机构，并配备相应的专职工作人员，明确分工，加强业务培训，打造一支人力齐全、专业能力强、责任意识强的资助工作队伍。对资助工作中承担了大量一线工作的班主任、校级资助工作人员等进行业务培训，确保他们熟悉资助政策的各项规定和程序。

（二）加强各级部门协调，确保资助资金及时发放

资助资金由省、市各级财政与教育部门提前安排并做好配套资金方案，各级政府各部门应加强沟通协调，精准对接资金安排、划拨、拨付的时间节点，确保资助资金及时、准确地发放到家庭经济困难学生手中。对因学校原因延迟发放

的，应建立反馈机制，及时了解并协调解决。

（三）推广应用精准化资助模式经验，规范资助管理

在进一步优化完善精准化资助模式运作经验的基础上，各级资助管理部门、各校可学习借鉴顺德区精准化资助模式的制度建设、流程建设、信息管理、审核监督机制等，并结合自身工作实际进行推广应用，提高资助工作的精准度。县级政府应严格要求各校在学籍管理、资助信息管理上遵循统一规范，推广先进经验，改善各校在学籍管理、资助信息管理上的不足之处；加强日常检查，强化中职学籍动态（变更与异动）管理，建立完善的报送制度，做到学生学籍月清、月报常态化，确保资助政策投放、落实的精准度，以保证资助资金的使用效果。

（四）加强监督检查，落实长效监督考评机制

各级教育部门应制定长效监督和考评机制，要求各职校定期进行自查自评，同时对各职校资助工作进行定期监督检查。着力加大对资金安全的监管，加强第三方审计和绩效评价工作，对违法违规行为进行及时查处。除通报批评、及时追回财政资金外，应追究相关责任人的行政、法律责任。完善资助工作社会监督渠道与途径，各级学生资助管理部门、各职校应提供多种咨询途径，设立投诉热线或信箱，接受学生、家长的咨询、建议、投诉等。学校应定期对资助工作的开展进行总结，并借用公告栏、学校网络平台等发布，接受社会监督。

（五）强化资助育人工作，加强资助激励作用

在资助工作中，各级资助管理部门、各职校应转变资助工作理念，从单纯的经济资助转变为全方位的帮扶。对资助对象除了经济上的资助外，还要给予更多精神上的关爱、尊重，助其树立信心。通过加强对受资助学生的诚信教育、励志教育、感恩教育及心理健康教育等，培养自强、自尊、自信、自立的精神和能力，同时引导他们在自己力所能及的范围内帮助其他人，教育其知恩图报，反哺社会。对人格、学业表现优秀的学生，应更多予以表彰，树立榜样作用，激励受资助的学生。

第四章 2016年学前教育家庭经济困难幼儿资助实效性研究
——以韶关乐昌市为例

一、广东省学前教育阶段资助现状

学前教育是终身学习的开端,是国民教育体系的重要组成部分。长期以来,学前教育经费的投入不足导致我国学前教育发展缓慢,"入园难""入园贵"问题突出。

为促进学前教育发展,广东省自2011年起先后制定了两期发展学前教育的三年行动计划。总体目标包括:到2016年,学前教育资源满足适龄儿童入园需求,初步建成以公办幼儿园和普惠性民办幼儿园为主体的学前教育服务网络。学前教育财政投入力度加大,逐步建立以公共财政投入为主的农村学前教育成本分担机制。而发展目标之一就是普及学前教育:到2016年年底,全省学前教育毛入园率达96%以上,其中珠三角地区各县(区、市)达98%以上,其余地区各县(区、市)达90%以上;全省残疾儿童学前教育毛入园率达到80%以上,其中珠三角地区各县(区、市)达85%以上,其余地区各县(区、市)达75%以上。[1] 为保障上述目标实现,进一步完善学前教育资助体系,保障家庭经济困难儿童接受公益普惠性学前教育已成为当务之急。

在不断加大投入普及学前教育的背景下,广东省学前教育困难家庭幼儿资助体系逐渐建立,资助政策不断完善,资助人数、资助金额逐年增加。2016年广东省学前教育共有幼儿园16368所(不含深圳市,下同),合计在园儿童人数约339.43万人,受资助儿童人数约33.94万人。广东省各级财政共投入资助金额约3.39亿元,其中,中央财政资助资金约0.33亿元,省级财政资助资金约1.45亿元,市县财政资助资金约1.61亿元。2016年广东省大幅提高了学前教育家庭经

---

[1] 广东省教育厅,广东省发展和改革委员会,广东省财政厅.关于印发《广东省发展学前教育第二期三年行动计划》的通知[EB/OL].(2015-02-26)[2017-07-28]. http://zwgk.gd.gov.cn/006940116/201504/t20150404_575334.html?keywords=.

济困难幼儿补助标准,将"学前教育资助标准提高到每人每年 1000 元"列为 2016 年广东省十件民生实事,并高质量地完成了政策落实工作。① 提高标准后,学前教育阶段资助资金较 2015 年增加了 2 亿元。

随着国家对各阶段资助工作规范化管理提出更高要求,广东省教育厅提出将精准资助落实于资助过程全阶段,做到"精准资助、精细管理、精心服务"。为了进一步分析广东省学前教育资助工作的实效性,本研究以地处粤北的韶关乐昌市为调研对象,对当地幼儿资助政策落实以及资助工作开展情况进行实地调研。本研究采用文献研究与深度访谈方式收集资料,访谈对象包括韶关乐昌市资助工作管理人员、该市两所幼儿园园长及相关家长,并结合当地相关政策、全省年度绩效考评报告等资料参照分析。

在本次研究中拟以"精准资助、精细管理、精心服务"为分析维度,探讨资助政策在具体落实过程中的实效性,通过系统分析广东省学前教育阶段资助政策落实情况以及资助工作实施效果,发现广东省学前教育阶段资助政策落实过程中面临的困难和不足之处,并提出完善建议。

二、广东省学前教育阶段资助政策内容及要求

为建立健全学前教育阶段学生资助政策体系,完善学前资助各项管理工作,广东省教育厅、广东省财政厅先后印发《关于实施学前教育资助制度的通知》(粤教基函〔2012〕63 号)以及《关于印发〈广东省学前教育家庭经济困难儿童资助资金管理办法〉的通知》(粤财教〔2014〕237 号)等政策文件,为广东省学前教育阶段资助工作的开展做出明确规定。为进一步加大学前教育资助力度,2016 年两部门联合印发《关于调整完善学前教育资助政策的通知》(粤财教〔2016〕22 号),明确提出从 2016 年春季学期起,广东省家庭经济困难儿童资助标准由原每人每学年 300 元调整为每人每学年 1000 元,用于资助家庭经济困难儿童、孤儿和残疾儿童入园和生活等费用。主要内容包括七个部分。

(一)基本原则

按照"加大财政投入,经费合理负担、政策导向明确、多元混合资助、各方责任清晰"的基本原则,建立以政策为主导,社会力量和幼儿园积极参与的学前教育资助政策体系,有效解决学前教育家庭经济困难儿童就学困难的问题。

---

① 广东省人民政府. 2016 年省十件民生实事取得显著成效 [EB/OL]. (2017-01-25) [2017-07-28]. http://www.gd.gov.cn/ywdt/dcdt/gcls/201701/t20170125_246699.htm.

(二)资助对象

在经县级以上教育行政部门审批设立的公办幼儿园(含公办性质幼儿园)、普惠性民办幼儿园和幼儿班就读的符合国家相关政策的本省3~6岁常住人口家庭经济困难学前儿童、孤儿和残疾儿童。各地的具体资助对象由市、县(市、区)教育行政部分会同财政等相关部门确定。

(三)资助比例

全省按不低于在园儿童人数的10%比例确定资助比例。根据各地市上一年度学前教学资助政策的执行情况、地方财力投入和经济发展水平等情况,适当调整当地的资助比例,并向经济欠发达县(市、区)和农村幼儿园倾斜。

(四)资助标准

从2016年春季学期开始,广东省学前教育资助标准由原每生每学年300元调整为每生每学年1000元,用于资助家庭经济困难儿童、孤儿和残疾儿童入园和生活等费用。

(五)资助申请与发放程序

(1)符合学前教育资助条件的儿童,由家长(监护人)在新学期开学后一月内,向所在幼儿园提出申请,并如实填写"广东省学前教育儿童资助申请表",提供相关佐证材料。

(2)幼儿园收到申请后,根据教育、财政部门核定的本学期资助名额指标,按照市、县(市、区)制定的评审办法,公平、公正、公开进行评审。

(3)幼儿园将评审出符合条件的拟资助儿童名单在幼儿园公示不少于7个工作日。

(4)公示无异议后,幼儿园将拟接受资助的儿童名单汇总并附相关材料,分别于每年3月底、9月底前报县(市、区)教育部门审核。县(市、区)教育部门对幼儿园上报材料审核后,将确认的资助名单通知幼儿园,由幼儿园通知家长(监护人)。

(5)市、县(市、区)教育部门负责组织幼儿园在每年5月(春季学期)、11月(秋季学期)前将资助资金通过银行转账方式发放给受助儿童家长(监护人)。

(六)省市财政负担比例

学前教育家庭经济困难儿童资助资金按照学籍隶属关系由各级财政分担,省财政统筹安排中央财政和省财政资金,市、县(市、区)分担比例由各地自行确定,按照《关于印发〈广东省学前教育家庭经济困难儿童资助资金管理办法〉的通知》(粤财教〔2014〕237号)规定,各地市学前教育资助资金的各级财政具体分担比例为:①欠发达地区(含惠州市、肇庆市和恩平市)地级市(市辖区)、县(市、区),省财政负担70%,地级市(市辖区)和县(市、区)财政负担30%;②珠三角地区地级市及其所管辖县(市、区,不含深圳市、惠州市、肇庆市和恩平市、台山市、开平市),省财政负担10%,地级市和县(市、区)财政负担90%;③江门的台山市、开平市,省财政负担49%,市县财政负担51%。同时鼓励有条件的市、县(市、区)结合本地实际扩大资助面,提高资助标准,加大资助力度。

(七) 资助工作要求

广东省财政厅《关于调整完善学前教育资助政策的通知》(粤财教〔2016〕22号)对2016年广东省学前教育资助工作明确要求:①加强组织领导,明确责任分工;②完善基础信息,建立完备的学前教育资助受助儿童档案库;③强化资金管理,确保资金及时拨付,专款专用;④落实减免收费等政策,实行收费公示制度,坚决查处乱收费;⑤积极引导和鼓励社会捐资助学;⑥加大宣传力度,使广大家长及时了解资助政策。

三、资助工作实效性研究——以韶关乐昌市为例

2016年乐昌市资助学前教育家庭经济困难儿童3318人次,资助金额165.9万元(省财政116.13万元,市级财政49.77万元),覆盖99所公民办幼儿园(学校附属幼儿班),资助金额为每生每学期500元。

当地学前儿童以留守儿童居多,经济困难家庭较多。由于地处粤北,是全省经济欠发达地区之一,经济总量偏低,贫困人口数量较多,部分地区自然条件恶劣,农村家庭子女大部分为留守儿童,家长外出务工,由爷爷奶奶照顾。以被调研的河南中心幼儿园和阳光中心幼儿园为例,两所幼儿园均位于乐昌市乐城片区,前者是公办幼儿园,约300多名学生,大部分是农村儿童;后者是普惠性民办幼儿园,有270多名学生,三分之一来自于农村。两所幼儿园都有一半以上的学生属于留守儿童(父母中至少有一方长期外出打工),家庭经济来源主要是家长务农、打工,经济条件在当地属于一般水平。

作为欠发达地区,尽管面临着诸多困难,当地依然在学前教育资助工作中扎实推进,取得了良好成效。在2017年3月30日举行的广东省学前教育民生实事

暨学前教育资助工作管理培训会议上,韶关市教育局还受邀介绍了 2016 年推进"学前教育资助民生实事"工作的先进经验。因此,选择韶关乐昌市作为学前教育资助实效性的研究对象,具有较好的代表性。

(一)精准资助的实效性分析

1. 资助对象认定实效性

资助对象的认定是否精准直接影响了精准资助能否实现,如何将目标资助对象有效分离出来,实现精准资助,对资助对象的认定程序及过程规范提出了较高要求。因此,认定程序是否具有可操作性、合理性、有效性,直接影响到资助结果是否公平、是否覆盖到有需要的资助对象等。

(1)乐昌市资助对象范围。乐昌市学前教育资助对象范围与省定政策一致,并略有细化。具体规定为:经乐昌市教育行政部门审批设立的公办幼儿园和普惠性民办幼儿园(含幼儿班、混龄幼儿班,不含托儿所、托儿班)就读的符合国家相关政策的本省 3~6 岁常住人口享受低保家庭的学前儿童、孤儿、残疾儿童、因家庭主要成员重大疾病引起的家庭经济困难儿童、因灾引起的家庭经济困难儿童及其他家庭经济困难儿童。对照广东省相关政策文件,可以发现它在实行省级规定的基础上,将"家庭经济困难"的认定表述做了一些细化,有利于进一步明确资助对象的范围和方向。

(2)资助对象认定操作办法。

1)贫困标准的衡量指标。为做到规范认定家庭经济困难学生,除低保家庭在民政部门已经过家庭经济状况核定,对其他类型的经济困难家庭认定标准以及相关认定文件要求,综合广东省各地市经济发展水平差异较大的因素,各地仍需在省定家庭经济困难学生统一认定标准的基础上明确细化操作标准。

2)认定证明材料的要求。在贫困标准没有量化的前提下,申请认定程序中对于证明材料没有严格限定。在申请认定程序上,两所幼儿园所在的乐城片区采取由家长提供有关证明材料,经所在幼儿园审验后,统一上报管辖该片区幼儿园的中心小学(乐昌市乐城第一小学)审核的方式。对证明材料的要求,当地规定:享受农村或城市低保的家庭学前儿童,须提供居民户口簿、民政部门核发的广东省城乡居(村)民最低生活保障金领取证原件或是开具的低保证明(须是当年低保);残疾儿童,须提供居民户口簿和各级残疾人联合会核发的残疾人证原件;其他类型的资助对象需提供的证明材料则一般是村(居)委会单独开具的"贫困证明"。因村(居)委缺乏时间、精力去严格核实申请人的家庭经济状况,"贫困证明"的开具很大程度取决于各地村(居)委对资助政策的理解程度及对申请人家庭状况的了解程度,在缺乏精准衡量指标的前提下会造成对申请人的贫困认定存在一定的主观性。部分证明不能准确地衡量申请人的家庭实际经济状况。而在实际工作中，在按照"优先资助享受低保的家庭学前儿童、孤儿、残疾儿童，后资助因家庭成员重大疾病引起家庭经济困难儿童和因灾引起的家庭经济困难儿童及其他家庭经济困难儿童，适当向农村困难幼儿倾斜"的原则执行后，非低保户但持有村（居）委会单独开具的"贫困证明"的家庭使用了大部分资助名额，这给资助对象的精准认定带来了一定挑战。①

3）申请认定程序。乐昌市学前幼儿资助申请认定程序目前已比较严谨，各环节把关较好。幼儿园作为申请认定程序的首要把关者，对资助工作非常重视，对面临的情况普遍有较清晰的认识，并采取灵活有效的认定措施。以作为调研对象的两所幼儿园为例，2016年河南中心幼儿园约有三分之二的申请者属于非低保但持有村（居）委会开具的单独"贫困证明"的家庭，阳光中心幼儿园则更多，几乎都是非低保户。一方面，幼儿园根据他们的观察和经验，保证大部分提交"贫困证明"的家长是基于真实困难需要；另一方面，对个别可能对政策理解有偏差的家长，幼儿园资助工作小组成员会根据日常观察与交流、事先摸底、多渠道证实等方式来予以评估其家庭经济状况。在实践中，这一环节更多是依靠基层工作人员的操守和经验。相比其他教育阶段，学前教育中幼儿园老师与家长日常的接触、交流是最多的，因此对每一位学生的家庭经济情况各班主任往往有比较清晰的了解，而在现行政策中，幼儿园每位班主任同时也是资助工作小组的成员，参与到资料收集和资格审核工作中。资助工作小组再根据名额比例，将申请者的经济困难程度予以比较、排序，确定拟资助名单并公示。公示起到让家长间相互监督的作用。同时，拟资助名单提交到上一级的中心小学后，将进行二次审查。因此，对认定结果的准确性，接受调研的幼儿园有较大信心，家长也普遍予以认可。

综上所述，资助对象认定政策在具体如何认定"家庭经济困难"上存在一定的模糊性，对贫困标准缺乏统一衡量指标，对证明材料限定不严，给资助认定工作带来了一定挑战。在认定政策执行过程中，幼儿园能依靠多渠道的灵活措施，在资格认定工作上能做到基本准确，得到家长们的普遍认可，保证了资助对象的精准性。但也出现个别认定偏离的现象，依然有进一步改进的空间。

2. 资助覆盖面实效性

乐昌市的整体资助比例为幼儿园在园人数的10%，与省定政策一致，对低保、孤儿、残疾儿童能做到全覆盖。乐昌市并按照"优先资助享受低保的家庭学

---

① 林元树，刘旭森，吴志庄. 新形势下增强学前教育资助政策实效性的思考［J］. 福建教育研究（综合版），2013（4）：11-13.

前儿童、孤儿、残疾儿童，后资助因家庭成员重大疾病引起的家庭经济困难的儿童和因灾引起的家庭经济困难儿童及其他家庭经济困难儿童，适当向农村困难幼儿倾斜"的原则实施学前资助政策。从对幼儿园的调研结果来看，对低保、孤儿、残疾儿童能做到全覆盖，保证了这部分家庭经济较困难儿童能享受到国家资助。

从调研结果看，资助比例对农村家庭经济困难幼儿倾斜也比较明显。在2016年，河南中心幼儿园享受学前教育资助的名额是38个，受资助学生占全园比例为13%；阳光中心幼儿园是38个，占全园比例为14.07%。两者都高于10%的最低标准。在对幼儿园的访谈中了解到，上级教育部门对每所幼儿园每学期的名额实行动态调整，根据各园学生人数的变化、开学初的摸查情况决定最终的名额分配。

在对覆盖面的评价上，两家幼儿园都肯定资助政策已能基本覆盖有需要的经济困难家庭。尤其从2016年春季学期开始，分两次申请及资助，使得园内可以更加动态地调整资助对象，根据学生家庭经济情况变化及新招学生入园后新增的资助需要（例如阳光中心幼儿园作为民办幼儿园，每学期都招收新生，春季学期时一般会比秋季学期新增一批学生），综合比较，重新审核，重新排序，因此春秋学期两次的资助名单都会有所调整。调整过后，即便资助名额不变，一年内能享受资助的学生人数会相应增加，覆盖面也相应扩大。

综上所述，在资助覆盖面方面，目前的资助政策能够基本覆盖有需要的资助对象。

3. 资助标准实效性

学前教育的资助标准大幅提高。从2016年春季学期开始，广东省学前教育资助标准由原每人每学年300元调整为每人每学年1000元。乐昌市按春季秋季分两次落实发放，每人每学期500元，资助标准较以往大幅提高，资助力度明显加大。

资助标准提升后，极大地缓解了受助学生的家庭经济负担，得到了园方和家长们的高度评价。园方和家长反映，学前教育资助这几年从无到有，资助标准不断提高，体现了政府对学前教育的重视，鼓励了贫困家庭重视学前教育，避免了贫困儿童在学前教育阶段的流失。

但对特殊困难学生，提升后的资助标准仍力度有限。以河南中心幼儿园为例，作为公办幼儿园，收费相对较低，保教费为每学期1300元，一年2600元；伙食费每天9元，每学期约1000元，一年约2000元。两者合计一年共需4600元。而普惠性民办幼儿园，以阳光中心幼儿园为例，保教费每学期1850元，一年仅保教费就要3700元。因此，对部分经济较为困难的家庭来说，每生每学年

1000元的资助仍显不足。

对特别困难的学生,两所幼儿园都落实了减免收费政策,并希望有更多的政府和社会资助。例如河南中心幼儿园有位学生祖父母及父亲去世,母亲一人抚养3个小孩,经济窘迫,园方得知后主动免收了学生保教费;阳光中心幼儿园则有位学生家中老人重病,唯一的收入来源只有父亲打工所得,还有2个孩子要抚养。因此,园方主动免掉其每学期1000元的伙食费,减免500元的保教费、免掉接送费。在对幼儿园的访谈中了解到,一些家庭经济特别困难的孩子,即便幼儿园也减免了部分费用,仍有不小负担。对这部分特殊困难儿童,园方和家长都希望能提高资助标准,或是能鼓励、吸引社会资助力量参与对贫困儿童的资助。

综上所述,在资助力度上,现有资助标准未能满足部分特困家庭的需求,所以政府部门需增加纾困的渠道,积极发动社会资助与学校资助,开拓更多的资助资金来源,从而进一步增加资助金额,让特殊困难儿童得到更多的帮助。

(二) 精细管理实效性分析

1. 组织架构实效性

广东省明确要求各地要加强组织领导,明确责任分工,建立健全责任追究制度,各级财政、教育部门要密切配合。在组织架构上,有广东省教育厅学生助学工作管理中心,乐昌市成立了学生资助工作领导小组,有专门的助学机构"乐昌市学生助学工作办公室",并配置专人,按照省市有关文件要求,研究制定具体实施细则,确保资助政策顺利实施。幼儿园实行园长负责制,成立资助工作领导小组,对家庭经济困难学生资助工作具体组织实施。从调研结果来看,各级政府在资助工作上都有明确的领导架构,幼儿园在组织架构都建立了以园长为领导,专职行政人员和各班主任为成员的工作小组,保证了资助政策的顺利实施。

2. 职责分工实效性

根据广东省教育厅、财政厅《关于调整完善学前教育资助政策的通知》(粤财教〔2016〕22号)和韶关市教育局、财政局《关于印发韶关市学前教育资助暂行办法的通知》(韶教联〔2012〕17号)的文件精神,乐昌市出台了《乐昌市学前教育资助暂行办法》和《关于开展2016年学前教育资助工作的通知》,对各部门的职责分工制度化,确保了资助工作顺利实施。

3. 申请认定流程实效性

学前教育资助的申请认定流程从省到各市、区都有明确具体的流程指引。乐昌市结合当地实际,在资助管理办法中对申请认定流程做了详细规定,按"幼儿园—中心小学—市财政与教育部门"的层级做了明确分工,完成申请、审核、公示、信息报送、资金拨付等工作。在调研中,幼儿园和家长都认为流程比较清晰明了，能促进资助工作高效完成。

而在申请流程中，幼儿园承担了大量前期工作，耗时最长，把关要求最严，人力投入和工作量较大，个别幼儿园会有执行力度不够的问题。幼儿园作为基层单位的工作表现，最大程度影响到资助的精准性及资助工作进度。在对幼儿园的访谈中了解到，园方所承担的资助工作通常从每学期初开始，耗时约两个月。园内的资助工作小组一般由各班主任加上 2～3 名行政人员组成，人力投入大，工作比较烦琐，对老师尤其是新接手的老师来说有一定挑战。出于对学生资助工作的重视，老师们基本都能配合，按时按质按量完成收集和审核工作。但从全市范围来看，仍有个别幼儿园负责人重视不够，工作不主动，措施不得力，对学前教育资助工作政策理解不够透彻，在执行中力度不够，需要加强监管。

中心小学的审核起到二次把关的作用。在调研中了解到，乐昌市幼儿园一般对资助名单和材料比较慎重，把关较严，因此一般提交后都能通过。但也有出现个别其他幼儿园材料被退回的情况。

幼儿园对拟资助和确认资助名单的公示起到让家长间相互监督的作用。公示内容包括受资助学生的班级、姓名、身份证号码、户籍所在市（区）、受资助原因等。幼儿园也重视公示的作用，能做到及时公示。

4. 资金发放实效性

调研发现，在省、市各级部门的重视、协调下，学前教育资助的资金拨付及时，发放精确，资助金发放工作逐渐改进，保证了受助家庭及时得到资助。

资助标准提高后，资助金由一年一次申请及审批发放，改为一年两次。资助金发放的速度也较以往明显加快，当季学期的第三个月都能发到家长手中，大大便利了受助家庭。

总体而言，资金发放过程中各环节都能得到重视与持续优化，对保障资助政策的实施提供了切实保证。

（三）精心服务实效性分析

1. 政策宣传实效性

资助政策宣传得到各级政府的重视，调研中发现家长们对学前资助政策的知晓度很高，对政策内容和申请程序都较为了解。政策宣传能取得实效，原因有三：一是乐昌市对资助政策宣传工作的重视，充分发挥了媒体的宣传作用。为确保宣传工作取得实效，乐昌市教育局在当地教育信息网和各学校网站的显著位置设置资助政策信息栏目，供学生和家长查询，同时公布了学生资助咨询电话，接受家长、学校咨询和社会监督。二是各幼儿园充分利用公告栏、家长会、校讯通平台等多种载体，确保了政策信息传达至每位家长。三是学前教育资助政策体系内容简单明了，家长能迅速了解到基本内容，幼儿园每学期也为新入园家长提供了大量咨询服务，并指导新申请资助的家庭办理。因此，学前教育资助政策在学前儿童家庭基本是家喻户晓。

2. 资助育人实效性

学生方面，实行学前教育资助后，受助学生是否会得到幼儿园的区别对待？园方对他们的管理和教育是否会在资助前后有所不同？这是不少学生家长、社会大众关心的问题。

根据调研结果，幼儿园对受资助儿童无论从制度上还是实际教育上，采取一视同仁的平等原则，确保学前儿童的身心健康。这是因为受助学生还是学前儿童，年纪偏小，对资助本身缺乏认识，对生活的理解也比较简单，他们在心理健康状况、行为表现等方面与其他学生无明显区别，幼儿园更重视他们的生活照顾状况，老师一般会多留意和关心其生活上的需要。在教育方式、态度上，幼儿园遵循一视同仁的原则，与其他学生平等对待，不会因其贫困、受资助而特别对待，这也有利于受助学生养成自尊、自信的健康心理。

家长方面，幼儿园也会重视对家长的引导教育。有的经济困难家庭因爱面子、担心孩子受歧视等而对申请资助有顾虑，或不愿申请；也有的对政策理解有偏差的经济不困难的家长，抱着"试一试"的心态也加入申请。对这些情况，幼儿园在工作中会注意引导教育，让家长加深对资助政策的理解，鼓励有需要的家长以平常心面对。因此，家长对资助政策的满意程度较高，普遍以肯定、感激为主。随着资助政策从无到有地逐渐实施，资助的准确度越来越高，资助力度逐渐加大，家长们普遍对该资助政策评价良好。

四、结论与建议

（一）研究发现

根据调研结果，本研究认为，目前广东的学前教育资助政策相对完善，覆盖面较广，基本能照顾到有需要的学生；家长知晓度和满意度较高；资助管理过程比较规范，取得了较好的社会成效。也存在一些不够完善和相对薄弱的环节，具体包括以下两个方面。

1. 家庭经济困难幼儿认定

家庭经济困难对象认定是精准资助的基础，也是系统复杂的工作。资助政策对贫困家庭的认定标准不够明确，对证明材料限定不严，有一定模糊性，对基层的贫困认定工作带来一定挑战。

2. 资助力度对部分特困家庭而言仍有不足

在各地区经济发展水平不同、消费水平不一的情况下，平均资助的金额虽然逐渐提高，但相比于一个学前儿童在保教费、伙食费等方面的正常花费来说，还有很大差距。对家庭经济特别困难的学生家庭，只靠国家资助尚不足以完全解决"入园贵"的问题。

（二）完善建议

为进一步增强学前教育资助政策的实效性，使之发挥更大的效用，从以下三方面展开建议。

1. 完善资助对象认定方式

目前，学前教育资助政策的资助对象是家庭经济困难学前儿童、孤儿和残疾儿童，其中孤儿、残疾儿童、家庭经济困难儿童中享有低保政策的，都已有民政部门或残疾人联合会认定。而其他类型的经济困难，则需要各市（县）根据自身经济发展水平、居民收入水平等，制定相对统一的标准和尺度，以减少基层工作人员依据主观经验带来的误差，或是不同片区幼儿园的尺度执行宽松不一而造成资源配置不公；同时，幼儿园应加强民主评议方式，对申请学生的家庭经济状况实行集体评定，确保结果的可靠性。

2. 加强资助工作监管

除完善园长责任制外，各市（县）应定期对家庭经济困难幼儿进行资格复查或不定期抽查，对提供虚假证明材料的申请者及证明开具单位应给予一定的批评或处罚。

3. 拓展资助资金渠道，加大资助力度，根据困难程度实行阶梯式资助

逐步提高学前教育整体资助水平；综合考虑受资助学生的贫困程度、入园费用、当地消费水平和收入水平等，对学生的资助档次进行划分，提高部分特别困难儿童和重点保障对象的资助标准。

第三编 特色典型：
资助实践与创新做法

2016年是《"十三五"规划》的开局之年，对开创广东省学生资助工作新局面至关重要。广东省在逐步建立和完善了涵盖学前教育、义务教育、中职教育、普通高中教育和高等教育的各级各类学生资助政策体系的基础上，积极探索资助工作新思路、新方法、新模式，并涌现出了一个个行之有效、富有特色的典型做法，强力提升了资助力度，大幅提高了资助标准，凸显了资助成效，学生和家长受惠得到最大化。

本编分为四章，分别介绍广东省在学生资助工作中有关精准资助、资助育人、政策宣传、资助工作队伍四方面的特色典型做法及取得的成效，旨在发挥引领和示范效应，以点带面，促进广东省学生资助工作迈上新台阶。

第一章 精准资助特色典型

一、广东省精准资助的经验和做法

2016年，广东省教育厅严格按照国家教育部的要求，落实十八届五中全会和中央扶贫开发工作会议精神以及2016年全国和广东省教育工作会议工作部署，紧紧围绕教育和扶贫中心任务，以精准助学为主线，以立人树德为统领，统筹协调，精细管理，不断提高学生资助水平，逐步探索出一条具有广东特色的精准资助工作的新路径。同时，广东省强调并立足于精准发力，集中优势"兵力"，聚焦问题反映，简化程序、直奔主题，以问题为导向，紧盯重点人、重点事和重点问题，做到精准发现、定点突破，提高资助工作的针对性和实效性，力争能够起到"立竿见影"的效果，闯出一条符合广东省资助工作实际的可持续发展道路，即"四个力求"，主要的经验和做法具体如下。

（一）力求资助对象更加精准

资助对象更精准的前提是做好家庭经济困难学生认定工作。广东省在家庭经济困难学生认定工作上，积极联合相关部门，研究制定了学生经济状况评估办法，为家庭经济困难学生的识别提供统一的、客观的、可操作的、简易的工具，坚决杜绝"轮流受助"现象。

(二) 力求资助力度更加精准

结合广东省实际，根据学生贫困程度分档发放资助资金，加大对特困学生资助力度，避免"平均资助"现象。一是落实教育精准扶贫方案，建档立卡。2016年10月，广东省教育厅出台《关于推进教育精准扶贫精准脱贫三年攻坚的实施方案》（粤扶组〔2016〕18号）①，切实落实好中央和省教育精准扶贫实施方案，明确补助对象和补助标准；以数据为基础，制定建档立卡学生补助资金安排方案；加强部门协调，共享信息数据，精准确定补助对象；调研建档立卡学生补助发放工作；加强信息安全，严防信息泄漏。二是提高资助标准，督办政府民生实事。2016年，把"学前教育困难家庭幼儿资助标准提高到每年1000元"和"地市属中职学校（含技工学校）的免学费补助标准提高到每年3500元"两项工作列入广东省十件民生实事。广东省教育厅通过建立工作进度月报制度、召开推进工作座谈会、赴实地督查、约谈等工作机制，督促各地加快落实，确保了两项民生实事工作顺利完成。三是"固定动作"和"自选动作"相结合。除了国家、全省政策的"固定动作"之外，广东省各地各校依据市情校情，因地制宜、"自选动作"制定资助政策，扩大资助面、加大资助力度。

(三) 力求资助资源配置更加精准

结合广东省省情，为彰显政策的公平性，在政策的顶层设计和实施过程中，注重向农村地区、贫困地区、民族地区、特困群体和特殊专业给予政策倾斜，制定了"广东特色"的专项资助政策。一是摸清情况，明确比例。摸清广东省家庭经济困难学生尤其是建档立卡、低保、残疾、特困救助等学生的数量和地区学校分布，综合考虑在校生规模、家庭经济困难学生的数量和比例。二是优化名额，倾斜分配。主要以民族院校以及涉农学科专业为主、家庭经济困难学生较多的高校等培养单位倾斜。三是统筹考虑，科学配置。不同学科专业、培养层次、学生经济困难程度等因素，科学配置资助资源，把有限的财政资源配置到"刀刃"上，避免"平均分配"现象。

(四) 力求资助管理更加精细

落实好中央、省、市学生资助政策，全面规范学生资助工作管理，加强学生资助工作落实情况的监督检查。一是联动部门，各司其职，合力齐资助。发挥好

---

① 广东省教育厅. 关于推进教育精准扶贫精准脱贫三年攻坚的实施方案［EB/OL］. (2017 - 02 - 06)［2017 - 07 - 28］. http://www.gdfp.gov.cn/zcfg/sfpldxz/201610/t20161012_798045.htm.

政府、学校、社会的不同功能，紧密联系教育部门、财政部门、金融机构等，协同作战，强化各级政府在学生资助中的责任，落实市、县（市、区）配套资金，落实学校资助经费，建立校内资助经费与国家资助经费联动机制。二是提高学生资助工作信息化管理水平。在资助系统的基础上，继续开发和部署广东省学生资助信息管理系统的各功能模块和子系统，使之成为资助政策宣传、困难学生精准识别、资助资金监管的有效手段。

以下将从两个案例展现广东省精准资助的做法。

二、广东省高校资助对象精准的典型案例

家庭经济困难学生的精准识别是做好资助工作的基础，华南农业大学积极在资助对象的精准识别上"做文章"，深入落实"抓早、抓全、抓实、动态、真情、给力"精准识别，在资助工作实践中逐步建立了科学合理的精准摸查机制。

（一）主要做法

1. 抓早精准识别

新生入学前，通过助班一对一联系等方式，对新生家庭经济状况进行了较为深入的摸查。在迎新工作协调会上专门强调各部门要配合学生处做好"绿色通道"的设置等资助工作，切实解决新生实际困难，确保各项资助政策落到实处。对家庭经济困难新生采取"三先"措施，即"先报到、先注册、先安顿"。对于家庭经济特别困难的学生，给予适当学费减免，为其预留勤工助学岗位，并提供短期生活费补助每人每次2000元（含一次性资助教材费、床上用品、一次性资助从家庭所在地到就读学校的交通费及入学后短期生活费用）。为家庭经济困难学生提供医保补助，根据广州市人力资源和社会保障局、广州市财政局公布的当年城乡居民医保筹资标准，给予一次性补助。

2. 抓全精准识别

该校在2008年就制定了《华南农业大学家庭经济困难学生认定与管理办法》，并在多年来的实践中不断完善，逐步形成"校—院—班"三级资助对象认定体系，规范程序，分类甄别，民主评议，采取定量和定性相结合的认定方式，将地区经济差异、城乡差异、家庭经济情况突发变化等因素列入认定考虑因素。

3. 抓实精准识别

利用信息系统和大数据开展精准摸查。该校在经济困难学生认定过程中，注重多渠道获取学生各方面的情况，包括经济情况证明材料、辅导员及班主任谈话记录、在校期间的日常生活开支、校园卡的消费记录等方面的信息，建立家庭经

济困难学生数据库,设计了华南农业大学家庭经济困难学生认定信息系统,利用大数据开展经济困难情况分析和评定,促进认定工作的精准化。对贫困生认定问题进行研究,制定切实可行的方法体系。

4. 动态精准识别

强化信息化管理和制度建设,加强贫困生的动态管理和培养。一是建立动态的贫困生数据库,及时更新,确保准确有效,实现家庭经济困难学生认定的动态化。积极建立包括贫困生生源地、家庭困难情况、父母职业、月收入、贫困证明、受助情况等相关信息在内的动态贫困生数据库,并及时调查跟踪,对相关信息进行调整和增减,实施动态管理,形成一个科学化、精细化、规范化的工作平台,并将相关工作及时上网,实现贫困生认定的信息化和网络化。二是加强贫困生的相关制度建设。学校不断加强贷款前的管理、贷后管理、资助管理,制定相关管理条例,对学生起到一定引导作用,同时对各学院工作进行指导和规定。尤其是加强国家励志奖学金、国家助学金的管理,加强受助学生的诚信、感恩及责任教育。三是对贫困生工作的校院两级工作进行科学界定,从"责、权、利"方面进行探讨和研究,不断完善校园两级助学工作体系。

5. 真情精准识别

开展精准心理摸查。学校每年进行新生入学适应的心理健康讲座及测试,排查出重点关注的学生进行专业老师的一对一的回访,其中家庭经济困难学生存在一定的比例。新生入校时,安排辅导员对家庭经济困难新生进行一对一的谈话鉴定,发现在心理方面需要干预的,将学生直接转介到心理健康辅导中心,由校级心理中心及院级二级辅导站共同跟进,关心支持该生的健康成长与发展。

6. 给力精准识别

对家庭经济特别困难的学生进行针对性调查,重点性资助,保证资助给力,扶贫到位。例如,经调查得知,数学与信息学院2016级新生方某和园艺学院2016级新生张某,入学前家庭遭遇突发事件,家中都背上巨额债务,学校在了解到他们的情况后,决定对以上两人准予通过"绿色通道"入学,另给予每人6000元的学费资助;生命科学学院某学生,家庭特困,但学习特别努力,不幸突患恶性肿瘤,经讨论,学校及时给予3万元的重大疾病补助。这些资助,力度到位,使学生树立了战胜困难的勇气。

(二)经验总结

1. 制定严格、科学的认定程序和方法

在"应助尽助"的原则下,制定让所有学生都能全面了解贫困生资助的程序、方法、方式和标准,为家庭经济困难学生的认定提供科学的依据,为资助过

程提供可靠保证,为资助资金准确发放奠定基础,为实现资助目标提供方向指引,提高贫困生资助的效率与效益。

2. 借助大数据系统助力精准资助

一方面,华南农业大学设计了家庭经济困难学生认定信息系统,利用大数据开展经济困难情况分析和评定,促进认定工作的精准化。另一方面,华南农业大学建立动态的贫困生数据库,对资助对象定期复核材料,定期更新数据,使资助对象有进有出,使资助资金用在符合条件且最迫切需要资助的学生身上,提高资助金的使用效率。

3. 以人为本,急学生之所急,资助到位

导致受助学生家庭经济困难的原因不同,学生个人世界观、人生观、价值观不尽相同,需求也不同,因此以受助者的需求为导向,采取适当的资助措施。动态掌握受助学生的个人及家庭情况,在学生遇到困难时,立即响应,急学生之所急,彰显出以人为本、润物无声的人文关怀。

(三) 工作成效

1. 实现了"四个一"目标

即资助家庭经济困难学生"一个都不能少";学生受资助项目,确保"一个项目也不能少";及时足额发放资助资金,确保"一分钱也不能少";不符合资格、不应资助的学生"一个都不能有",确保精准资助措施的落实。

2. 满足家庭经济困难学生的资助需求

精准识别资助对象的措施能对症下药,辨证施治,采取具有针对性、差异性、可操作性的举措。华南农业大学既兼顾了学生保障性的生活资助需求,又兼顾了学生发展性的资助需求,真正做到"真情识别,给力识别",资助覆盖面达100%,促进学校资助由经济资助模式向发展性资助模式发展。

三、广东省中职资助精细管理的典型案例[①]

2016 年 12 月 22 日,全国中职精准资助经验现场推介会在佛山市顺德区的陈村职业技术学校召开。陈村职业技术学校校长主要从精细化管理,中职资助的科学化流程为切入点做了题为《精细管理 精准资助》的经验分享。该校的"双

---

① 全国学生资助管理中心. 中职精准资助经验现场推介情况报告 [EB/OL]. (2017 – 02 – 06) [2017 – 07 – 28]. http://www.xszz.cee.edu.cn/liluntao/2017 – 02 – 06/2842.html.

精零误差"经验受到与会代表的高度称赞。以下具体分析该校实施资助精细管理的做法与借鉴。

(一) 主要做法

1. 高度重视，认识精准

第一，成立国家资助管理领导小组，并设立办公室。为使有限的资金发挥最大的育人效益，力求精准资助，该校严格按照相关要求，成立了由校长担任组长，教学副校长任副组长，学校主管行政、信息管理专员、财务人员作为组员的国家资助管理领导小组，并设立办公室，细化了工作职责，深入研究资助政策、资助范围和资助对象，切实做好中等职业学校助学金的审核、汇总、上报工作，确保国家资助工作的顺利实施，确保每一项工作由专人负责和落实。

第二，定期召开专题会议。该校行政会议定期召开专题会议，学习并领悟各级有关文件精神，研究实施精准资助的相关办法。领导小组定期对班主任和有关人员进行培训，解读政策，明确实施细则，保证国家有关政策落实到位。学校积极有序的开展工作，不断完善免学费工作，制定了《陈村职业学校学生免学费管理办法》，明确了组织管理原则。

第三，实行校长统领负责制。该校实行校长统领负责制，由专职主管行政负责免学费政策宣传、申报审核、财政补助资金管理等工作。做到专款专用，专账核销。工作领导小组切实核对信息，核对受助学生人数，对于退学、转学、休学等情况及时按规定处理，实际受助人数与系统人数完全一致，从未有过弄虚作假、虚报人数，套取财政专项资金或挤占、挪用、滞留财政补助的情况。

2. 机制健全，流程精准

注重规范，严格施策是实施精准资助的保障，狠抓日常资助工作的机制建设，努力确保资助对象的精准识别，根据《顺德区中等职业学校免学费政策和国家助学金制度实施暂行办法》，制定了相应的助学金管理及发放实施办法，认真分析学生经济状况，创新资助理念与方式方法，努力扩大受助学生的覆盖面，在不断探索和实践中进一步明确了工作流程：一是由学生进行申请。以班级为单位，由班主任老师负责发放"国家助学金申请表"，由学生及家长填写。二是进行初次审核。各班级班主任负责对本班级进行相关信息收集。开学初，汇总申请材料，进行初审，随后将相关材料送交信息管理专员进行核实。三是开展行政复审。信息专员核实后将申请材料送交主管行政复审，包括上网核实"享受佛山市低保政策"学生的相关信息后，交由行政会讨论，然后将享受国家助学金学生和免学费的学生分类上报领导小组核定。四是公示。将核对无误的材料，递交学校行政会议讨论通过，并公示七天。五是录入信息平台。公示无异议后，信息管理专员将全部学生资助信息提交全国学生资助管理信息系统审核。六是进行资金划拨。在财政补助资金到账后，财务人员（报账员）及时填写审批表和清单，扫描上财政系统。以上流程就是建立的"班级—学生资助管理部门—学校—顺德区"四级资助对象认定管理流程，通过层层把关、层层负责，以及精细化的工作流程，确保了学校资助对象一个不少，一项不漏。

3. 档案规范，管理精准

学校是中职学生资助档案的建档主体。为充分发挥档案作用，全面提高档案管理水平，有效地保护及利用档案，确保资助工作数据的真实性、流程的规范性、文件处理的及时性、分工的明确性以及信息处理的专业性，有效防范风险。同时，制定了档案管理制度、档案管理实施细则。领导小组将学生申请表、受理结果（公示材料）、财政下拨资金到位等有关凭证和工作情况详细建档备查。一是学生资助档案合理分类。该校学生资助档案分为资助工作档案及资助财务档案，资助工作档案包括学生户籍资料复印件、"国家免学费信息确认表""国家助学金的申请审批表"、公示资料以及其他相关材料，由资助管理办公室存放保管；资助财务档案包括免学费及国家助学金的收入凭证、学费退还凭证、国家助学金的发放凭证等材料，由学校财务部门存放保管。二是及时修订做好归档工作。在档案管理中，按学年、项目等排序装订，并按档案管理有关规定做好归档工作。相关人员要定期对中职学生资助档案进行清理校对，对破损、变质的档案及时进行修补复制。对缺损、修改、补充、移出、销毁的中职学生资助档案要分卷填好"档案检查及异动登记表"并附在盒盖内侧，"档案检查及异动登记表"主要注明档案盒内文件情况、说明立卷时间以及存储材料情况等。三是资助档案实行专人专柜管理。学生资助档案材料的收集由学生资助管理办公室负责整理，交由学校负责人审阅通过后归档，这些工作保障了学生资助档案所有归档材料的真实性和完整性，切实做到了精准管理、精准资助。

4. 监控得当，信息精准

认真执行顺德区教育局对于学生信息上报的各项规定和要求，认真细致地进行学生信息收集、汇总及时上报，做到数据无误，信息精准。一是关于学生户籍性质变更与异动情况的精准处理。学生户籍性质变更后（因学生户口迁移造成的户口性质变更），把最新的户口本复印件递交学生资助管理办公室，由信息管理专员及时在全国学籍系统与全国资助系统做学籍信息变更。二是关于受助学生人数的精准监控。每个月的20号，信息管理专员将受资助名单报校长室核查审批。三是关于每学期免学费与助学金数据的精准统计。每学期第一个月，学校资助管理办公室做好本学期免学费与助学金统计工作，每年7月进行学年度资助总结。

(二) 经验总结

1. 学校重视，专人专职

学校高度重视学生资助管理工作成立了由校长担任组长，教学副校长任副组长，学校主管行政、信息管理专员、财务人员作为组员的国家资助管理领导小组，并设立办公室，将各项工作落实到具体责任人，确保每一项工作由专人负责和落实。

2. 管理规范，流程清晰

学校制定一套行之有效、操作简单、工作规范、通俗易懂的流程，明确国家资助金的标准、资助对象、申请与审核程序及发放程序等，让学生一目了然；明确了受助学生信息管理、受助财务管理等内容、流程和工作要求，为资助工作人员提供指引和方向。

(三) 工作成效

1. 确保资助信息零误差，从而实现精准资助

学校遵循"统筹规划、统一管理、分工协作、认真负责、信息共享"的工作原则，各资助工作人员分工合作，定期审核数据，互通信息，互相纠错，发现问题，及时解决，做到对数据的及时更新，确保数据零误差，从而实现精准资助。

2. 形成资助工作系统，实现了高效、便捷的管理模式

将复杂的工作简单化，简单的工作标准化，标准的工作流程化，流程的工作定量化，大大提高了工作效率，减轻了资助工作人员的工作量，有效实现了中职资助的精准管理。

第二章 资助育人特色典型

一、资助育人内涵

目前,广东省已建立了"奖、助、贷、减、补"和开辟"绿色通道"的学生资助政策体系,这是政府对家庭经济困难学生资助强度较大、资助范围较宽、财政投入较多、学生受益较广、群众反响较好的制度安排,有力促进了教育公平和教育事业健康发展。从经济支持的维度看,"使家庭经济困难学生能够上得起大学、接受职业教育"的目标已经基本实现,但是如何融"经济上帮助学生、精神上鼓励学生、能力上锻炼学生"于一体,充分挖掘资助工作的育人功能,构筑发挥高校资助工作育人功能的路径,从单纯助困向综合育人发展,对于资助育人工作的可持续发展具有重大而深远的意义。

资助工作与育人工作统一于人才培养这个根本任务,二者相辅相成,互相促进。因此,如何做到二者之间的有机结合,实现在资助中育人,以育人推动资助,是广大高校学生工作者应该思考的重要课题。

二、广东省资助育人的经验和做法

学生资助工作是践行社会主义核心价值观,是"以人为本、执政为民"理念在教育工作的具体体现,是实现长治久安、建设社会主义和谐社会的本质要求,更是保障和改善民生、建设幸福广东的重要举措。立德树人乃资助工作的灵魂,学生资助工作不能停留在经济资助层面,还要与育人工作有机结合起来。为了进一步拓展资助育人功能,广东省主要从以下三方面入手,狠抓落实。

(一)将"立德树人"与"人人成才"教育目标融入资助工作的全过程

1. 抓好励志教育

要充分发挥奖学金导向作用,挖掘受资助的优秀学生典型,用学生身边的真实事例激励广大学生积极进取、刻苦学习、立志成才。例如,广东省教育厅组织开展"国家资助 助我飞翔""助学·筑梦·铸人"等主题教育活动,大力传播了正能量，鼓励引导家庭经济困难学生勇于面对困难，培养自强自立、艰苦奋斗的优良品质。

2. 抓好诚信教育

教育学生诚实守信是学校义不容辞的责任和义务。各地、各校除了组织全校普及性的诚信教育活动外，特别要针对获得国家助学贷款资助的学生开展诚信教育，不断强化诚信意识，让每位贷款学生充分认识到贷款违约可能带来的严重后果，最大限度地避免贷款学生因缺乏常识而产生不必要的违约行为。2016年5月，广东省举行"学生资助诚信教育宣传月"活动，各高校紧贴大学生实际，围绕诚信教育主题，结合多种形式、多种渠道，宣传学生资助政策相关内容和国家征信知识，强化资助育人功能，形成"诚信教育"长效机制。

3. 抓好社会责任感教育

党的十八大报告提出，要"注重培养学生的社会责任感"。关心帮助家庭经济困难学生是政府应尽的职责，但受助学生也要学会履行社会责任和义务。各地各校加强感恩教育，教育广大受助学生要有感激之情、感恩之心和社会责任感，不忘回报老师和学校的教育之恩，不忘回报政府和社会的帮助之情，不忘承担国家建设之责。

（二）丰富以发展能力为导向的资助体系

资助工作团队尊重个性差异，关注学生的多样化需求，瞄准学生发展性需求，研究不同群体的需求差异，付诸深入的调研和精心的组织，个性化地推介资源。一方面，围绕学生共性需求，集中的内容开发多种资助育人项目促进学生个体全面自由发展。另一方面，从学生的个体差异需求出发，有针对性地为他们的成才创造条件、优化环境、搭建平台，为学生个体提供可选择的"菜单"。

（三）以人为本，关注学生心理，促进学生健康成长

受经济方面的影响，在人际交往方面，多数家庭经济困难同学与他人关系平淡，甚至没有朋友且不爱与人交往。他们在个人能力、自我价值等方面低估自己，害怕别人瞧不起自己，采取逃避、退缩的应对方式，普遍存有自卑、焦虑甚至偏执的情况。随着学生资助工作的不断深化，各地各校对家庭经济困难学生的心理健康越来越关注，在资助过程中加强心理引导，深入了解学生的思想、学习、生活状况，为学生制定个性化帮扶方案。同时，采取心理健康普查、个别咨询、团体活动、交心谈心、开设课程等方式，培养学生健康向上的心态，增强其经受考验、承受挫折的能力，减轻他们在学习、生活和就业上的心理压力，促进其健康成长。部分地市的高校在中秋节、新年等传统假日，发放月饼、生活用

品、慰问卡等，举办茶话会、联欢会等活动，同时以此为契机，疏导学生心理，使学生感受到学校细致入微的关爱。

以下将从两个案例展现广东省资助育人的做法。

三、佛山科学技术学院资助育人的典型案例

佛山科学技术学院实施"家庭经济困难学生综合素质提升工程"，旨在提升学生的综合素质，提高其就业能力。根据该学院一线辅导员多年细致观察和研究数据统计，高校中家庭经济困难学生大部分来自经济欠发达地区，近90%的困难学生父母文化程度在初中以下，受家庭经济条件、教育资源和成长环境等多方面的制约，大部分困难学生综合素质总体较差，再加上受自身就业技能不高、就业期望过高和就业成本不足等因素限制，总体就业竞争力不高，就业质量不高。由此，该校以学生就业能力提升为导向，积极探索资助新思路，促进学生素质全面提升。

（一）主要做法

该校充分利用行业协会资源和优质校友企业资源，瞄准家庭经济困难学生素质与能力短板，设立大学生综合素质提升训练营，精准提升困难学生的综合素质和职业发展能力。佛山科学技术学院家庭经济困难学生综合素质提升工程，包括"普适性综合素质提升项目"和"专项性综合素质提升项目"两部分。

1. 普适性综合素质提升项目

该项目针对大一和大二年级困难学生的普适性综合素质训练营。通过聘请校内名师或校外行业精英、有多年工作经验和实践能力的企业高管与企业家作为授课导师，着重开展礼仪、演说能力、办公软件、公文写作、行政管理、英语口语、积极心理、职业素质提升、团队体验式实训等9大培训内容。每学期在全校四个校区开班，接受困难学生自主报名参与培训，轮流不间断地办班。现已开办的普适性大学生综合素质提升训练营包括"飞鹰班""网商班""农商班"和"女企班"，授课与实训教师均为有行业多年工作经验、有资深培训与实践能力的企业家或名师，班级培训费用全部为合作企业或行业协会赞助。

2. 专项性综合素质提升项目

该项目针对大三和大四年级的家庭经济困难学生开设"定向化企业储备人才班"，这是与企业或行业协会深度合作项目，是基于困难学生职业发展兴趣而设立的定向职业发展技能的提升班。项目综合考虑学校不同专业家庭经济困难学生的未来职业发展志趣，引入合作企业或行业协会资源，设立专业性相关的人才储

备班，根据行业发展趋势、市场人才需求、职业技能要求，由企业或行业协会选派企业家、高管、行业精英开设针对性培训课程班，精准缩短学生专业素质、技能与企业对人才资源诉求的差距，促使家庭经济困难学生毕业后能最快在就业岗位上开展工作，提升困难学生就业质量。例如，该校与广东元海集团有限公司合作开设"会计班"和"项目管理班"、与顺德格兰特不锈钢设备制品有限公司合作开设"工业设计班"和"产品设计班"、与广东省电子商务协会合作开设"HR班""电商达人班""外贸班"，与佛山市知识产权协会合作开设"知识产权班"，与佛山市信息技术人才协会合作开设"WEB代码开发与安全班""互联网运营创业班"等，为学校不同专业困难学生免费"定向化"选择"人才储备班"提供了多样化、针对性选择，不断提升家庭经济困难学生的择业空间和就业竞争力。

(二) 经验总结

1. 技能扶志，弥补短板

通过引入企业或行业协会参与家庭经济困难学生综合素质提升工程，弥补了高校的职场实战式培训的短板，实现学生与职场"零距离"，为促进家庭经济困难学生顺利就业和职业发展开设了"直通车"。

2. 校企协同，优势互补

综合素质提升工程的实施坚持点面结合、优势互补、资源共享的原则，采取"高校+企业"的模式，充分利用行业协会资源和优质校友企业资源，深度拓展资助育人功能。

(三) 育人成效

自2012年实施家庭经济困难学生综合素质提升工程以来，佛山科学技术学院家庭经济困难学生综合素质提升工程实施成效可喜，家庭经济困难学生综合能力培养取得显著成效。

1. 家庭经济困难学生就业竞争力显著提升

从近三年就业统计数据显示，佛山科学技术学院家庭经济困难毕业生初次就业率比全校毕业生平均初次就业率高出约2%，试用期月度薪酬比学校平均水平高出230元，用人单位满意度比全校平均水平高出近5%，学生就业满意度比全校平均水平约高3.5%。家庭经济困难学生从就业"困难户"到"抢手货"，就业竞争力显著提升。

2. 家庭经济困难学生科技创新能力不断攀升

从近两年数据看，佛山科学技术学院家庭经济困难学生分别荣获各类省级及以上奖励175人次；申请并获得授权国家发明专利5项、国家新型发明专利5项；获得全国"挑战杯"创业大赛银奖1项和全国"挑战杯"课外学术作品竞赛二等奖1项。无论是获奖比例还是获奖质量，均高于全校学生平均水平。同时，涌现出一批励志成才典型，如创立了佛山市小镰刀教育科技有限公司的该校家庭经济困难学生林楚涛。

3. 促进资助工作从"基本保障型资助"向"发展型资助"发展

随着资助工作的持续发展和不断深入，该校逐步实现了从"基本保障型资助"向"发展型资助"发展、从"经济资助"向"按需资助"发展，成为高校资助工作的典型示范。

四、华南师范大学资助育人的典型案例

一直以来，华南师范大学紧紧围绕立德树人根本任务，认真贯彻落实国家、广东省有关学生资助政策，扎实推进学生资助工作，探索出一条资助育人工作的新路径。

（一）主要做法

1. 推进以"互联网+"为特色的育人路径

该校依托马克思主义理论一级学科和教育技术学国家重点学科优势，抢占互联网新阵地，积极探索大学生思想政治教育新路径。

打造新载体。目前，高校学生资助工作呈现出业务量成倍增长、业务种类持续增多、工作难度日益增加的特点，传统的工作方式已难以适应新的要求，无法完成大量的信息分析和处理工作。因此，学校精心建设学生综合服务平台、"智慧校园"数据中心、"华师学工"、华师资助网等业务系统和微信公众号平台，打造资助育人新载体。

开发新资源。该校依托"晚安华师""华师学工""紫荆青年"等微信公众号平台主动发声、发言，通过大量内容丰富、形式新颖、符合学生需求和网络交往特点的网络思想政治教育资源，嵌入学生日常生活的闲暇空间与"零碎"时间，讲授学生身边事，打造一个学生喜闻乐见、时时处处受教育的网上精神家园。"华师学工"专题推送《2016奖学金评选办法修订大"揭秘"》《你知道奖学金在等待优秀的你吗?》《寻找身边的榜样》《关于国家助学贷款，你需要知道这一些》等资助信息；每年在毕业季通过微博、微信宣传"百名优秀毕业生"的先进事迹。

把握新动态。学校利用网络调查问卷、网络行为数据等技术手段，建立广东

高校大学生思想政治状况滚动调查数据库，对全校学生政治观点、思想动态、心理健康、学习状况、关注热点、生活需求等方面数据进行系统采集、动态观测与综合分析，挖掘学生能力发展诉求、资助育人现状，把握资助育人新动态。

营造好氛围。学校鼓励学校、学院资助工作者运用博客、微博、微信、QQ等新媒体手段开展资助育人工作，在校内整体构建起一个立体化、全时空的互动平台与交往空间，主动触网、善于用网，形成资助育人好氛围。资助工作者将传统枯燥乏味的大道理式"说教"变成现代潮流易被接受的"微产品"，用时尚的、易于被青年接受的方式推广主流价值。

2. 探索以发展型资助为目标的新机制

学校从学生个体需求出发，着力发挥教师和学生两个方面的积极性，探索和构建起"教师引导、朋辈示范、自我管理"的发展型资助育人新机制。

发挥教师队伍的主体作用。一是学校领导重视资助育人工作。实行"党政一把手工程"，校党委书记、校长每年给学生上"思想政治第一课"，校领导带头上党课，带头落实人才培养"四个一"工程，深入第一课堂参与教学检查、听课、期末巡考、论文答辩等工作，深入第二课堂参加开学典礼、毕业典礼、学生科研活动等活动，起到较好的带头示范作用。二是推进辅导员工作室建设。成立"家庭经济困难学生发展援助"等13个辅导员工作室，围绕家庭经济困难学生能力发展需求，以"课程培训+项目实践"的运作模式，为他们提供能力提升等方面的咨询和服务。三是加强资助队伍"三化"建设，持续推进辅导员科学化管理、专业化培养、多样化发展等建设，引导和鼓励辅导员成长为职业型、专家型的学生资助工作者，提升资助育人工作效果。

强化学生自我教育。一方面，以学生"自我管理、自我教育、自我服务"为原则，精心打造"四社"（紫荆花社、荷花社、雪莲花社、自强社），指导他们开展以"自强、成长、感恩"为主题的系列活动，引导他们开展公益活动，搭建经济困难学生健康成长的有效载体。另一方面，着力建设"三班两营"（即"卓越班""青马班""朋辈教育班"和青年领袖训练营、创业先锋训练营）教育品牌项目，每年遴选100名预备党员和入党积极分子到"青马班"学习，成为"全省青马工程示范性学校"；遴选80名学生党员参加"卓越班"进修；遴选150名高年级学生党员成立"朋辈教育班"，担任新生兼职班主任，充分发掘学生朋辈教育作用，在学生资助等领域推广"朋辈教育"模式，树立了一大批品学兼优的学生典型，在广大受资助同学中营造了"力争上游、追求卓越"的良好的学习氛围。

以实践育人为导向，搭建实践育人平台。学校重视学生在实践活动中成长，推动资助工作与创新创业、勤工助学、实习实践深度融合。一是精心打造"华师家教""紫荆书屋""众创空间""顶岗实习"等一批特色鲜明、紧跟时代发展的校内资助育人实践平台。二是精心拓展校外资助育人实践项目。例如,"剪·爱"项目,通过组织家庭经济困难学生向广东省"非遗"传人饶宝莲大师学习佛山剪纸技艺后到敬老院、福利院等机构传授剪纸技艺并帮助他们出售剪纸作品筹集善款的形式传承传统文化。三是通过志愿服务、社会实践"三下乡"、研究生支教团等活动,努力增强学生的责任感。

(二) 经验总结

1. 充分运用互联网技术

该校在互联网思想政治工作,迈先一步,闯出了经验,让立德树人工作适应社会趋势,抢占先机,思想政治工作取得可喜成效。广泛运用新媒体、新技术使工作鲜活起来,建立全面系统的互联网思政工作机制,推动资助育人工作传统优势同信息技术高度融合,增强时代感和吸引力。

2. 发挥师德引领作用

坚持教育者先受教育,按照"有理想信念、有道德情操、有扎实学识、有仁爱之心"的"四有"好教师标准,下大气力抓好学生资助队伍建设。把育人作为广大资助工作者最为重要的职责使命与考核标准,调动他们的积极性,使每个单位、每位教工都肩负起立德树人的责任。配齐建强辅导员工作队伍,要推动这支队伍的专业化职业化建设,进一步健全全程育人、全方位育人、全员育人机制。

(三) 育人成效

1. 扶助了一批经济困难学生

2016年,该校家庭经济困难学生获得各类资助并顺利完成学业、成功就业,每年他们的就业率达99%以上,高于全省和该校平均就业率水平。这些措施,有效地缓解了家庭经济困难学生的经济压力,帮助他们顺利完成学业,实现了"没有一名学生因为家庭经济困难而辍学"的目标。据统计,这些政策的落实,为帮助家庭经济困难学生安心求学,支持教育事业发展,促进教育公平起到了积极作用,从而赢得了学生、家长、学校和社会的一致好评。

2. 培育了一批成长成才典型

该校坚持资助与育人的有机结合,围绕立德树人根本任务,将思想政治教育寓于资助工作中,在学生中开展了一系列以爱国主义教育、诚信教育、感恩教育、榜样教育、职业道德教育等为主要内容的专项教育,内容丰富,方法创新,措施有效,从而帮助学生树立了自立自强观念,鞭策学生勤奋学习、努力上进,培养了一大批成长成才的学生典型，如"感动南粤校园"年度人物——钟裕、"中国大学生自强之星"——陈鸿佳、世界首颗量子卫星科学团队里的华师人——黎正平。

3. 打造了一批资助育人项目

该校注重学生资助工作凝练，形成了具有华师特色的资助育人项目，打造了"互联网+资助育人路径"项目、"榜样华师"学生颁奖典项目、"华师家教""紫荆书屋""众创空间"等创新创业项目。这些的经验做法被新华社、《人民日报》、中央电视台、《南方日报》《广州日报》等主流媒体关注报道。2016年12月7—8日，党中央召开了全国高校思想政治工作会议，该校作为全国8家单位代表之一在会上做了汇报发言，全校师生备受鼓舞。

第三章 资助政策宣传特色典型

一、资助政策宣传目标导向

为深入宣传学生资助政策,提高广大学生对资助政策的知晓率、满意率和支持率,使学生和家长及时了解国家资助政策体系、资助工作实施进展情况,努力营造社会关心、支持、参与学生资助工作的良好氛围,切实提高家庭经济困难学生资助工作水平,促进广东省教育事业健康发展。通过多种形式、多层次、多方位的宣传,提高全社会对家庭经济困难学生心资助体系的思想认识,使国家资助家庭经济困难学生自主政策家喻户晓、深入人心、落到实处。

二、广东省资助政策宣传的经验和做法

(一)加强宣传队伍建设

建立一支专兼结合的学生资助宣传队伍,吸收政治觉悟高、业务能力强、爱岗敬业的教师和学生从事宣传工作。大力加强各级学生资助管理机构工作人员和各级各类学校资助管理人员的能力建设,通过业务培训、学习交流、政策研究等形式不断提高政策水平和业务能力,使他们能够准确解释、解读政策,传播好"学生资助"声音,同时采取有力措施,形成上下联动,立体多维、持续有效的资助宣传工作新局面。

(二)建立和完善宣传制度

一方面,完善学生资助信息发布制度和年度报告制度,推动学生资助信息公开的常态化、规范化、制度化。在国家有关学生资助政策及信息发布后,积极协调主要新闻媒体,在重要时段、重要版面及时报道解读,让学生及家长、社会各界广泛熟知相关政策。另一方面,健全学生资助宣传工作机制,广东省教育厅学生助学工作管理中心负责制订年度学生资助宣传工作方案,指导各地级市和所属高校开展资助政策宣传工作;各地级市和所属高校负责制订和落实本行政区域和单位资助宣传工作方案,严格按照规定的工作程序开展宣传,层层布置,逐级落

实，确保学生宣传工作落到实处。

（三）打造资助宣传品牌

"学生资助政策下乡行活动"作为广东省教育厅组织的学生资助政策宣传品牌活动，自 2012 年起已连续举办六年，宣传范围已经覆盖全省，"下乡行"志愿者师生近万人，发放宣传资料、调查问卷数十万份，志愿者的足迹遍布千家万户。2016 年 6 月 2 日，广东省部署 2016 年"国家资助和助学贷款政策下乡行"活动相关工作，全省各地共有 67 所高校、134 支队伍、1428 名指导老师和学生，分赴广东省各县区的 124 个乡镇、144 个村，宣传重点倾向广东省经济欠发达地区和扶贫开发重点县、少数民族地区，消除宣传盲区和工作死角，通过在集市中摆摊宣传和咨询服务、入村入户进行政策宣讲和助学贷款政策调研，深入广东省乡村宣传学生资助政策，将国家资助政策送到最需要的贫困家庭，有效缓解贫困的代际传递问题。

（四）宣传载体创新提高实效

充分发挥广播、电视、报纸杂志等传统媒体作用，积极运用移动通讯平台、网络平台等新兴媒体，构建覆盖广、效率高的资助信息传播体系。各地各校多方联动、广泛利用传播体系作为宣传载体进行政策宣传，努力提高资助政策群众知晓率。一是通过媒体宣传。在《人民日报》《南方日报》等媒体开辟专栏介绍资助政策。二是制作了学生资助公益宣传片在网络和电视台滚动播出。2016 年 6 月，广东省教育厅联合广东广播电视台现代教育频道拍摄制作助学贷款公益宣传片，在现代教育频道、腾讯网等平台播出，同时发动各地各校及时下载宣传片，安排在当地媒体、相关网站、微信公众号平台、学校多媒体等媒介进行播放，加大资助政策宣传的力度。三是省教育厅和各地市教育局在门户网站和官方微信宣传政策。四是主动宣讲释义。广东省教育厅领导多次上线电台、电视台，系统解读助学政策，介绍助学成效，解答咨询。

（五）紧抓政策宣传"早、全、精"

（1）宣传抓早。在新生入学前，要求普通高中举办国家资助政策宣讲专题班会、年级会和家长会，把资助政策的内容进行介绍，让家庭经济困难学生减轻心理负担，专心读书。

（2）宣传抓全。在高校的报考指南和报考目录中刊登国家资助政策介绍。在高校录取通知书里发放《高等学校学生资助政策简介》。2016 年 6 月，向全省高校发放《高等学校学生资助政策简介》64 万册，确保当年秋季被录取的全日制本专科（含高职）新生人手一册。

（3）宣传抓精。针对特定的对象，细致分类、解读政策，增加学生对政策的认识。如建立大学新生帮扶机制，辅导员和老生利用 QQ 群、微信群介绍国家生源地信用助学贷款、大学新生资助、国家奖助学金政策等，口口相传，促进资助政策深入人心。

三、广东工程职业技术学院的资助政策宣传案例

广东工程职业技术学院高度重视学生奖助学工作，大力宣传奖助贷助学政策，着力打造助学文化，倡导劳动光荣、自强成才的育人精神，资助政策宣传深入校园深入人心。

（一）主要做法

广东工程职业技术学院针对广大家庭经济困难学生，探索出一条以资助宣传工作为抓手和载体，不断提升资助育人功能的新路子，构建了"一三四"模式，实现了"三工程"，将资助宣传深入校园。主要做法如下。

1. 宣传"一三四"模式

（1）一项制度，部署指引。为了深入细致地推进国家、学校资助政策宣传工作，该校每年结合广东省教育厅学生助学工作管理中心的工作部署与安排，制定并优化学校年度《学生资助宣传工作实施办法》这一制度，将每年的 4 月作为贷款诚信教育月，5 月作为资助育人文化月，6 月作为勤工助学表彰大会与招聘月，9 月作为资助政策宣传咨询、综合测评、新生贷款与助学金申请与评定月，10 月作为奖学金申请与评定月，11 月份作为勤工助学学生职业素养提升培训月。相对固定的时间给学生带来了极大的方便，也确保了资助宣传工作顺利推行。

（2）三种措施，保驾护航。三种措施是指采用开展助学贷款学生家访、政策下乡调研和金融知识进校园活动进行深入宣传，使这项惠民政策家喻户晓，深入人心。一是精准扶贫，关爱到"家"。开展家庭经济困难学生家访活动，通过"精准走访、政策宣讲、关爱慰问、需求调研"等方式给受访贫困生们带去了国家资助工作的利好政策，带去了学校对他们的关心和帮扶，实现贫困生资助工作"雪中送炭"的"精准度"。二是政策下乡，利民政策暖人心。2016 年该校志愿服务队深入茂名、湛江等地开展了包括进入中学校园宣讲和入户走访等多种方式的国家资助及助学贷款政策宣传活动。政策"下乡行"，延伸了扶贫助困的触角，加大广东省学生资助政策宣传力度，让国家资助政策走进千家万户。三是金

融知识进校园，义务宣传我先行。风险防范是开展国家助学贷款工作的落脚点，积极探索风险防范机制是做好助学贷款工作的重要环节。学校定期携手银行，共同举办"送金融知识进校园"活动，宣传普及金融知识，进一步推进诚信文化建设。

（3）四个到位，深入人心。为了保证学生资助这项惠民工程落到实处，深化"精准资助"工作模式，帮助家庭困难学生完成学业，并起到最佳的教育效果，该校搭建立体式宣传网络，即宣传普及到位、宣传咨询到位、宣传队伍到位、宣传服务到位。一是宣传普及到位，资助政策寄送到家。随录取通知书寄送国家资助政策宣传手册、学校《奖助学工作宣传手册》等材料，让学生及家长能够在第一时间了解资助政策。二是宣传咨询到位，畅通政策咨询渠道。开通电话热线和微信咨询热线，对有需求的学生及家长提供深入的助困解答和指导。三是宣传队伍到位，充分发挥学校三级工作机构和三级工作协管机制人员的作用。定期召开专题培训会、勤工助学同学示范宣讲会、班团会，学习资助文件，及时、全面地将有关政策、文件传达到学生当中，做到资助政策宣传全覆盖。四是宣传服务到位，发挥新媒体便捷辐射优势。开通学校学生勤工助学服务中心公众平台，推出资助专题，由专人管理，为学生提供便利的信息。

2. 实现"三工程"

（1）实施造"星"工程。连续七年举办"校园十大自强之星"评选，深入宣传报道家庭经济困难学生励志成才事迹；邀请往届"自强之星"深入校园开展新生示范教育巡讲，"星"火相传，发挥朋辈示范教育作用；选取、优秀学生为范例，定期出刊《凤凰花开——优秀学子事迹集》，全方位展示青年学子的精神风貌，引起师生强烈反响。

（2）开展成效推广工程。2015年，该校凭借"基于新媒体视觉下的广东省高校资助育人成效宣传"项目荣获广东省教育厅学生助学工作管理中心"2015年广东省高校学生资助育人提升计划"项目立项。为优化课题成果展示，以刊物《广东省资助育人工作成果汇编》系统介绍广东省各高校资助成效取得有重要经验、工作亮点，发挥"典型示范、榜样引导"作用。

（3）开展筑梦"微平台"工程。顺应社会新媒体的发展，该校通过"微博、微信、微电影"，努力打造"三微一体"的资助宣传新格局。开通勤工助学服务中心公众平台和官方微博，尝试制作首部资助育人成效宣传片《让梦想点亮芳华》，向广大师生和社会展现贫困同学自立自强、奋发成才的学习成长历程，提升政策宣传成效。

（二）经验总结

（1）宣传关口前移。宣传关口首要面向基层民众、受助学生，拓宽对外宣传的渠道，转变单一单向的宣传方式，实现多元化、互动式咨询答疑的方式进行，真正走到受助学生的身边，把惠民资助宣传开展到了一线。组建资助工作组、志愿服务队深入县乡等地对开展政策"下乡行"、中学校园宣讲、家庭经济困难学生如入家访活动等多种方式对国家资助及助学贷款政策进行宣传。当好党和政府的喉舌，传达惠民政策，提高宣传水平，确保舆论导向的正确性，信息公开的及时性。

（2）宣传重心下沉。转变了工作模式，让工作重心从"浮在上面"统计数据变成了"沉到下面"收集一手资料，根据国家、省厅重点工作部署，把资助工作由学校层面的对接下移到学院、项目层面的对接。该校制定《学生资助宣传工作实施办法》，明确工作目标及意义，为下级院系每阶段工作内容提供指引，把政策宣传工作深入学生群体。

（3）宣传的手段创新。虚实结合，大胆创新宣传手段。一方面，充分利用宣传栏、刊物等载体，定期通报工作进度，对于每阶段的每项重点工作做到重点宣传，推介先进典型，点评剖析典型，全方位、深层次、多角度地营造资助工作的良好氛围；另一方面，把以新媒体技术支撑下的宣传工作贯穿到资助工作的各个环节，使用网上平台发布、资助育人成效宣传片等多种新颖方式，充分发挥新媒体在当今社会舆论的集散地的正面作用及宣传教化功能，传递资助工作政策信息，传播资助育人"正能量"。

（三）工作成效

（1）深化资助宣传工作，确保学生顺利就读。多媒体、多角度、多方式广泛宣传学生资助政策，让学生和家长更直观地了解学校各项资助流程、助困举措，确保了学生都能详细了解国家资助政策，没有一个学生因家庭经济困难而失学。

（2）推动资助文化创新，营造资助育人氛围。通过有力宣传、参与公益，让学生懂政策、知感恩、学奉献，激励学生成长成才。选树受助学生优秀典型，宣传个人励志事迹，发挥其示范引领作用，起到"点亮一盏灯，照亮一大片"的效果，在全校营造资助育人氛围，形成学校和社会齐心合力推进资助工作的良好局面。工作成效宣传展示微电影作品达20多部，并荣获多项省级荣誉。

第四章 资助工作队伍特色典型

一、广东省资助工作队伍现状

在全国学生资助管理中心和广东省教育厅的指导下，广东省学生助学工作管理中心主要开展四大方面的工作：一是组织统筹协调全省学生资助工作；二是协助开展国家助学贷款的发放、使用和回收；三是审核高等教育年度资助贷款计划，管理省财政拨付的贷款贴息经费和风险补偿专项经费；四是承担义务教育阶段免收书杂费和生活费补助工作。截至2016年12月，在全省21个地市、122个县之中，学生资助机构设置情况如下：地市方面，有3个地市注册了独立法人学生资助管理单位，有15个地市设立了学生资助管理的专职机构，有3个地市指定专人负责学生资助管理工作；县级方面，有4个县成立了独立法人学生资助管理单位，有98个县设立了学生资助管理的专职机构，有20个县指定专人负责学生资助管理工作。地市成立了学生资助管理机构的占比为85.71%，县级成立了学生资助管理机构的占比为83.61%，学生资助管理机构的健全为学生助学工作提供强而有力的机构保障。

二、广东省资助工作队伍建设的主要做法

1. 健全资助机构建设，夯实条件保障

2000年，经广东省机构编制委员会批准成立广东省学生贷款管理中心，2004年更名为广东省学生助学工作管理中心，机构性质不变，扩充职能，将学生奖助学金、助学贷款以及相应信息系统建设纳入中心工作职责范围。

各区、县政府教育主管部门按照有关文件要求，成立了由教育局局长或分管副局长任组长的学生资助工作领导小组。保证学生资助管理机构的办公条件和业务经费需要，制定了区、县学生资助工作管理办法和实施细则，专人专职管理各个教育阶段的学生资助工作，加强资助工作业务培训。

各高校（中专部）及中职学校建立了由学校领导任组长的学生资助工作领导小组，设立了办事机构，指派专人负责校内资助工作，制定了学生资助工作制度与操作流程，确保了学生资助工作宣传到位、政策到位、管理到位、资助到位。

2. 横向联系，协同助学

加强联系、积极协调各办学部门，统一认识，步调一致，齐心协力共同做好学生资助工作。一是统筹加强财务、审计、纪检、学生资助等处、室（科、室）合力，确保助学政策落实的一致性，确保受助学生人数统计的准确性，确保资助信息报送的完整性。二是与财政部门密切合作，落实好各级配套资金；三是与其他部门如银监、金融等密切联系和通力合作，确保各项资助政策落到实处。

3. 加强管理，以查促建

（1）加强日常工作督查考核。通过召开培训会、专项工作会议、视频会、约谈会、评审会、开学检查、信访接待、专项督查、联合检查等形式，及时发现问题，督促各项学生资助工作的全面落实。

（2）建立监督考核机制，制定专项工作考评办法，加强资助工作的监督检查。从2015年开始，广东省开展学生资助工作绩效评价，积极引导并规范各地学校全面贯彻国家资助政策，不断提高资助管理水平。2016年4月1日，省教育厅印发《广东省学生资助工作绩效考评办法》（粤教助〔2016〕1号），采取材料审核、问卷调研、工作抽查等方式对各地级市、普通高校、省属学校进行绩效考评。

（3）完善学生家长监督机制。建立投诉咨询热线，全面开通"省—市—县—校"四级学生资助管理部门和学校资助工作咨询投诉热线电话，在媒体、公共网站以及单位网站主页上公布接受咨询投诉，及时处理、通报和反馈学生和家长反映的情况。

4. 加强资助工作人员业务培训

组织学生资助工作人员认真学习和掌握国家有关教育的政策文件精神，把握资助政策新动态、学生新情况、助学新方法，开展各级、各类学生资助机构的业务培训，增强业务能力，提高资助水平。

2016年6月13—15日，省教育厅与国家开发银行联合开展2016年生源地信用助学贷款业务培训工作。开展生源地信用助学贷款业务的7个地市及所辖县（市、区）教育局助学贷款工作负责人、经办人参加了培训，提高了相关工作人员生源地信用助学贷款政策水平和业务能力，为2016年生源地信用助学贷款工作顺利开展打下基础。

2016年6月27—29日，省教育厅在广州举办了全国学生资助管理信息系统义务教育和普通高中子系统应用培训班。全面启用全国学生资助管理信息系统普通高中和义务教育子系统。全省各市、县（市、区）义务教育和高中学生资助管理人员约200人参加培训。

2016年9月26—27日，省教育厅与国家开发银行股份有限公司广东省分行在广东邮电职业技术学院联合举办广东省2016年高校助学贷款业务培训。

2016年11月开展高校家庭经济困难学生认定管理系统试点工作,为广东省家庭经济困难学生资助名额的科学下达和实现精准资助提供了坚实的数据基础。

5. 加强研究,提升资助工作理论水平

从事学生资助工作的一线辅导员和学生工作部门管理人员具有较为完整的理论知识和丰富的学生工作经验。由广东省教育厅学生助学工作管理中心统筹建设资助研究平台,加强学生资助工作队伍资助育人的科研能力,鼓励资助工作人员综合经验探索和具体实践,开展资助理论和模式研究,推动资助工作规范化、系统化发展。如资助工作者参与研究课题"广东省高校国家助学贷款风险防范与控制""我省高校家庭经济困难学生资助政策问题研究""我省义务教育阶段家庭经济困难学生资助工作问题与对策研究""广东省家庭经济困难学生认定的研究""我省农村义务教育学生营养改善计划试点工作问题研究"等数十项,为广东省学生资助政策体系的完善提供专业建议。2016年,广东省教育厅学生助学工作管理中心申报两项厅级立项业务研究课题,并在资助政策完善与执行过程中进行具体运用。上述措施有效推进广东省学生资助研究成果广泛运用,推动资助工作人员的科研能力迈上了新台阶。

6. 选树典型,表彰先进,强化激励引领

在省教育厅的精心组织和指导下,广东省奖学助学工作专业委员会理事长单位具体承办广东省"百佳学生资助工作单位典型和个人典型"评选活动。活动共有131个"单位典型"、160名"个人典型"入围评选,最后从中评选出100个"学生资助工作单位典型"和100名"学生资助工作者典型",并从中遴选出7个"单位典型"和6名"个人典型"推荐到教育部进行全国参评。此次评选精心筹划、选树典型、立足基层、面向一线,旨在挖掘推广广东省各地各校先进经验,展示风采,引导基层资助工作者对照身边先进典型找差距、提振精气神、展示新作为,努力营造"学有榜样、做有标杆、干有方向、赶有目标"的良好风尚,充分激发了广大资助工作者"撸起袖子加油干"的工作热情,为广东省学生助学工作增光添彩。

三、广东省高校资助工作队伍建设的典型案例

(一)肇庆学院

肇庆学院一直以来注重资助工作队伍建设,发挥队伍力量,加强对队伍的建设,不断提高资助队伍专业化和系统性。

1. 主要做法和经验

（1）打造奖助学工作团队，推进学生工作队伍专业化和职业化。肇庆学院于 2012 年 3 月开始组建首支奖助学工作团队，成员包括学校学生资助管理中心全体人员、各二级学院负责奖助金工作的副书记及一线专职辅导员，设立组长、副组长、组员及联络员，并制定了团队的职责及管理办法。加强学校奖助学工作团队的建设，连续五年召开多次团队专题研讨会，仔细部署各项工作任务，深化对助学工作的研究，团队成员发表助学类相关论文多篇。院系间加强经验交流，做到相互借鉴，相互帮扶，形成合力，稳步推动学校奖助贷工作良性化发展。

（2）建立考评制度，出台激励措施。肇庆学院出台《肇庆学院助学工作考核办法（试行）》和《肇庆学院资助工作先进个人评选办法（试行）》，对各院系奖助贷工作进行全面考核，同时对在工作中有优异表现的一线专职工作人员进行表彰奖励。考核项目共分为 7 个一级指标，每个一级指标下分若干二级指标进行细分考核，满分为 100 分，加分项目上限为 5 分。一级指标包括组织领导（11 分）、困难生管理工作（17 分）、国家助学贷款工作（40 分）、勤工助学工作（10 分）、奖助学工作（12 分）、宣传教育（10 分）及加分项目（5 分）。其中国家助学贷款工作比重占 40%，主要是贷款到期还本还息率作为硬性指标，关系到学校的社会声誉及反映诚信教育效果，权重较大。考核实行自我评价与统一考核、定性与定量相结合的方式。自我评价由各二级学院对照考核指标及评分标准进行，统一考核由考核小组进行集中评议，客观硬性指标由学生资助管理中心统一打分。考核工作在每年的 4 月份进行，评选先进集体一等奖 1 名，二等奖 2 名，三等奖 3 名，达标奖若干名和先进个人 10 名，并举行总结表彰大会，颁发奖状和奖金。

2. 建设成效

（1）打造了一支强而有力的奖助学工作队伍。构建分工明确、优势互补、互学共进工作队伍，有利于保证学校助贷工作队伍的稳定性；定期团队建设、专题研讨会为加强助贷人员的专业化、职业化进程建设提供了一个良好的发展平台，为学校奖助贷工作稳步推进提供了有力保障。

（2）以考促改，引领示范。通过激励措施，以考促改，表彰优秀，鼓励创新，树立先进典型，充分调动起助学工作一线人员的积极性和创造性，进一步推进学校奖助贷工作，确保了可持续发展的良好势头。

（3）荣誉表彰，硕果累累。在始于 2010 年的全省高校国家助学贷款工作考核中，该校连续五年获评为优秀；在学生资助工作绩效考评中连续两年获评为优秀等级（2015 年度、2016 年度）。

(二)韶关市教育局

韶关市教育局按照广东省教育厅的要求已初步建立起从学前到研究生各级各类教育全覆盖的学生资助政策体系,全面落实学生资助各项政策,圆满完成各项工作任务,每年受资助学生达到13万人次。该市助学工作取得的显著成效离不开资助工作队伍建设,做到"三个到位",即组织到位,条件到位,培训到位。

1. 主要做法和经验

(1) 重视机构建设,实现归口管理。健全和完善学生资助机构建设是做建立资助工作队伍的根基。近年来,随着学生资助项目的增加,资助范围的扩大,学生资助工作的任务也越来越重,资助监管的难度也不断加大,如果没有专门的机构和人员,要完成如此繁重的工作难度确实相当大。为了扎实做好学生助学工作,一方面,该单位依据韶机编办发〔2016〕91号文件,成立市级的学生资助管理机构,挂牌韶关市学生助学工作办公室,并设有独立法人;另一方面,指导全市所辖乐昌、乳源、仁化、南雄、曲江、翁源、始兴等单位成立学生助学工作机构,建立起完善的县(市、区)教育局和学校资助管理队伍,每一级都有专人负责学生资助管理工作,并保持资助人员的相对稳定。同时,全面实现了该市各县(市、区)学生资助工作归口管理。

(2) 条件"三到位",为资助工作提供保障。一是人员到位。经市编委批准,建立办公室,落实5名专门编制,其中主任1名、副主任1名,科员3名,由专人专制负责全市各教育阶段的学生助学工作,机构内部分工明确,常规管理规范有序。二是经费到位。人员经费为财政核拨,为公益一类正科级事业单位,助学办公室所有日常办公经费在市教育局的办公经费中列支,办公经费100%得到保障。三是办公条件到位。设立专用办公室1间,配备有电脑、数码相机、手提电脑、传真机、打印机、复印机、扫描仪、宽带网线等办公设备满足工作需要。

(3) 加强业务培训,提升资助工作者综合能力。

1) 业务培训。一方面,按国家、省市下发文件,参加国家及省级资助业务会议,并组织县(市、区)级和市直属学校资助机构人员开展业务培训,另一方面,定期召开会议研究讨论学生资助工作,就学生资助服务体系构建、各项资助工作操作流程、资助工作重难点问题展开详细的介绍,参加培训的老师就资助工作中所取得的经验和面临的问题进行了充分交流,互通有无、互为借鉴。

2) 政策学习。学生资助工作具有政策性强、透明度高的特点,国家相继颁发了大量的政策文件和规章制度,对每一项资助工作的开展落实情况都提出了严格的要求。该单位定期组织资助工作者集体学习、研读相关资助政策文件，对各阶段的学生资助政策详细地进行了解读和培训，并对参会的全体资助人员进行了考核，使他们对资助政策吃得透、把得准，更好地完成各项资助任务。

3）抓好资助系统应用培训工作。一是建立起由学生资助、教育信息化、学生学籍等部门参与的工作领导小组，具体负责本地信息系统的培训、应用等工作；二是在组织培训的过程中对中职、普通高中和学前教育、义务教育资助子系统的概况、各功能模块介绍、系统操作流程及其应用操作辅导的每一个环节都做了详细的讲解，力求每一名参加培训的人员实现了当场学习、当场见成效；三是参照省教育厅对地市的要求，对参加系统培训的人员也进行了现场操作考核。

2. 建设成效

（1）打通了学生资助政策落实的"最后一公里"。扎实做好抓基层、打基础的工作，使每个基层学生资助管理中心都成为坚强战斗堡垒。以"市级助学中心—各地各校助学机构/领导小组—校—院系—班级"为助学工作组织单位的模式，让国家助学政策层层落实，对家庭经济困难学生实施全员、全程资助，满足了经济困难家庭最急迫的经济需求，保障了家庭经济困难学生接受教育的机会和权利，确保了教育公平。据统计，2016年，韶关市全面贯彻落实国家、省市政策，共发放资助资金达1.5亿元，受惠学子达13万人次；另外共筹集捐助公益事业款项合计2021.6万元。

（2）培育了一支懂政策、熟业务的高素质队伍。学生资助工作涉及面广、政策性强，为把党和政府惠泽贫困学生的"民心工程""德政工程"落到实处，该市资助工作者克服时间紧、资助对象多、工作量大的困难，按上级要求严格执行资助政策，严格审定程序，严格发放标准，严格资金管理，及时、高效地完成了学生资助各项任务。

（3）规范本市资助工作，资助管理水平不断提高。进一步优化了学生资助工作机制，切实把各项学生资助政策落到实处。对下达名额、组织评审、报备材料等工作统一管理督办，及时足额发放各类资助资金，增强了资助工作人员的责任意识和服务意识，提升了业务能力和工作质量。资助工作队伍的建立促使工作不断向制度化、标准化、精细化转变，实现党和政府"不让一个孩子因家庭经济困难而失学"的庄严承诺。

（4）全面完成改革试点任务，提升创先争优水平。韶关市领导重视、队伍精干、措施得力、亮点突出、卓有成效，其队伍工作经验被其他省市广泛借鉴学习。2012年秋季，韶关市在广东省教育厅的指导下，在乳源瑶族自治县试点实施农村义务教育学生营养改善计划工作；2014年，被广东省确定为"大学生生源地信用助学贷款唯一试点单位"；2014年8月，成功创建为省教育强市，成为粤东西北地区首个省教育强县（市、区）100%覆盖的省教育强市；2015年11月，全市10个县（市、区）通过全国义务教育发展基本均衡县（市、区）的评估，实现了省教育强县和国家义务教育发展基本均衡县"两个全覆盖"。教育发展水平优于当地经济社会发展水平，教育工作的许多方面在全省山区市之中处在前列。韶关市坚持把培树典型作为提升创先争优强大引擎，积极探索，努力创新，强化示范，以点带面，切实提升了全市创先争优水平。

附　录

附录一　广东省教育发展"十三五"规划（2016—2020 年）

"十三五"是我国全面建成小康社会的关键时期，为深入贯彻教育优先发展战略，加快推进教育现代化建设，打造南方教育高地，助推广东省"三个定位、两个率先"目标的实现，根据《国家中长期教育改革和发展规划纲要（2010—2020 年）》《广东省中长期教育改革和发展规划纲要（2010—2020 年）》《国家教育事业发展第十三个五年规划》《广东省国民经济和社会发展第十三个五年规划纲要》，制定本规划。

第一章　发展基础与面临形势

第一节　发展基础

教育"创强争先建高地"取得显著成效。"十二五"期间，广东坚持教育优先发展战略，加强顶层设计和总体规划，积极推进教育"创强争先建高地"中心工作，进一步强化教育的工作统筹、资金统筹和考核统筹。深化省级政府教育统筹综合改革，改变了条块分割模式，优化了资源配置，进一步扩大和落实了学校办学自主权，增强了教育管理的协同性、整体性和科学性，有力地促进了全省教育的协调发展，较大地提升了区域教育发展质量和水平。截至 2015 年年底，全省教育强县（市、区）110 个，覆盖率为 92.4%，教育强镇（乡、街道）1495 个，覆盖率为 94.2%。珠三角地区推进教育现代化先进县（市、区）35 个，覆盖率为 71.4%；推进教育现代化先进市 6 个，覆盖率为 66.67%。高等教育"创新强校工程"全面推进，全省高校综合实力得到进一步增强。截至 2015 年，全省高校有"两院"院士、973 首席科学家、千人计划、长江学者、国家"杰青"等高层次人才 308 名，11 所高校共计 40 个学科进入 ESI 全球排名前 1%。职业教育加快发展，初步构建起满足区域需求、适应现代产业体系发展趋势的现代职业教育体系。

各级各类教育加快发展。2015 年，全省学前教育毛入园率 100.97%，"入园难"问题得到有效缓解。全省 108 个县（市、区）通过国家义务教育发展基本均衡县（市、区）评估，九年义务教育巩固率为 93.74%。全省高中阶段教育全日制在校生380.19万人，其中，中等职业教育学校（含技工学校，下同）在校生174.79万人，高中阶段教育毛入学率为95.66%，普及高中阶段教育得到巩固提高，"普职比"保持大体相当，中等职业教育招生数和在校生数连续6年居全国第一。全省普通高校143所，全日制在校生194.58万人，高等教育毛入学率33.02%。全省各级各类民办学校1.35万所，占全省学校总数42.8%，在校生620.9万人，占全省在校生总数28.5%，规模居全国第一。特殊教育事业发展进一步加快，全省残疾儿童少年接受义务教育比例为88.5%。全省教育发展总量位居全国前列。

教育领域综合改革实现新突破。有效推进省级政府教育统筹综合改革试点工作，形成教育部、广东省人民政府共同推进教育体制综合改革联席会议机制，统筹安排6个重点领域的28类改革措施和95项重点改革任务。率先启动推进高水平大学建设，首批遴选确定中山大学等7所重点建设高校和广州中医药大学中医学等7所高校18个重点学科建设项目。全面加强理工科大学和理工类学科建设，省市共建推进南方科技大学等3所高校建设高水平理工科大学。启动创建现代职业教育综合改革试点省，编制印发省现代职业教育体系建设规划，推动中高职院校一体化发展，推进现代职业教育人才培养链条不断完善。深化考试招生制度改革取得新成果，平行志愿改革效果明显，高职院校自主招生改革加快推进，7所高校实行"631"综合评价录取模式改革成效显著。教育国际化迈出新步伐，香港中文大学（深圳）2014年设立并招生，广东以色列理工学院、深圳北理莫斯科大学2015年获教育部批准筹设。全省高校留学生规模居全国前列，港澳台侨学生数居全国首位。依法治校有序推进，全省公办中小学校、中等职业学校章程建设全面启动，全省85所地方公办高校章程已核准并公布实施。

服务经济社会发展能力显著增强。高校服务创新驱动发展能力不断提升，截至2015年，全省共有国家级创新平台55个、省部级重点创新平台183个。"十二五"期间，全省高校共新增29个国家级创新平台、122个省部级重点创新平台，获国家科学技术奖27项，获授权专利21110项。人力资本积累步伐加快，为地方经济社会发展培养了一大批优秀人才。应届高校和中等职业学校毕业生就业率稳居全国前列，"十二五"期间，为社会输送了近600万名合格毕业生，创新创业教育初显成效，高校毕业生自主创业人数为9700人。劳动力受教育水平持续提高，2015年主要劳动年龄人口平均受教育年限11.4年，其中，接受高等教育比例为16.18%。

教育公平推进力度持续加大。城乡和区域教育发展差距进一步缩小，大中城市义务教育阶段"择校"热有所缓解。2012年起统一城乡免费义务教育公用经费补助标准、分担比例和拨款方式，并在2012—2015年逐年提高补助标准。

2013年起包括随迁子女在内的全省义务教育学生全部纳入免费义务教育公用经费补助范围。继续为全省义务教育提供免费教材。助学制度更加完善，中等职业教育免费助学覆盖范围进一步扩大，补助标准逐步提高。全省非户籍义务教育学生入读公办学校比例达52%。积极稳妥推进随迁子女参加中考、高考等升学政策。实施重点高校面向扶贫开发重点县招收农村学生专项招生计划，招生计划数和录取人数逐年增长。2013年起全面实施山区和农村边远地区义务教育学校教师岗位津贴制度并不断完善政策措施，2015年粤东西北地区教师月平均工资比2010年增长80%。2013年起实施少数民族聚居区少数民族大学生资助政策。2014年在全国率先解决内地民族班教职工特殊岗位津贴问题。

教育发展的基础能力不断增强。教育经费总量显著增加，绩效明显提高。"十二五"期间全省教育投入达12098亿元，其中省本级财政投入1676亿元，分别比"十一五"时期的5922亿元和729亿元增长104%和130%。2015年，全省中小学教育装备总值284.22亿元，比2010年增长22.34%；高校教学科研设备总值227.11亿元，比2010年增长68.04%。2015年，全省各级各类学校专任教师总数达130.71万人，比2010年增加19.84万人，生师比、教师队伍结构进一步优化，专任教师学历达标率进一步提升，高校高层次人才增长较快。高校实验室、教学科研仪器设备相关指标全国领先。教育信息化水平进一步提升，教师、学生信息入库率为100%，中小学互联网接入率为100%，多媒体教学平台进班级覆盖率为83%，网络学习空间"人人通"覆盖率为57%。新型教育智库建设水平和服务能力不断提升。

第二节 面临形势

"十二五"期间，广东教育改革发展取得了显著成就，为未来发展奠定了良好的基础。同时，教育改革发展也面临新的形势和挑战：

实现广东"三个定位、两个率先"，必须以教育为先导，以人才为支撑。"十三五"时期，广东面临加快经济转型升级的艰巨任务，经济发展动力急需从主要依靠资源和低成本劳动力等要素投入转向创新驱动。以创新驱动为核心的发展方式，急需通过教育提供高素质劳动者和具有创新精神与能力的专门人才作支撑。现有普通高校、职业院校创新人才及技术技能人才培养的规模、质量与创新驱动发展的要求有一定差距。广东省教育领域领军人才不足，高校院士、973首席科学家、长江学者等高层次人才数量与一些教育发达省份相比差距较为明显。高校创新发展整体能力仍然偏弱，在国内外有影响力的高水平大学及一流学科数量不足，普通高校的布局结构、学科专业结构、人才层次类型结构还需进一步调整优化。

随着适龄人口规模结构的改变、人口生育政策的调整、新型城镇化加快推进，各级各类教育同时面临提升质量、调整规模、优化结构的发展重任。根据预测，未来5年学前教育、小学及初中适龄人口将保持增长，高中阶段适龄人口先下降，然后逐步恢复增长，高等教育适龄人口继续下降，但由于广东全面放开异地高考，在校生数还将稳步提高。城镇基础教育优质学位不足与农村基础教育学位过剩现象并存，城镇基础教育生师比过高、大班额问题突出。"十三五"时期，广东省要实现1300万农业转移人口市民化，异地务工人员随迁子女受教育问题将会非常突出。

"十三五"期间实现全面建成小康社会，迫切要求完善基本公共教育服务体系。人民群众生活水平和质量的普遍提高，对于高质量、多样化的教育需求日益增长。广东省基本公共教育服务仍存在短板和薄弱环节，城乡、区域、校际差距的问题仍未有效解决。珠三角地区与粤东西北地区教育发展不平衡现象比较突出，粤东西北地区教育发展水平与现代化要求差距比较明显。教师队伍建设与教育事业发展和人才培养的要求还不相适应，教师资源在区域、城乡、校际、学科之间配置不均衡，教师管理制度有待进一步完善。

"十三五"是广东省建成教育强省和人力资源强省的关键时期，率先全面建成小康社会，迈上率先基本实现社会主义现代化新征程，决定了教育必须走出一条治理体系和治理能力现代化、优质化、多样化、信息化和国际化"五化一体"的教育现代化之路。

第二章 总体战略与发展目标

第一节 总体要求

一、指导思想

全面贯彻党的十八大和十八届三中、四中、五中、六中全会精神，深入贯彻习近平总书记系列重要讲话精神，统筹推进"五位一体"总体布局和协调推进"四个全面"战略布局，牢固树立和贯彻落实创新、协调、绿色、开放、共享的发展理念，全面贯彻党的教育方针，坚持社会主义办学方向，坚持教育优先发展，以提高教育质量和促进教育公平为重点，以教育"创强争先建高地"为总抓手，落实立德树人根本任务，优化教育结构，全面深化教育领域综合改革，加快推进教育信息化，全面推进依法治教，着力推进教育治理体系和治理能力现代化，全面提升教育服务国家战略、服务广东省经济社会发展和个人全面发展的能力，为广东省实现"三个定位、两个率先"目标提供坚实的人才保障和智力支撑。

二、基本思路

坚持创新发展，增强服务经济社会发展能力。全面推进教育领域综合改革，加快调整教育结构，加快创新体制机制，推动科教融合、产教融合，激发学校服务经济社会和创新驱动发展的巨大活力，为广东实施创新驱动发展战略、经济转型升级提供强大动力与支撑。

坚持协调发展，提高教育质量。统筹推进珠三角地区与粤东西北地区教育发展，推动珠三角地区率先实现教育现代化，支持粤东西北地区加快提升教育现代化水平。注重教育内涵发展，把提高教育质量作为教育改革发展的核心任务。以教育供给侧结构性改革为主线，把结构优化作为提高质量的主攻方向，提升教育结构的适应性、开放性、灵活性。促进职业教育与普通教育相互渗透，推进公办教育与民办教育共同发展，推进各级各类教育协调发展，构建相互开放、衔接融通的国民教育体系和终身教育体系。

坚持绿色发展，促进学生健康成长成才。立足学生身心健康发展，把立德树人作为教育的根本出发点和落脚点。深入研究和遵循适应时代发展的教育规律、人才成长规律、经济社会发展规律，扎实推进素质教育，不断创新人才培养模式，改善育人生态，建设绿色校园，建立完善人才绿色评价制度，全面提升人才培养质量和水平，促进每个学生成为社会的有用之才。坚持依法治教，提升教育治理现代化水平。强化生态文明教育，广泛深入开展可持续发展教育。

坚持开放发展，提升国际影响力和竞争力。面向世界，服务"一带一路"国家战略，做好教育对外开放工作，拓展教育资源，培育形成教育发展新的比较优势，提升国际竞争力和区域辐射力。加强教育国际交流与合作，深化粤港澳台教育合作交流，加快培养国际化人才。加快推进区域协同联动发展，坚持"引进来"和"走出去"相结合，丰富教育开放内涵。

坚持共享发展，促进教育公平。不断扩大优质教育资源覆盖面，合理配置教育资源。加快推进义务教育城乡一体化发展，进一步缩小城乡、区域、校际间教育发展差距。切实改善异地务工人员随迁子女、家庭经济困难学生、留守儿童、残障儿童、学习困难学生受教育状况，全面推进教育精准扶贫，维护和保障不同人群公平受教育的权利。

第二节 发展目标

一、总体目标

到2018年，教育结构更加优化，教育服务体系更加健全，教育公平保障、教育发展质量、教育贡献程度、教育治理水平位居全国前列，教育现代化取得重要进展，基本建成教育强省和人力资源强省。到2020年，实现更高水平的普及教育和惠及全民的公平教育，教育现代化发展水平高，基本形成在国内有广泛认同度、在国际上有一定影响力的南方教育高地。

二、具体目标

实现基本公共教育服务均等化。完善幼儿保教体系，学前教育毛入园率96%以上。坚持九年义务教育，实现城乡义务教育均衡发展。高水平高质量普及高中阶段教育，高中阶段教育毛入学率稳定在95%以上。高等教育毛入学率达到50%，高等教育进入普及化阶段。新增劳动力平均受教育年限14年以上，主要劳动年龄人口平均受教育年限12年以上，其中，受过高等教育的比例20%以上。

教育供给更加优质多元。优质教育资源总量不断扩大，教育结构和资源配置更加优化，建成覆盖城乡、开放便捷，满足多层次、多样化学习需求的终身学习公共服务体系。素质教育导向的教育教学体系、人才培养模式和制度环境逐步完善，学生社会责任感、创新精神、实践能力和就业创业能力进一步增强。

教育创新与服务经济社会发展能力明显增强。系统设计高等教育分类发展体系，大力推进高水平大学建设，加强理工科大学和理工类学科建设，推进省市共建普通本科高校，引导部分普通本科高校向应用型转变。加快建设产教融合、校企合作的现代职业教育体系。全省高校的整体发展水平大幅度提升，对经济社会发展的贡献度显著增强，成为引领创新驱动发展的战略高地。

教育体制机制更具活力。依法治教水平明显提升，办学体制灵活开放，人才培养体制机制不断优化，学校内部管理机制不断完善，考试招生制度逐步完善，现代学校制度基本建立，全面实现"一校一章程"。促进民办教育规范特色优质发展的机制不断健全。形成适应发展、科学规范、运行有效的现代教育治理体系。

教育发展基础能力显著提升。教育经费投入保障机制更加健全，教育经费使用绩效和管理水平进一步提高。教师队伍素质结构逐步优化，整体水平不断提升。职业院校"双师型"教师队伍结构进一步优化。高校高层次领军人才队伍、学术骨干队伍和青年后备人才队伍建设实现持续协调发展。新型教育智库支撑教育改革发展更加有力。

教育现代化水平居全国前列。现代教育体系更加完善，教育普惠性充分体现，区域、城乡教育协调发展，教育公平保障制度更加完善。教育治理体系和治理能力现代化、优质化、多样化、信息化和国际化水平居全国前列，到2018年，广东省推进教育现代化先进县（市、区）覆盖率达到85%；到2020年，实现广东省推进教育现代化先进县（市、区）、先进市全覆盖。

附录一　广东省教育发展"十三五"规划（2016—2020年）

第三章　发展任务

第一节　深入实施素质教育

全面加强和改进高校思想政治工作。坚持党对高校的领导，坚持社会主义办学方向，坚持中国特色社会主义道路自信、理论自信、制度自信、文化自信，坚持遵循教育思想政治工作规律。把思想政治工作贯穿于教育、教学全过程，坚持全过程育人、全方位育人。强化思想理论教育和价值引领，实施大学生思想政治教育质量提升工程，全面推进高校思想政治理论课建设体系创新计划，提升思想政治教育亲和力和针对性。发挥哲学社会科学育人功能，加快构建中国特色哲学社会科学学科体系、教材体系和学术评价体系。抓好高校马克思主义学院建设和学生马克思主义理论教育，为学生一生成长奠定科学的思想基础。加强高校课堂教学和各类思想文化阵地建设管理，确保高校成为坚持党的领导的坚强阵地。按规定落实高校思想政治理论课教师、辅导员、心理教师配备比例。

扎实推进学校德育工作。落实立德树人根本任务，构建课堂教学、校园文化、社会实践、学校管理多位一体的教育平台，把培育和践行社会主义核心价值观融入学校教育教学全过程。弘扬中华优秀传统文化和革命文化、社会主义先进文化。建立学校、家庭、社区共同参与的学生品德培养协作机制，落实政府、学校、社会和家庭的育人责任。统筹推进青少年校外活动场所建设和管理，促进大学和中小学德育活动一体化。加强爱国主义教育和集体主义教育，强化理想信念教育和诚信廉洁教育，落实青少年法治教育、科技教育和心理健康教育支持体系。加强民族团结教育。着力实施网络德育能力建设行动计划，构建多样化网络德育共同体，加快实现学校德育治理体系现代化。

深化教育教学与课程改革。统筹推进大中小学德育课程体系建设。研究符合学生认知成长规律、教育教学规律和经济社会发展规律，充满时代精神和广东特色的教育课程体系。省统筹制定中小学课程改革方案，优化义务教育课程结构和内容，破解义务教育课程改革难题。实行"学生减负"工作责任制，开展"学生减负"专项督查和经常性检查，切实减轻中小学生过重课业负担。启动新一轮普通高中课程改革，构建具有广东特色的普通高中课程体系。创新教育教学方法，注重因材施教，实施分层教学，鼓励培养创新能力的综合性教学模式。创新职业教育"校企合作、工学结合"人才培养实现形式。深化高校创新创业教育改革，落实高校毕业生就业促进和创业引领计划，大力推动"大众创业、万众创新"。建立健全体现素质教育要求、以学生发展为核心、科学多元的教育质量综合评价制度，加强教育质量监测体系建设，实施教育质量综合评价。

强化实践育人。坚持教育与生产劳动相结合、与社会实践相结合，构建以培养学生社会责任感、创新精神和实践能力为目标的实践育人体系。更加注重以文化人、以文育人，广泛开展文明校园创建，开展形式多样、健康向上、格调高雅的校园文化活动，广泛开展各类社会实践。加强劳动教育，广泛开展多种形式的勤工助学活动，充分发挥劳动综合育人功能。加强综合实践教育，充分发挥大中小学社会实践基地育人作用，组织学生开展形式多样的社会实践主题活动，加强对大中小学生综合实践活动的指导。

切实加强体育和美育工作。以增强学生体质健康为核心，全面加强学校体育工作，大力培养学生运动兴趣、运动技能和意志品质，提高学生健康认知水平，增强学生体质。加快发展青少年校园足球，把开展青少年校园足球作为引领学校体育改革的突破口。继续实施学校体育行动计划项目，打造学校体育与健康的特色精品课程，促进学校体育场地设施和卫生条件总体达到国家标准，加快形成学校体育、卫生与健康教育持续健康发展的保障机制，实施学校体育评价制度，构建高效的学生体质健康监测评价体系，完善学校、家庭与社会密切结合的学校体育网络，营造学校体育发展良好环境。加强现代文明养成教育，提高学生审美和人文素养。建立课堂教学、课外活动和校园文化"三位一体"的艺术教育发展推进机制。初步形成大中小幼美育相互衔接、课堂教学和课外活动相互结合、普及教育与专业教育相互促进、学校美育和社会家庭美育相互联系的具有广东特色的现代化美育体系。建立学校美育评价制度，整合各方资源充实美育教学力量，推动学校艺术特色发展，坚持面向全体学生，注重传承和弘扬中华优秀文化艺术。

第二节　高水平普及 15 年基础教育

构建高品质公益普惠性学前教育服务体系。有序扩大学前教育资源。实施学前教育行动计划。合理规划和布局幼儿园，加快发展公办幼儿园和普惠性民办幼儿园，扩大规范化幼儿园覆盖面。加快推动农村规范化乡镇中心幼儿园和村级幼儿园建设，实现公办乡镇中心幼儿园和行政村级幼儿园全覆盖。完善学前教育保障机制，鼓励有条件的地区探索和试行建立公办幼儿园生均拨款制度。鼓励社会力量办园，对办园有规范、质量有保障的普惠性民办幼儿园予以扶持和奖补，构建政府主导、社会参与、公办民办并举的公益普惠性学前教育服务体系。整体提升幼儿园内涵发展。健全幼儿园监管体系，消除无证办园现象，推进依法办园。完善幼儿园教师准入制度，贯彻落实《3～6 岁儿童学习与发展指南》和《广东省幼儿园一日活动指引（试行）》，加强幼儿园保教指导，落实教研指导责任区制度。建立科学的学前教育质量监测体系。发展0～3岁婴幼儿早期教育，探索建立婴幼儿早期教育社会服务体系。

实现更高水平的九年义务教育。实现县域均衡，建立健全"以县为主"的义务教育发展责任制，基本均衡的县比例达100%，探索市域义务教育均衡发展，推进义务教育现代化学校建设。合理配置教育资源，科学规划义务教育学校设置，全面提升义务教育学校办学条件，有效扩大城镇教育资源，解决"大班额"问题，保障适龄少年儿童就近入学。推进义务教育课堂教学和课程改革，提高义务教育学校办学质量和水平。通过集团化办学、试行学区制管理、九年一贯对口直升等方式，扩大优质教育资源覆盖面。健全义务教育经费保障机制，促进边远地区、贫困地区、革命老区、民族地区义务教育整体水平的提升。关注学生发展，建立学习困难学生的帮扶机制，改进优异学生培养方式。充分发挥优质教育资源的辐射带动作用，促进优质教育资源共享。

做好异地务工人员随迁子女受教育工作。进一步完善异地务工人员随迁子女平等接受义务教育政策，在公办学位不足的地方鼓励政府通过购买民办学校学位服务方式，保障符合条件的异地务工人员随迁子女就学权利。

高水平高质量普及高中阶段教育。巩固提升高中阶段教育毛入学率，保持普通高中和中职教育规模大体相当。推动普通高中优质多样特色发展。分类指导普通高中全面创优，深入实施薄弱普通高中改造提升、优质普通高中再提升计划。探索差异化培养模式，拓宽学生自主发展渠道，形成多样化办学格局。建立普通高中特色发展导向评价机制，加强创新能力培养，推动有条件的普通高中与高校、科研机构等合作，协同开展创新拔尖后备人才培养试验。全面推行优质普通高中招生名额直接分配制度，分配比例不低于50%，全面取消公办普通高中招收择校生。推动中等职业教育内涵优质高效发展，全面提升学校办学水平和服务能力，稳定规模。继续实施省属及珠三角中职学校面向粤东西北地区"转移招生"。

大力发展特殊教育。积极落实广东省特殊教育提升计划及后续行动。采用多种形式，将实名登记的未入学残疾儿童少年逐一安排接受义务教育。积极发展残疾儿童学前教育，大力发展以职业教育为主的残疾人高中阶段教育，加快发展残疾人高等教育，逐步提高非义务教育阶段残疾人接受教育的比例。适时调整义务教育阶段残疾学生均公用经费标准、高中阶段残疾学生免费补助标准和残疾学生资助水平。加强特殊教育基础能力建设，大力推进标准化特殊教育学校建设、残疾人中高等职业教育基地建设，加快学前特殊教育机构建设，完善残疾学生随班就读服务体系。认真实施国家特殊教育课程改革方案和课程标准，探索开展特殊教育课程改革；积极开展特殊教育教学模式、教学策略和方法改革，加强个别化教育，增强教育的针对性和有效性，提高特殊教育教学质量。

加快民族教育事业发展。实现民族地区基础教育整体发展水平及主要指标高于全省平均水平。提高民族地区学前教育普及水平；巩固民族地区教育"创强"成果，努力推进民族自治县创建广东省教育现代化先进县；巩固提升高中阶段教育普及水平，推动民族特色中等职业教育发展。落实少数民族学生升学优惠政策。继续办好内地民族班。优化内地民族班教育服务管理，加大支持力度，促进健康稳定发展。进一步发挥好广东省内地民族班学生教育管理服务工作协调工作小组的指导监督作用，健全教育行政部门主管、相关部门深度参与的齐抓共管工作机制，引导社会基层组织及各类群体进一步广为接纳内地民族班学生，形成各族学生更为广泛的交往、交流、交融平台。继续落实好广东教育对口支援西藏、新疆、四川甘孜工作规划，加大教育对口支援工作的协调和资源统筹力度，推进组团式人才支援和精准校际结对帮扶工作。

第三节 提升职业教育服务产业转型升级能力

推动职业教育内涵发展。深化职业教育人才培养模式改革，创新工学结合人才培养实现形式，深入推进现代学徒制人才培养；推动中高职一体化发展。促进职业院校专业与职业岗位对接、专业课程内容与职业标准对接、教学过程与生产过程对接、学历证书与职业资格证书对接、职业教育与终身学习对接。科学建立现代职业教育系列标准，建立职业院校标准体系、适应产业发展的专业课程标准体系、现代职业教育质量评价标准体系。适应现代产业结构发展需求，优化职业院校专业结构，优先发展理工科专业，逐步提高理工科专业比例，面向"中国制造2025"、广东省智能制造发展规划（2015—2025年）、广东省现代产业体系的构建，重点打造一批适应区域产业发展、能够发挥引领辐射作用的国家级、省级示范专业点，带动全省职业院校专业建设水平整体提升。服务区域和产业发展的需要，加强应用技术的传承应用研发，提高职业院校技术服务能力。建立职业院校教学工作诊断与改进制度，开展职业院校教学工作及专业评估，加强职业院校人才培养质量监测，建立完善职业教育质量年度报告制度。打造一流职业院校、一流专业，创建全国优质高等职业院校。提升院校管理水平，基本建立依法治校、自主办学、民主管理的运行机制，不断完善多元参与的职业院校质量评价与保障体系。推进职业教育国际化，大力引进国际优质资源，探索国际化专业认证；配合国家"一带一路"战略，利用现代信息技术手段，推动职业教育输出优质资源。

推动产教融合发展。制定并实施《广东省职业教育条例》，完善校企合作制度，落实企业支持和参与职业教育的职责，促进职业教育与产业体系建设同步发展。推动职业院校融入区域技术创新体系，支持职业院校与行业企业建立人才培养和技术技能积累创新共同体，通过校企合作、工学结合、教产对接，形成学校为主、政府推动、行业指导、企业参与的多元化办学模式。创新校企合作办学体制与产教融合机制。推动职业院校参与行业企业技术创新中心、先进装备实验实训中心建设。鼓励职业院校将实训基地建在合作企业，企业将技术研发与应用、员工继续教育和培训基地建在职业院校。支持各地统筹行业产业和教育资源，组建区域职业教育集团，创建产教融合发展示范区。鼓励高等职业院校、行业龙头企业牵头组建实体性职业教育集团，健全董事会、监事会等治理机构和决策机制。建立完善职业教育集团激励机制，开展职业教育集团绩效评价，促进职业教育集团成为产教融合的重要载体。建立产教融合、校企合作、协同发展的现代职业教育"广东模式"。

完善现代职业教育体系。优化职业教育战略性结构布局，根据工业化和新型城镇化发展要求优化职业教育结构，按照主体功能区规划和广东省新型城镇化规划统筹职业教育区域布局。加强省市两级政府统筹，把职业院校布局与服务当地特色优势产业发展有机结合。建立城乡结合、以城带乡的城乡职业教育协同发展机制。积极推动粤东西北地区统筹整合县域职业教育资源，提高有条件的县域中等职业教育持续健康发展能力。创新发展面向农村的职业教育与成人教育，加大新型职业农民的培育力度。以省级职业教育基地（清远基地）和珠三角地区职业教育基地为核心，粤东西北地区各市职业教育基地为骨干，创建现代职业教育综合改革示范区，建成集约化、高水平的职业教育网络。调整优化职业教育层次结构，高等职业教育规模适度增长，加快发展本科及以上层次的职业教育，形成层次分明、结构合理的现代职业教育新格局。促进职业教育体系内部开放衔接，推动中职学校、高职院校、成人高校及本科高校资源整合，实施中高职、应用本科一体化办学。系统构建从中职、专科、本科到专业学位研究生的培养体系，推动中等职业学校、高等职业院校、应用技术类型高校、开放大学各层次联合培养知识型、发展型技术技能人才。鼓励有条件的高等职业院校与本科高校联合培养专业学位研究生。

第四节 提升高等教育发展质量

统筹优化高等教育结构。提升珠三角地区高校建设水平，试点设立本科层次特色学院；加强粤东西北地区高校建设，采取多种支持方式，促进高等教育资源下沉到中等城市和产业聚集区，充分发挥高等教育资源的聚集效应，力争实现每个地市至少有一所本科高校的目标。优化高等教育层次结构，大力发展普通本专科教育，加快发展研究生教育，积极发展成人高等教育。调整优化学科专业结构，建立专业预警机制，形成适应、支撑、引领地方经济社会发展的学科专业体系，突出人才培养与社会需求对接、专业调整与产业发展对接，大力提高理工类学科专业比例，稳定哲学、人文和医学类学科，扶持农林类学科发展。调整人才培养结构，提高应用型技术技能型人才培养比重。优化研究生培养结构，完善学术学位以培养创新能力为目标、专业学位以培养实践能力为目标的研究生培养模式，适当扩大专业学位研究生培养比例。

推进高等教育分类体系建设。建立健全高校分类定位标准和分类指导、分类发展、分类评估机制，开展高校分类管理改革试点。整合高等教育资源，建立完善以办学绩效为导向，适应高校分类发展的办学资源配置机制，引导各高校在本层次本类型中办出特色、争创一流，大力促进全省高校整体水平的提升。

加强高水平大学和高水平理工科大学建设。集中优势资源，重点建设一批高水平大学，加强理工科大学和理工类学科建设。鼓励珠三角地区在整合资源、优化配置、合理布局的基础上高起点新建和改造提升一批理工科大学。支持高校引进国内优质高等教育资源举办特色学院，支持设置小型高水平学院，鼓励举办高水平民办高校。推进省市共建本科高校建设，提升本科高校发展水平，服务区域产业转型升级和经济社会发展。加快推动地方本科高校转型发展，引导一批本科高校向应用技术类型高校转型发展，鼓励独立学院转设为应用技术类型高校。逐步构建层次类型齐全、结构布局合理的师范教育体系，重点支持建设一批高水平师范院校。大力推进南粤重点学科提升计划和特色重点学科建设计划，着力提升学科建设水平。

加快培养创新型人才。以提高人才培养质量为核心，深化高校创新创业教育改革，完善创新型人才培养机制，加强应用型人才培养，建立分类人才培养体系，构建多样化人才培养模式。深入推进高等教育"创新强校"工程，建立健全以教学为中心、以结果为导向的资源配置机制。建设有利于学科间相互融合的高等教育课程体系，建立全省高校优质资源共建共享机制。积极推进学分制、弹性学制、导师制，推行主辅修制、双专业制、毕业证与职业资格证"双证"制度，建立跨校、跨区域、跨类型的学分互认机制。加强高校质量保障体系建设，加快推进高校专业认证。开展企业工作站及创新中心建设，推进产学研联合培养基地建设，搭建协同育人平台，构建政府、高校、科研院所、行业企业协同育人机制。按学位、学科类型建立完善研究生教育分类指导体系。建立健全有利于学生自主学习、创新学习的多元评价机制。建立健全学位授权点动态调整长效机制。创建创新创业教育示范校，完善创新创业实践教育平台，健全就业创业指导与服务体系。

第五节　构建灵活开放的终身教育体系

健全终身学习体系。加快学习型社会建设，推动全省各类城市广泛开展学习型城市创建工作，形成一大批终身教育体系基本完善、各级各类教育协调发展、学习机会开放多样、学习资源丰富共享的学习型城市。到2018年，全省地级以上城市开展创建学习型城市工作覆盖率达90%，珠三角县（市、区）开展创建学习型城市工作覆盖率达80%，粤东西北县（市、区）达60%。支持各类学习型组织建设，鼓励和引导社区居民组建学习共同体。构建终身学习"立交桥"，加快建设广东终身教育学分银行，推进学习成果互认衔接。建立个人学习账号和学分累计制度，畅通继续教育、终身学习通道。鼓励和支持各地推行社区居民"终身学习卡""终身学习账户"等。推进普通学校和职业院校开展课程和学分互认，促进学习者通过考试实现在普通学校和职业院校之间转学、升学。促进职业教育与人力资源市场的开放衔接。畅通一线劳动者继续学习深造的路径，建立在职人员学习、就业、再学习通道，实现优秀人才在职业领域与教育领域的顺畅转换。构建全省开放大学体系，统筹推动各地广播电视大学转型发展，打造全民学习共享平台，满足全民学习、终身学习需要。

提升社区教育内涵发展水平。探索政府购买、服务外包、委托管理等形式，培育多元化终身教育主体，建设新型社区教育治理体系。有效整合社区内教育资源，丰富社区教育内容，创新社区教育形式。积极举办"全民终身学习活动周""市民大讲堂""全民读书节"等群众性学习活动，支持各地培育一批社区教育特色品牌项目。开发具有广东特色的社区教育本土文化课程，建设符合社区居民学习特点的社区教育课程体系和课程资源。推进国家级、省级社区教育示范区、实验区建设。增强对市民教育培训，社区老年教育，青少年校外教育，新型职业农民教育的服务能力。推动城镇社区教育向农村延伸，激发乡镇成人文化技术学校办学活力。加强粤东西北地区城乡社区教育机制和网络建设。积极开展社区教育区域对接、层次对接和类型对接的"三对接"，努力实现农村职业教育、职业培训教育与成人继续教育、终身学习有机整合，协同发展。全省形成以广东开放大学为龙头，以社区学院为骨干，以社区教育学习站（点）为基础的覆盖城乡的社区教育办学网络体系。

深化继续教育改革创新。推动高校各类继续教育归口管理，整合各类继续教育办学资源，促进成人高等教育、自学考试等各类高校继续教育办学形式改革创新。调整专业结构，推动办学模式和人才培养模式改革，建立和完善高校继续教育过程管理和质量监控机制。充分运用现代信息技术手段，开发在线课程，构建以专业核心课程为主体的应用型、职业型专业和课程体系，建立学习方法灵活、学习资源丰富、考试评价科学、服务体系健全的开放与自主学习相结合的网络学习平台，为社会全体成员终身学习提供优质教育服务。从体制机制上完善开放大学在社会教育领域中的试点示范作用，创新开放教育发展模式，加快高等教育、职业教育、继续教育与远程开放教育有机结合。

第六节 提升教师队伍建设水平

加强师德建设。健全师德建设长效机制。深入开展教师职业理想和职业道德教育，把培育良好师德师风作为学校文化建设的核心内容。完善师德规范，健全师德考核机制，把师德表现作为教师考核、聘任（聘用）和评价的首要内容，把师德建设作为学校办学质量和水平评估的重要指标。加强师德宣传，努力营造崇尚师德、争创师德典型的良好舆论环境和社会氛围。加强教师诚信体系建设。强化师德监督，构建学校、教师、学生、家长和社会多方参与的师德监督体系。严肃查处师德违规行为，实行师德一票否决制。

促进教师教育和教师专业发展。深化教师教育改革，推进教师职前教育与职后专业发展有效衔接。创新教师教育体制机制，改进师范生培养模式，实施卓越教师培养计划，提升教师教育质量。科学规划师范生培养规模，逐步实现与教师岗位需求有效对接，鼓励增加师范生录取面试环节。建立教育行政部门、师范院校、教师发展中心、中小学校四位一体的教师专业发展体系，发挥省级中小学教师发展中心的辐射带动作用。加强中小学骨干教师、校（园）长培训工作。全面落实教师全员培训制度，提高培训工作信息化管理水平，根据不同学科、不同阶段、不同层次教师专业发展的递进式需求，按需精准施训，提高培训质量。推进实施乡村教师支持计划，提升乡村教师、校长专业能力与水平。加强职业教育"双师型"教师培养培训和基地建设。推进高校教师发展中心建设，促进高校教师专业发展。

实施一流人才引育工程。深入实施中小学新一轮"百千万人才培养工程"，培养一批基础教育领军人才。加强职业院校专业领军人才队伍建设，实施职业院校专业带头人培养计划。加强高校高层次人才队伍建设，深入实施高校"珠江学者岗位计划"。加强青年教师培养。优化环境，创新机制，支持面向全球引进创新领军人才和学术团队。加强教师国际交流与培训。

深化教育人事制度改革。推进建立县级教育行政部门依法统筹县域内中小学教师资格准入、招聘录用、培养培训、职务（职称）评聘、考核评价、流动调配等管理制度。建立健全与教育事业发展相适应的教职员编制标准动态调整机制。健全教师准入制度，统筹推进中小学教师资格考试和定期注册制度。加快补充乡村教师和紧缺学科教师，深入实施"高校毕业生到农村从教上岗退费"政策。促进中小学教师资源优化配置，推进落实县域内公办义务教育学校教师和校长交流轮岗制度，积极稳妥推进义务教育学校教师"县管校聘"管理制度改革。建立健全聘用优秀人才到学校任教的"绿色通道"。建立健全兼职教师制度，吸引行业企业优秀人才到学校担任兼职教师，鼓励支持高校和企事业单位专业技术人才互相流动。推进教师职称制度和中小学校长职级制改革。深化高校人事制度改革，扩大高校用人自主权，推进下放岗位设置、公开招聘、职称评审、薪酬分配、人员调配等管理权限。探索建立教师退出机制。

完善教师激励保障机制。完善教师表彰制度，营造尊师重教氛围。落实提高乡村教师待遇政策，完善山区和农村边远地区教师生活补助制度。完善有利于人才脱颖而出的分配激励机制，坚持向关键岗位、优秀拔尖人才、学科领军人才和优秀创新团队倾斜。鼓励各地购买或租赁商品房用作学校教师周转宿舍。鼓励高校、科研机构通过发放住房补贴或购买、租赁商品房方式，解决引进人才住房问题。关注教师身心健康，切实保障教师合法权益。

第七节 积极发展"互联网+教育"

加强教育信息化体制机制创新。以"粤教云"为总抓手，加强教育信息化的统筹规划和顶层设计。健全教育信息化决策咨询机制，系统规划基于现代信息技术的教育信息化整体框架。理顺教育信息化管理体制和工作机制，建立"行政统筹、应用驱动、多部门参与"的整体推进机制。探索建立线上学习认证、记录、评价和服务机制，健全数字教育资源知识产权保护机制和准入机制，探索建立"政府主导、市场参与、学校自主选择"的教育信息化投入机制和第三方绩效评估体系。

提升教育信息化基础支撑能力。以深化"三通"工程为重点，加强教育信息化基础支撑能力建设。加快提升教育网络水平，全面提速、升级、扩容，鼓励有条件的地区和学校逐步推进无线教育城域网、无线校园网的建设和应用。继续推动优质数字教育资源"班班通"，全面普及多媒体教学，鼓励有条件的地区和学校加快普及移动学习终端，积极探索建立基于云计算、物联网、传感器、3D打印等新技术和大数据系统的智能学习环境，建成处处能学、时时可学的信息化应用基础环境。继续采用多种方式，大力推进"人人通"，广泛开展基于网络学习空间的教学、教研、学习等活动。加强教育信息化安全管理体系建设，指导教育行业全面落实信息系统安全等级保护工作，建成绿色、安全的教育信息化服务体系。

应用信息技术扩大优质教育资源覆盖面。强化资源整合，建成国家、省、市、县和学校互联互通的教育资源公共服务平台。加快数字教育资源共建共享联盟建设，大力培育社会化资源服务市场，建立多元共建、开放共享的数字教育资源服务供给模式。分类推进数字教育资源开发和应用。大力推动"专递课堂""同步课堂""名师课堂""名校网络课堂"等"四个课堂"建设，探索建立体系化的中小学数字课程体系。加快推动高等教育精品课程共享，建设广东大规模在线开放课程联盟。推进职业教育通识教育课程、虚拟仿真课程和实训共享平台共享，构建虚实结合、校企一体化的职业教育课程云。加强面向特殊教育、学前教育、终身教育的在线专题课程建设。

以信息技术支撑教与学的方式变革。全面普及信息技术教学应用，形成"课堂用、经常用、普遍用"的信息化教学新局面。以信息技术为支撑促进教学方式、学习方式、评价方式和教研方式转变，将信息技术融入学生自主学习能力、发现与解决问题能力、思维能力和创新能力的培养。开展基于大数据的教与学分析技术试验，建立教师发展和学生成长模型，加强数字化教学、学习、教研的模式与机制研究，有效提升教育信息化服务素质教育的水平，促进学生全面、个性发展。深入实施教师信息技术应用能力提升工程，加大教育信息化领军人才、专业人才、名家名师培养力度。实施"智慧教育示范工程"，推动学校教学科研、管理服务和文化建设实现数字化、网络化、智能化。

建立教育管理和决策信息化支撑体系。加快省级教育数据中心建设，统筹推进教育管理信息系统应用与共享，出台教育管理基础数据标准和接口规范，推动教育管理数据的开放共享和信息系统的整合集成，利用系统和数据开展业务管理、决策支持、监测监管、评估评价。构建全省教育数据服务中心，推动"两平台"融合，以信息技术支撑现代教育服务体系，实现各级各类教育数据的全面汇聚和共享，加快教育系统"一门式"政务服务改革，构建"一站式"教育服务门户，为各级教育行政部门管理人员、教师、学生、家长提供全方位的数据服务。推动基于大数据的教育规划与决策支持系统建设和应用，推进教育重大项目在线监测，支持高效、敏捷、协同的教育管理决策，完善教育领域信息公开制度，提升信息化支撑教育治理现代化能力。

第八节 深化教育对外合作与交流

提升教育国际交流合作的质量与水平。配合国家战略，加强与"一带一路"沿线国家的交流与合作，鼓励、支持高校与沿线国家高校建立科研、技术、办学、联合培养的合作平台。继续推进广东省参与双边、多边和区域性、全球性教育交流合作，搭建高层次人文交流机制。不断深化与发达国家的教育合作，大力引进优质资源。支持广东省一流高职院校引进国际先进、成熟适用的职业标准、人才培养标准，引进国际职业教育优质资源，推动职业教育国际化。扩大与"一带一路"沿线国家及南太平洋岛国的职业教育合作，支持优质产能"走出去"，扩大职业教育国际影响。加大政府支持力度，争取社会资源，继续实施好来粤留学生奖学金工作，提高来粤留学吸引力，积极扩大来粤留学生规模，提高培养质量和管理服务水平，提升留学生教育水平。支持和鼓励高校加大选派师生到国外高校交流学习，积极参与国家公派出国留学项目。支持有条件的学校开展孔子学院等中国传统文化传播项目。支持高校引进海外高端人才团队，开展国际科研合作和学术交流。配合推进基础教育现代化，加强基础教育国际交流合作，支持中小学校引进、开发国际理解课程，加强国际化校园文化建设，鼓励学生双向交流，深化国际理解教育，增强学生跨文化交流能力。鼓励中小学校长、教师与国（境）外校长、教师交流，吸收运用国（境）外先进的教学理念、方法，不断提高校长、教师国际化素养。

提升中外合作办学水平。构建多层次多类型的中外合作办学格局。支持引进世界知名大学来粤合作办学，提高中外合作办学质量，加快建设一批高水平合作办学机构和项目，重点支持香港中文大学（深圳）、广东以色列理工学院、深圳北理莫斯科大学等高水平合作办学机构建设和发展。提升职业教育中外合作办学项目质量，积极推动筹办高水平中外合作职业技术高等教育机构。建成一批中外合作办学示范机构、品牌专业和示范课程，培养一批具有国际视野、通晓国际规则、能够参与国际事务和国际竞争的国际化人才；鼓励、支持有条件的学校赴国（境）外办学；鼓励高校与境外高等教育机构开展包括学分互认、学位互授联授、联合培养等多种形式的合作办学；不断提升广东教育竞争力和国际影响力。

加强粤港澳台教育紧密合作。深化粤港澳教育合作，稳步推动粤台教育合作。进一步推进粤港澳教育服务贸易自由化工作，巩固和深化粤港澳在基础教育、职业教育、高等教育方面的交流与合作。探索建立粤港澳台各具特色的高校联盟，建设一批教育交流与合作品牌。落实和推进粤港澳姊妹学校交流计划，积极扩大粤港澳师生交流规模，丰富交流内容，大力提升交流水平。巩固粤台职教联盟，探索涉台合作办学机制，创新粤台合作培养人才模式，鼓励和支持粤港澳台高校、科研院所合作设立实验室、开展科研合作及成果转化工作。

第四章 改革任务

第一节 深化教育领域综合改革

推进教育管办评分离。推动教育从省级向市县政府、向学校放权，构建政府、学校、社会新型关系，形成政府宏观管理、学校自主办学、社会广泛参与的多元化治理格局。建立健全基于规划的省级统筹机制,加强各部门政策配套和职能整合协同,优化省、市、县(市、区)三级政府教育管理职责。加强在粤高校共建共管,建立部、省共建在粤部委属高校的协商平台。推进经费拨款、学费标准、院校设置、招生计划、专业设置、教材审用、教师评聘、学位授权点审核等重点领域改革。推进政校分开,依法明确和保障各级各类学校办学自主权,推动建立政府评价、学校自主评价、第三方评价相结合的教育评价制度。强化政府服务,重点加强教学指导服务、教师培训服务、校园安全纠纷协调服务、基建保障服务、信息服务、质量监测评估诊断、教育教学基本资源服务等。

促进民办教育规范特色优质发展。实施民办学校分类管理,加强民办学校党的建设,加大对非营利性民办学校的扶持力度,确保民办学校分类管理改革平稳有序推进。鼓励社会力量和民间资本提供多样化教育服务,扩大社会资本参与教育基础设施建设,提高民办教育质量,提升民办教育社会声誉。鼓励采取股份制、合作制、合伙制设立民办学校,探索举办混合所有制学校。鼓励公办学校、民办学校开展资源共享、人才交流和深度合作。规范独立学院发展。完善民办学校法人治理结构,健全民办学校收费制度,健全资产管理和财务会计制度,建立教育质量监测评估和风险防控机制。健全民办学校退出机制。

完善教育督导制度。健全督政、督学和评估监测三位一体的教育督导体系。省、市、县人民政府应明确负责教育督导的机构和人员,加强督导能力建设。完善教育督导报告发布制度,加大教育督导公开和问责力度。加强对各级政府和教育部门履行教育职责的督导。加强中小学督导责任区建设,提升责任督学挂牌督导工作水平。建立教育督导部门归口管理的评估监测制度,健全各级各类教育质量监测指标体系,全面开展教育质量监测。建立健全教育督导评估信息系统,推进教育质量监测数据和结果的有效使用。

深化考试招生制度改革。完善基础教育入学制度,合理设置义务教育阶段学区和学校,全面实行按学区免试就近入学办法。完善初中学业水平考试。积极推进高中学校考试招生制度改革。探索实验操作考核纳入中考考试内容。健全普通高中学业水平考试制度,建立健全综合素质评价制度,将综合素质评价纳入高中、高校招生录取体系。实行中等职业学校春秋两季招生,学生根据自身学业水平、兴趣爱好及发展意愿报读中等职业学校,实行注册入学。加快推进高等职业院校分类招考改革,推行"文化素质+职业技能"考试招生方法,逐步提高高等职业院校面向中等职业学校招生比例,完善职业教育"中高职衔接"和"五年一贯制"招生办法,使分类招考成为高职院校招生主渠道。试点应用型本科高校面向中等职业学校招生,建立应用型本科高校面向高职院校选拔培养机制。积极推进高考综合改革。建立基于统一高考和高中学业水平考试成绩,参考综合素质评价的多元录取机制。积极探索部分科目多次考试办法。完善重点大学招收贫困地区学生的倾斜政策，继续实施重点高校招收农村学生专项计划，扩大招生规模，提高农村学生比例。不断完善异地务工人员随迁子女在粤参加中考、高考政策措施。改革完善志愿填报和投档录取办法，深入实施招生"阳光工程"，加强特殊类型考试招生工作管理，努力维护公平公正。形成分类考试、综合评价、多元录取的考试招生模式。深化研究生考试制度改革，逐步建立研究生教育招生规模、结构、布局与经济社会发展相适应的动态调整机制，通过增量安排和存量调整，优化招生结构。

加强新型教育智库建设。统筹推进教育科研院所、教学研究室、教育发展研究中心、高校协同发展，重点支持打造一批水平高、影响力强的新型教育智库，充分发挥教育智库支持决策、创新理论、指导实践、引导舆论、服务社会等功能，为深化教育领域综合改革、推动教育科学发展、提升教育现代化水平提供重要智力支持。鼓励和支持高校建设一批以服务党和政府教育科学民主决策为宗旨、以教育战略问题和公共政策为主要研究对象的新型特色智库。通过政府采购、委托、课题合作等方式，引导相关教育智库开展教育战略研究、政策研究、理论研究、实践研究和教育决策评估、政策解读等工作。创新教育智库组织和管理方式，建设一支德才兼备、理论水平高、政策意识强、富有创新精神的教育研究和决策咨询队伍，形成一套治理高效、充满活力、监管有力的智库管理机制与运行机制。构筑高水平教育科研及教学研究交流与合作平台，推进教育研究方法和技术手段创新，形成一批在全国知名度高的教育研究品牌。建立教育智库成果报告制度，注重教育科研及教学研究成果宣传出版，扩宽成果应用转化渠道，提高研究效益。完善以质量创新和实际贡献为导向的评价办法。

第二节 调整优化教育空间布局

适应新型城镇化发展需要。根据全省新型城镇化和人口发展需要，有序扩充城镇学前教育、义务教育资源，加强学前教育规划建设，稳步扩大公办幼儿园和普惠性民办幼儿园学位资源。科学设置新型城镇化背景下的义务教育学校布局，进一步提高城镇学校学位供给能力。落实新建住宅小区配套建设，促进公建配套学校建设与住宅建设"三同步"。

加快推进粤东西北地区教育发展。适应振兴粤东西北战略，加强教育统筹发展，加大粤东西北地区教育转移支付力度。加强教育基础设施建设，缩小教育装备区域间差距，扩大粤东西北地区优质教育资源覆盖面。建立教师资源在城乡及校际之间的双向流动机制，加强珠三角与粤东西北地区教师对口帮扶工作，建设粤东西北地区省级教师发展中心，建立健全粤东西北地区教师培训机制和交流学习机制,完善教师发展支持体系。加快提升粤东西北地区义务教育均衡优质标准化发展水平。

统筹城乡义务教育一体化发展。科学规划城乡教育设施,实现教育设施建设办学效益、规模效益、社会效益一体化。推进农村教育资源配置达标,优化农村义务教育学校布局,鼓励城市优质教育资源通过学校联盟、集团化办学、对口帮扶、学区化管理等办法,带动农村学校共同发展。推进教育资源向农村学校和城镇薄弱学校倾斜,打通城乡之间义务教育要素流动各个关卡,促进义务教育资源在城乡之间的科学调配,开展城乡义务教育一体化进程试点,加快建成一批示范区,切实缩小区域差距、城乡差距、校际差距,加快实现基本公共服务均等化。

实施教育"精准扶贫"战略。扩大公益普惠性学前教育资源覆盖面,帮助贫困家庭幼儿接受学前教育。全面改善义务教育学校办学条件,健全农村留守儿童教育服务体系,为贫困地区适龄儿童少年接受义务教育提供良好环境。逐步分类推进中等职业教育免除学杂费,率先为建档立卡学生实施普通高中免除学杂费,鼓励有条件的地级以上市稳步扩大免费范围。探索率先建立面向特殊群体的职业培训和继续教育工作统筹机制。完善学生资助体系,实现家庭经济困难学生资助的全覆盖。健全幼儿园和高中教育家庭经济困难学生资助机制,完善从幼儿园到高等教育的资助体系,加强以学籍为基础的学生资助信息系统建设,实现与人口、低保、扶贫、残疾人联合会等部门信息系统的对接,精准识别资助对象,确保应助尽助。落实资助标准动态调整机制,各地应严格落实应由本级财政负担的家庭经济困难学生资助经费。加强寄宿制学校建设,改善学习生活条件,创新寄宿制学生关爱和教育形式。继续实施农村义务教育学生营养改善计划,改善农村义务教育学生营养状况。

第三节 完善高校创新体系建设

优化高校科研组织管理模式。深化高校科技计划管理改革,完善高校科研项目和资金管理配套制度,努力形成创新链条完整、资金链条匹配、监管链条健全的科研项目管理体系。破除高校内部各部门、院系、学科之间的壁垒,综合应用管理技术、资源配置方式、信息技术等手段,以问题为导向打造跨院系、跨学科的大平台、大团队,提升承接大项目、产出大成果的能力。鼓励高校强化统筹协调,制定具体管理办法明确相关平台、团队的责权利关系和绩效考核机制,为相关平台、团队的公开、公平、高效运作创造条件。

完善协同创新体制机制。深化协同机制改革创新,加大国家级协同创新中心的培育建设力度。推动高校与地方政府共建联合研究院、工业技术研究院等校地合作的新型研发机构。鼓励高校主动对接省内重大创新平台、高新区、专业镇等创新载体，推动新兴产业集群发展。建立健全科研创新供需对接机制，搭建高校科研创新信息对接平台，促进科研创新供需双方紧密对接。深化高校科研开放合作，支持有条件的高校将所属重点实验室等创新平台向市场和企业开放，完善开放共享管理制度，吸纳校外科研人员进入创新平台开展创新研究。鼓励和支持高校以项目研究、人才派出和引进、平台基地建设为载体，充分利用国际国内创新资源，深度参与国家重大科研项目和国际科研交流与合作。

加快推进技术转移和成果转化。鼓励和支持高校、科研院所等设立专门的科技成果转化服务机构，积极探索该类机构建设、运行和管理的新机制、新模式，培养打造一支在科研成果转化方面业务精通、技能过硬、充满活力的专业化人才队伍，提高科研成果转化的效率和效益。深入实施经营性领域技术入股改革试点，加大项目组成员科技成果转化收益的分配比例，充分调动高校科技人员推进成果转化的积极性。支持高校教师在岗离岗创业，允许高校科研人员在认真履行所聘任岗位职责的前提下，利用本人及其所在团队的科技成果在岗创业或到科技创新型企业兼职。

完善高校科研考核评价机制。全面深化高校科技评价改革试点，加快建立高校自我评价与用户、市场、专家等第三方评价相结合的评价机制，努力形成开放、透明的评价环境。以质量和贡献为核心实行分类评价，建立基础研究、应用研究、技术开发以及成果转化等科研业绩绩效评价机制。加快下放高校教师专业技术资格评审权，允许有职称评审权的高校自行制定评审办法、资格条件，独立开展职称评审。建立健全科研诚信体系，完善高校科研项目资助、评价等方面的信息公开制度，为社会公众参与科研诚信监督创造条件。

第五章　保障措施

第一节　强化组织保障

加强教育系统党建工作。构建落实全面从严治党责任机制，切实把全面从严治党要求向基层延伸。完善党建工作责任制，强化"党政同责、一岗双责"，逐级落实责任，切实担负起全面从严治党主体责任。切实加强党对教育工作的领导，加强基层党组织建设，扩大党的组织和工作覆盖面，有效发挥基层党组织的战斗堡垒作用和党员先锋模范作用，坚持和完善公办高校党委领导下的校长负责制，充分发挥党委在学校改革发展中的领导核心作用，强化院系党组织的功能与作用。强化中小学党组织在学校工作中的政治核心作用。积极探索民办学校党组织发挥作用的途径和方法。加强党风廉政建设和作风建设，深入推进廉政风险防控工作，健全惩治和预防腐败体系。强化教育领域反腐败体制机制创新和制度保障。

健全领导体制和管理机制。各地要把推动教育事业优先发展作为维护人民利益和促进地区发展的重大战略任务，健全领导体制和决策机制，及时研究解决教育改革发展的重大问题和群众关心的热点难点问题。落实政府发展教育的主体责任，完善地方领导落实教育优先发展的考核评价机制，强化考核督导，并将督导和考核评估结果作为地方领导及办学主管部门领导奖惩和职务调整的重要依据。各部门要切实履行职责，积极主动支持教育改革和发展。

切实维护教育系统和谐稳定。加强教育系统思想政治建设，牢牢把握党对学校意识形态工作的领导权、主导权，切实加强意识形态阵地管理，把握正确方向，强化思想引领，着力提升党员干部师生的思想政治素质。深入贯彻新时期学校思想政治工作新要求，规范课堂、讲座、出版和网络等管理。应用法治思维和法治方式推进校园安全防控体系建设，出台广东省学校安全条例，建设人防、物防、技防为一体的全方位、立体化现代校园治安防控体系，实现学校安全视频监控系统和一键报警设施全覆盖，并与公安机关联网联控。深入开展平安校园创建活动，实现"平安校园"全覆盖。建立完善校园安全隐患排查化解和突发事件应急管理机制。加强师生安全宣传教育和学校安全管理。加强校园及周边环境治安综合治理。

第二节 加大经费投入

健全教育经费投入机制。健全政府投入为主，多渠道筹集经费的体制，落实教育经费"三个增长"法定要求。加强省级统筹，以绩效为导向合理配置教育资源。教育转移支付向扶贫开发重点县、民族县、原中央苏区县、革命老区等粤东西北地区和薄弱学校倾斜。

完善各级各类学生的生均拨款制度。继续完善本科高校和高职院校生均拨款制度，继续推动各地制定中职的生均拨款标准或公用经费标准，鼓励有条件的地区探索和试行建立普通高中和公办幼儿园生均拨款制度。建立健全多渠道筹措资金的社区教育经费保障机制。完善非义务教育培养成本分担机制。推进省属高校学费调整，指导各地推进地方高校、中等职业学校、普通高中学费调整，实施高校学分制收费制度。

深化教育预算制度改革。推进中小学校以校为单位编制年度预算，加强预算管理。健全学校财务公开制度，加强财务监管，提高教育投入效益。

第三节　落实依法治教

全面推进依法治教。完善教育法规及制度体系、规则体系，加快完善地方教育立法。以法治思维和法治方式推进教育领域综合改革和教育治理，加快构建政府依法行政、学校依法办学、教师依法执教、社会依法支持和参与教育治理的教育发展新格局。建立健全教育审计制度，发挥教育审计的内部控制和"免疫系统"功能。加强教育系统法治人才培养培训。

大力推进依法治校。健全依法办学、自主管理、民主监督、社会参与的现代学校制度，进一步明确学校办学权利和义务，落实学校办学主体地位。全面提高学校治理能力，健全章程执行和监督评价机制，推进章程实施。健全"一校一法律顾问"制度。健全学校重大决策合法性审查制度，完善依法决策机制。完善师生权益保护机制。健全学校安全风险防控机制。建成一批依法治校示范县（市、区）和一大批高标准的依法治校示范校。

深入推进依法行政。完善教育行政组织和行政程序法律制度，推进机构、职能、权限、程序、责任法定化。建立健全依法决策机制、教育行政机关内部重大决策合法性审查机制、教育重大决策终身责任追究制度及责任倒查机制。健全教育部门规范性文件审查和清理制度。加强教育法治工作队伍建设。推进教育行政执法体制机制改革，严格实行教育行政执法人员持证上岗和资格管理制度。加强教育执法工作的指导和监督，落实教育行政执法责任制。健全教育领域纠纷处理机制，积极探索建立在法治框架内的多元化矛盾纠纷解决机制。

切实加强教育普法工作。落实"七五"普法工作规划，完善青少年学生法治教育和宣传机制。把法治教育纳入国民教育体系，实施教育系统法治观念提升工程。建立健全校长、教师学法制度。推动市、县（市、区）青少年法治教育实践基地建设，每个县至少建立一个青少年法治教育实践基地。推进省级教育法治研究基地和专业智库建设。

第四节　加强基础保障

完善学校基础设施建设。推动地方各级政府统筹学校布局规划，科学安排教育基本建设投资，并纳入国民经济和社会发展总体规划、土地利用总体规划、各级城乡规划和"十三五"时期建设规划。鼓励各级政府出台对各级各类学校基本建设经费的优惠政策。鼓励探索学校基本建设融资机制。加强学校基本建设业务指导。

实施教育装备提升工程。推进农村教学点办学条件达标建设，提升全省教育装备现代化水平。推进中小学校"创新实验室"建设，积极稳妥推进实验操作考核工作，提升全省教育装备应用效能。建立健全教育装备质量安全管理体系，加强对中小学实验室、教学仪器设备的质量监管，提升全省中小学教育装备质量。推进中小学图书馆（室）标准化建设，举办"南国书香校园"系列活动，提升全省中小学图书馆（室）的育人功能。加强普通高校、职业院校的装备建设和实验室、实训中心（基地）安全管理，积极推动高校贵重仪器设备的共建共享。

推进教育后勤工作科学化、规范化和制度化建设。深化学校后勤社会化改革，逐步建立统一开放、竞争有序的学校后勤服务市场体系。全面推进教育后勤服务向精细化、标准化、信息化和智能化转变，率先打造具有广东教育特色"效率后勤""平安后勤""公平后勤""绿色后勤""智慧后勤"和"文化后勤"。

第五节　推进组织实施

加强规划的组织落实。《广东省教育发展"十三五"规划》是指导全省教育改革与发展的纲领性文件，必须加强规划的组织与落实，周密部署、精心组织、落实责任、强化监督，分解目标任务、明确职责分工、制订工作进度表并向社会公布，确保规划内容落到实处。各市县、各级各类学校要按照国家及省教育发展"十三五"规划精神，制定本市县教育发展"十三五"规划、本学校"十三五"规划。

完善监督评估机制。加强规划实施的监督检查，组织对规划实施情况的中期评估和跟踪监测，定期发布教育改革发展动态，发布年度监测报告。及时向社会公布规划实施进展状况，主动接受家长、社会、媒体参与规划实施的监督，将社会各界对规划的意见和建议作为规划调整的重要依据。

附录二 2016 年广东省家庭经济困难学生资助政策简介

党和国家高度重视家庭经济困难学生上学问题。近年来，国家和广东省密集出台相关资助政策、措施，已建立起覆盖学前教育至研究生教育的学生资助政策体系，从制度上保障了不让任何一个学生因家庭经济困难而失学。2016 年广东省家庭经济困难学生资助政策如下。

一、学前教育阶段

资助学前教育家庭经济困难儿童、孤儿和残疾儿童入园和生活等费用。
资助对象：广东省 3～6 岁常住人口家庭经济困难儿童、孤儿、残疾儿童。
资助标准：每人每学年 1000 元。

二、义务教育阶段

全面免除义务教育阶段学生学杂费，免费提供教科书，为农村学生免费配发汉语字典，农村寄宿学生免收住宿费，向农村家庭经济困难学生和民族地区寄宿制民族班学生提供生活费补助，实施农村义务教育学生营养改善计划。

（一）农村义务教育阶段家庭经济困难学生生活费补助

资助对象：农村义务教育阶段家庭经济困难学生。
资助标准：一般困难学生每生每学年 200 元；特殊困难学生小学每生每学年 500 元，初中每生每学年 750 元。

（二）义务教育阶段少数民族地区寄宿制民族班学生生活费补助

资助对象：义务教育阶段少数民族地区寄宿制民族班学生。
资助标准：小学生每学年每生 800 元，初中生每学年每生 1000 元。
备注：享受义务教育阶段寄宿制民族班生活费补助的学生，不再享受农村义务教育阶段家庭经济困难学生生活费补助。

(三) 农村义务教育学生营养改善计划试点

省级试点资助对象：韶关市乳源瑶族自治县、清远市连山壮族瑶族自治县和连南瑶族自治县县城以外的农村学校义务教育阶段在校学生。

省级试点补助标准：每人每天补助5元，每学年按200天计算。

鼓励各地自行出资开展试点。

三、高中教育阶段

建立起以政府为主导，国家助学金为主体，学校减免学费和顶岗实习等为补充，社会力量积极参与的高中教育阶段家庭经济困难学生资助政策体系。

（一）普通高中学校国家助学金

资助对象：全日制普通高中正式学籍的家庭经济困难在校学生。

资助标准：每生每学年2000元。

（二）中等职业学校国家助学金

资助对象：中等职业学校全日制正式学籍一、二年级涉农专业学生和非涉农专业家庭经济困难学生。

资助标准：每生每学年2000元。

（三）中等职业学校免学费政策

资助对象：中等职业学校全日制正式学籍一、二、三年级在校生中所有农村（含县镇）学生、城市涉农专业学生和家庭经济困难学生（艺术类相关表演专业学生除外）。

免学费标准：每人每年3500元。民办中等职业学校经批准的学费标准高于财政补助的部分，学校可继续向学生收取。

（四）学校资助措施

学校利用从事业收入提取的资助资金、社会组织和个人捐赠资金等，用于减免学费、设立校内奖助学金和特殊困难补助等支出。

四、高等教育阶段

形成了以政府投入为主、高校落实责任、社会积极参与三方共同支持的多维度、多渠道的资助体系，建立了以国家奖学金、国家励志奖学金、国家助学金、国家助学贷款为主，学费补偿、助学贷款代偿、勤工助学、学费减免、社会资助和确保家庭经济困难学生顺利入学的"绿色通道"制度等有机结合的资助政策体系。此外，结合省情，制定了符合广东特色的专项资助政策，即广东省贫困家庭大学新生入学资助、广东省少数民族聚居区少数民族大学生资助和"南粤扶残助学工程"。

入学时，家庭经济特别困难的新生如暂时筹集不齐学费和住宿费，可在开学报到的当天，通过学校开设的"绿色通道"报到。入校后再向学校申报家庭经济困难，由学校核实认定后采取不同措施给予资助。其中，解决学费、住宿费问题，以国家助学贷款为主，以国家励志奖学金等为辅；解决生活费问题，以国家助学金为主，以勤工助学等为辅。

（一）研究生国家奖助学金

1. 研究生国家奖学金

奖励对象：普通高校中表现优异的全日制研究生。

奖励标准：博士研究生国家奖学金每生每年30000元，硕士研究生国家奖学金每生每年20000元。

2. 研究生学业奖学金

奖励对象：普通高校中表现良好的全日制研究生。

奖励标准：省财政按博士研究生人均每年10000元，硕士研究生人均每年8000元给予支持。高校可根据实际情况，分档奖励。

3. 研究生国家助学金

资助对象：纳入全国研究生招生计划、没有固定工资收入、规定学制期内的全日制在读研究生。

资助标准：博士研究生每生每年10000元，硕士研究生每生每年6000元。

4. 研究生"三助一辅"岗位津贴

研究生在不影响专业学习和研究的原则下，参加学校设置的"三助一辅"（助研、助教、助管和担任学生辅导员工作）岗位，获得一定的津贴报酬，帮助完成学业。"三助一辅"岗位津贴标准由高校依据国家有关规定，结合当地物价水平等因素合理确定。

（二）本专科生国家奖助学金

1. 本专科生国家奖学金

奖励对象：特别优秀的二年级以上（含二年级）的全日制普通高校本专科

(含高职、第二学士学位）在校生。

奖励标准：每生每年8000元。

2. 本专科生国家励志奖学金

奖励对象：品学兼优、家庭经济困难的二年级以上（含二年级）的全日制普通高校本专科在校生。

奖励标准：每生每年5000元。

3. 本专科生国家助学金

资助对象：家庭经济困难的全日制普通高校本专科在校生。

资助标准：人均每年3000元，高校可根据学生家庭经济困难程度分档资助。

（三）国家助学贷款

包括校园地助学贷款和生源地信用助学贷款。贷款对象是家庭经济困难的全日制普通高校本专科生和研究生。贷款金额原则上本专科生每生每学年最高申请金额不超过8000元，研究生不超过12000元。国家助学贷款利率按照中国人民银行公布的法定贷款利率和国家有关利率政策执行。贷款学生在校学习期间的国家助学贷款利息全部由财政补贴，毕业后的利息由贷款学生本人全额支付。贷款学生毕业后的两年内只还利息不还本金，毕业后第三年开始偿还本金。广东省高校在校生可在就读高校申请校园地助学贷款，本省户籍的学生可在入学前向户籍所在县（市、区）申请生源地信用助学贷款。

（四）广东省家庭经济困难大学新生资助

资助对象：广东省当年考入全日制普通高等学校的家庭经济困难大学新生。

资助标准：按省级人民政府制定的学费标准，最高不超过6000元。

考入省内高校的新生开学时向学校申请，考入省外的新生向户籍所在地县级教育部门申请。

（五）广东省少数民族聚居区少数民族大学生资助

资助对象：户籍在广东省少数民族聚居区，且小学和初中均在少数民族聚居区学校就读，2013年及以后通过普通高考，考上全日制本专科院校（含省外学校）的少数民族大学生。

资助标准：每生每学年10000元，资助周期为本专科就读期间。符合条件的少数民族大学生向入学前户籍所在地的县（市、区）民族工作部门提出资助申请。

（六）"南粤扶残助学工程"专项资助

资助对象：广东省户籍新入学残疾人大学生，包括当年度入学的全日制普通高校的残疾人本专科生和纳入国家招生计划的全日制残疾人研究生（含硕士研究生、博士研究生，有固定收入的除外）。

资助标准：专科生每人一次性资助10000元，本科生每人一次性资助15000元，硕士研究生每人一次性资助20000元，博士研究生每人一次性资助30000元。

符合条件的残疾人大学生向入学前户籍所在地的县（市、区）残疾人联合会提出申请。

（七）学费补偿和国家助学贷款代偿政策

1. 高校学生应征入伍服义务兵役学费补偿和国家助学贷款代偿及退役复学后学费资助政策

补助对象：应征入伍服义务兵役的高校在校生、毕业生及退役后复学的原高校在校生。国家对应征入伍服义务兵役的高校学生在校期间缴纳的学费实行补偿、对在校期间获得国家助学贷款（含高校国家助学贷款和生源地信用助学贷款）实行代偿，退役后复学的原高校在校生实行学费资助。

补助标准：本专科生每学年不超过8000元。每学年实际缴纳的学费或获得的国家助学贷款低于8000元的，按照学费和国家助学贷款两者就高的原则，实行补偿或代偿。

2. 广东省退役士兵就读高职院校资助政策

资助对象：复学或通过技能考试考入广东省高等职业院校的、生源地为广东欠发达地区的退役士兵。

资助标准：每生每学年7000元。

3. "三支一扶"助学贷款代偿

毕业后到农村基层从事支农、支教、支医和扶贫工作，服务期满考核合格的高校毕业生，继续在经济欠发达地区基层工作满1年，可申请代偿其在校学习期间获得的国家助学贷款本息。

（八）学校资助措施

1. "绿色通道"

全日制普通高校对被录取入学，家庭经济确实困难、无法缴纳学费的新生，一律先办理入学手续，然后再根据核实后的情况，分别采取不同办法予以资助。

2. 勤工助学

学生在学校的组织下，利用课余时间，通过自己的劳动取得合法报酬，用于改善学习和生活条件。学生参加勤工助学的时间原则上每周不超过8小时，每月不超过40小时。最低小时工资原则上不低于每小时8元。

3. 学费减免

对全日制普通高校中家庭经济特别困难、无法缴纳学费的学生，特别是其中的孤残学生、少数民族学生及烈士子女、优抚家庭子女等，实行减免学费政策。

4. 其他资助政策

高校利用从事业收入提取的资助资金、社会组织和个人捐赠资金等，设立奖学金、助学金，用于奖励和资助本校学生。

附录三 2016年广东省学生资助工作大事记

2016年1月7日,广东省教育厅公布第二届"国家资助 助我飞翔"励志成长成才优秀学生典型评选结果。广东省评选出100名"国家资助 助我飞翔"励志成长成才优秀学生典型,其中2人获得全国优秀学生典型。

2016年1月25日,广东省教育厅印发《广东省学生资助工作绩效考评办法》(粤教助〔2016〕1号),引导并规范广东省各地各学校贯彻落实国家资助政策,提高学生资助管理水平。

2016年1月,广东省地市属中职学校(含技工学校)的免学费补助标准从2015年的每年3000元提高到3500元,此项工作列入2016年广东省十件民生实事。

2016年2月4日,广东省教育厅与广东省财政厅联合下发《关于调整完善学前教育资助政策的通知》(粤财教〔2016〕22号),广东省学前教育困难家庭幼儿资助标准从每年300元提高到1000元,此项工作列入2016年广东省十件民生实事。

2016年3月15日,下达2016年广东省学前教育家庭经济困难儿童资助资金16000万元,全省共有约33.9万名幼儿受助。

2016年3月31日,2016年全省学生资助工作会议在广州召开。会议总结了"十二五"时期广东省学生资助工作,研究部署"十三五"学生资助工作任务和2016年学生资助重点工作。会议对全面落实教育扶贫、突出精准资助、落实广东省民生实事、推进生源地信用助学贷款等重点工作进行了部署。会议由省教育厅副巡视员陈健主持,省教育厅党组成员、副厅长邢锋出席会议并讲话。

2016年3月,对中职资助工作规范化管理进行检查,建立各地市各学校规范化管理机制。

2016年4月14日,广东省教育厅开展"2015年广东省高校学生资助育人提升计划"项目中期检查工作,各立项项目负责人对项目基本情况、已取得研究成果和研究中的重点与难点问题,以及下一步研究计划进行汇报,检查专家组对项目的下一步研究提出指导建议,确保项目顺利结题并取得预期的成效。

2016年4月25日,《南方日报》宣传报道广东省"十二五"期间的资助政策成效。"十二五"期间,广东省实现了从学前教育到研究生教育阶段资助政策的全覆盖,总共资助各级各类学生1317.8万名,资助金额179亿元,同时不断提高资助标准，并注重向农村地区、贫困地区、民族地区、特困群体和特殊专业给予政策倾斜，彰显政策的公平性。

2016年4月，全省进一步扩大生源地信用助学贷款覆盖区域。2016年广东省共有韶关、湛江、清远、肇庆、阳江、茂名和云浮7个地市辖属的55个县（区）开展推行生源地信用助学贷款工作，较2015年新增5个地市的约24个县（区）。

2016年5月4日，发动广东全省教育系统做好2016年国家资助政策与资助成效宣传工作，制订宣传方案，把握宣传关键时间节点，采取多种宣传形式，精心安排，周密部署，形成有广度、有深度、有社会影响力的宣传声势，让国家学生资助政策家喻户晓。

2016年5月20日，广东省教育厅联合广东省宋庆龄基金会修订了《广东省宋庆龄奖学金评选办法》。

2016年5月26日，广东省教育厅、广东省宋庆龄基金会联合下发《关于开展2016年度广东省宋庆龄奖学金评选工作的通知》，下达683名优秀学生名额。

2016年5月，完成2015年高校助学贷款风险补偿金返还相关工作。共发放2015年合同到期的国家助学贷款风险补偿金奖励性返还资金3548.9601万元。

2016年5月，广东省举行"学生资助诚信教育宣传月"活动，各高校紧贴大学生实际，围绕诚信教育主题，结合多种形式、多种渠道，宣传学生资助政策相关内容和国家征信知识，强化资助育人功能，形成"诚信教育"长效机制。

2016年6月2日，部署广东省2016年"国家资助和助学贷款政策下乡行"活动相关工作，全省各地共有67所高校、134支队伍、1428名指导老师和学生，分赴广东省各县区的124个乡镇、144个村，开展形式多样的资助政策宣传活动，在学生中深化诚信、励志、感恩教育。

2016年6月4日，中共广东省委、省政府印发《关于新时期精准扶贫精准脱贫三年攻坚的实施意见》（粤发〔2016〕13号），决定"在落实现有各教育阶段家庭经济困难学生资助政策的基础上，对（建档立卡）贫困户子女就读小学、初中、高中、中职（含技校）、大专阶段实行生活费补助"。

2016年6月13—15日，广东省教育厅与国家开发银行联合开展2016年生源地信用助学贷款业务培训工作。开展生源地信用助学贷款业务的7个地市及所辖县（市、区）教育局助学贷款工作负责人、经办人参加了培训，提高了相关工作人员生源地信用助学贷款政策水平和业务能力，为2016年生源地信用助学贷款工作顺利开展打下基础。

2016年6月24日，广东省政府印发《关于进一步完善城乡义务教育经费保障机制的通知》（粤府〔2016〕68号），从2017年起，调整本省家庭经济困难学生生活费补助政策,对城乡义务教育家庭经济困难寄宿生实行生活费补助,小学和初中的补助标准分别为每生每年1000元和1250元,农村非寄宿生按原标准执行。

2016年6月27—29日,全国学生资助管理信息系统义务教育和普通高中子系统应用培训班在广州举办。全面启用全国学生资助管理信息系统普通高中和义务教育子系统。全省各市、县(市、区)义务教育和高中学生资助管理人员约200人参加培训。资助系统的建设和应用,进一步规范全省普高和义务教育阶段学生资助业务管理工作,提高全省教育部门对学生资助信息的统计分析与监管水平,提升全省学生资助政策研究与决策水平。

2016年6月,向广东全省高校学生发放《高等学校学生资助政策简介》64万册,确保当年秋季被录取的全日制本专科(含高职)新生人手一册。

2016年6月,广东省教育厅联合广东广播电视台现代教育频道拍摄制作助学贷款公益宣传片,在现代教育频道、腾讯网等平台播出,同时发动各地市教育局、各普通高校及时下载宣传片,安排在当地媒体、相关网站、微信公众号平台、学校多媒体等媒介进行播放,加大资助政策宣传的力度。

2016年6月,广东省共有117所高校的68283份国家开发银行助学贷款合同进入还本期,涉及到期的本金总额为3.75亿元。截至6月30日,广东省高校助学贷款到本结清率为88.20%,违约率为0.75%,风险防范成效良好。

2016年6月,广东省127所贷款高校上缴2015—2016学年国家助学贷款风险补偿金高校承担部分资金1619.4827万元。

2016年7月10日上午,广东省"国家资助和助学贷款政策下乡行"活动启动仪式在广州大学城广东工业大学体育馆举行。广东省教育厅副巡视员陈健、国家开发银行广东省分行副行长常守国等同志出席启动仪式并讲话。全省共有66所高校、133支大学生志愿宣传队参加,志愿宣传队走进广东美丽乡村,走进千家万户,把国家和本省的资助政策送到最迫切需要的家庭和学子手中。

2016年7月26日,广东省教育厅下发《广东省教育厅办公室关于加快落实学前教育困难家庭幼儿资助和中等职业教育免学费民生实事工作的通知》(粤教助函〔2016〕35号),加快推进当年民生实事工作。

2016年8月11日,广东省第八届宋庆龄奖学金评审工作会议在广州召开,全省共683名高二年级学生获得第八届宋庆龄奖学金,茂名市、湛江市、潮州市教育局获得第八届广东省宋庆龄奖学金优秀组织奖。

2016年8月16日,全省清算下达2016年高校本专科生国家奖助学金5464.97万元,研究生国家奖助学金1170.92万元。

2016年8月16日,全省下达2016年中央财政中等职业教育免学费资助资金

2849万元，助学金182万元。

2016年8月16日，全省下达2016年中央财政普通高中教育助学金183万元。

2016年8月17日，国家开发银行广东省分行行长郭蕾一行造访广东省教育厅，与罗伟其厅长等共同商议双方在教育扶贫攻坚、国家助学贷款、青年干部交流融合等方面的交流合作。

2016年8月18日，下达2016年中央财政学前教育资助资金1760万元。

2016年8月29日，广东省教育厅对国家开发银行高校助学贷款2016年到期合同7月广东省内的结清情况进行通报，并联合国家开发银行广东省分行对9月份到期合同7月底结清率低于80%的13所普通高校召开座谈会。

2016年8月30日，在《人民日报》刊登《为梦想点灯，照亮孩子未来——广东省多措并举努力实现精准资助》，详细介绍广东省"十二五"期间从学前到高等教育阶段的一系列资助政策。

2016年9月2—3日，教育部全国学生资助管理中心到广东省检查高校2016年家庭经济困难新生入学资助工作，检查组实地察看了华南农业大学、广东工业大学、广东培正学院等3所高校，充分肯定了广东省高校新生入学资助工作。

2016年9月12—13日，广东省教育厅召开了2016年学前教育资助规范化管理研讨会。汕头、佛山、韶关、中山、江门、湛江、肇庆、云浮等8个地市教育局负责学前教育资助的同志和部分幼儿园园长参加了研讨会，参会人员对《广东省学前教育资助工作指南（初稿）》进行了研讨交流。

2016年9月19日，召开了精准资助建档立卡家庭经济困难学生工作研讨会，广东省教育厅、财政厅、民政厅、扶贫办、残疾人联合会等部门的负责同志参加研讨。

2016年9月25日，全省预安排2016年秋季学期普通高中建档立卡学生免学杂费补助省财政资金2548.2万元。

2016年9月26—27日，广东省教育厅与国家开发银行股份有限公司广东省分行在广东邮电职业技术学院联合举办了广东省2016年高校助学贷款业务培训，全省2016年高校助学贷款工作全面展开。

2016年9月27日，全省追加下达2016年省级财政中等职业教育免学费资助资金29369万元。

2016年10月11日，广东省扶贫开发领导小组印发《省教育厅等单位贯彻〈关于新时期精准扶贫精准脱贫三年攻坚的实施意见〉配套实施方案》，明确了建档立卡学生就读义务教育、高中阶段教育和大专教育的免学费和生活费补助标准。

2016年10月25日，全省下达2016—2017学年建档立卡学生免学费和生活费补助资金35948.79万元。

2016年11月1日，广东省教育厅在广州召开了2016年本专科生国家奖学金评审会，陈健副巡视员出席会议并讲话。有关高校学生资助负责人和省教育厅有关处室负责人组成的评审委员会对132所高校报送的2019名国家奖学金初审材料进行了审核。评审委员会认为学校报送的材料符合要求，同意报教育部进行终审。

2016年11月26日，广东省教育厅与广东银监局在大学城广州大学联合举办"送金融知识进校园集中宣传活动日"活动，陈健副巡视员出席并讲话。省内29家商业银行以及广东银行同业公会、广东省消费者委员会、广州市公安局反电信网络诈骗中心共同参与了本次活动，广州大学城10所高校超过1000名大学生参与了宣传活动。

2016年12月3日，第八届广东省宋庆龄奖学金颁奖大会在广东科学中心举行，广东省委常委、统战部部长林雄，原广东省政府副省长蓝佛安，广东省教育厅厅长罗伟其和副书记景李虎等领导出席颁奖大会，全省共有683名普通高中学生获得广东省宋庆龄奖学金。

2016年12月5日，全省下达2017年普通高中国家助学金23781.92万元，下达2017年中职学校免学费补助资金99071.6867万元，下达2017年中职学校国家助学金6951.184万元。

2016年12月6日，全省下达2017年学前教育家庭经济困难儿童资助资金24163.364万元。

2016年12月6日，广东省教育厅、财政厅、人力资源和社会保障厅、民政厅、扶贫办和省残疾人联合会等六部门联合印发《关于做好我省2016年精准资助建档立卡等家庭经济困难学生工作的通知》，要求各地各学校做好建档立卡等家庭经济困难学生的免学费和生活费补助工作。

2016年12月8日，全省下达2017年建档立卡学生免学费和生活费补助资金35365.71万元。

2016年12月16日，广东省教育厅在广州召开了2016年高校国家励志奖学金评审会，陈健副巡视员出席会议并讲话。有关高校学生资助负责人和广东省教育厅有关处室负责人组成的评审委员会对133所高校报送的50300名国家励志奖学金申报材料进行了审核。评审委员会认为学校报送的材料符合要求，同意华南农业大学刘锋军等50300名学生获得2015—2016学年年度国家励志奖学金。

2016年12月20日，广东省高校共成功办理国家开发银行校园地助学贷款业务合同48498个，合同金额约33589.07万元，较2015年增加合同3544个，增加金额约 3874 万元。贷款规模增加 13%。2016 年广东省校园地助学贷款合同到期结清率为 98.58%，实现了没有一所高校需要分担助学贷款风险补偿金的目标。

2016 年 12 月 20 日，广东省共有 54 个县级学生资助管理中心办理国家开发银行生源地信用助学贷款业务合同 2359 个，合同金额约 1768 万元，较 2015 年增加合同 1493 个，增加金额约 1127 万元，贷款规模增加 176%。

2016 年 12 月 20—21 日，全国中职精准资助经验现场会在佛山市顺德区召开。教育部全国学生资助管理中心副主任涂义才、广东省教育厅副厅长邢锋和教育部职业教育与成人教育司领导出席并讲话。全国各省学生资助和中职工作负责人共 120 余人参加会议。参会人员到北滘职业技术学校、陈村职业技术学校进行了现场观摩。

2016 年 12 月 30 日，广东省教育厅公布 2015 年度学生资助工作绩效考评结果，全省共有 6 个地市、44 所高校和 4 所省属中职学校获得优秀。

2016 年 12 月 30 日，广东省教育厅公布全省 2015—2016 学年度高校国家励志奖学金获奖者名单，全省高校共有 50300 名学生获奖。

附录四　广东省2016年学生资助工作知晓度与满意度调查问卷

您好！我们是益先社会工作研究院的研究员，为全面贯彻落实党和政府对家庭经济困难学生资助政策，落实"助学育人、立德树人"的资助理念，提高学生资助精准度，课题组组织本次问卷调查，希望得到您的支持与协助。该问卷数据只用于统计分析，我们确保会对您的资料保密，并采用匿名方式，您只需按照您的真实意愿回答即可，答案没有对错之分。再次感谢您的支持与配合！

益先社会工作研究院
二〇一七年五月

一、个人基本信息

1. 学生就读所在地市是［单选题］［必答题］
○ 佛山市
○ 韶关市
○ 湛江市
○ 广州市

2. 学生正处于哪个学习阶段［单选题］［必答题］
○ 学前教育
○ 小学
○ 初中
○ 普通高中
○ 中职
○ 高职高专
○ 大学本科
○ 硕士研究生
○ 博士研究生

3. 学生的性别是［单选题］［必答题］
○ 男
○ 女

4. 学生的户籍是［单选题］［必答题］

○ 广东省

○ 非广东省

二、家庭基本信息

5. 学生家庭所在地为［单选题］［必答题］

○ 农村

○ 县城或镇区

○ 地级市所辖区

○ 省城所辖区（广州、深圳）

6. 家庭最符合以下哪一种类型［单选题］［必答题］

○ 孤儿

○ 烈士或因公牺牲军警家庭

○ 低保家庭

○ 特困职工家庭

○ 单亲

○ 离异家庭

○ 农村五保户或扶贫户

○ 少数民族

○ 以上都不是（一般家庭）

7. 家庭成员每月收入之和（扣除社会保险和个税后）最接近以下哪一个选项［单选题］［必答题］

○ 1400 元及以下

○ 2000 元

○ 2600 元

○ 3200 元

○ 3800 元

○ 4400 元

○ 5000 元

○ 5600 元

○ 6200 元

○ 6800 元

○ 7500 元及以上

○ 无收入

○ 孤儿（无父母）

8. 家庭收入来源还有以下哪几项［多选题］［必答题］

□ 祖父母工资或养老金

□ 住房或店铺出租收入

□ 银行存款利息收入

□ 股权分红收益

□ 稿酬或其他零星收入

□ 父母兼职收入

□ 汽车或其他资产出租收入

□ 政府救助

□ 定期社会捐赠（不含偶然捐赠）

9. 学生的学费和生活费来源是［多选题］［必答题］

□ 家庭存款和父母工资

□ 长辈、老师和亲友无偿资助

□ 国家助学贷款

□ 普通商业贷款

□ 向亲友借钱

□ 国家助学金等政府资助

□ 低保补助等民政部门资助

□ 工会发放的特困职工补助

□ 勤工助学（含自主创业）

□ 学校奖学金

10. 与家庭经济状况相比，你认为学费、生活费和住宿费最符合以下哪一个选项［单选题］［必答题］

○ 占家庭资产和收入的比例较小，家庭能够轻松承担

○ 占家庭资产和收入的比例合适，家庭在合理安排支出的情况下能够承担

○ 占家庭资产和收入的比例较大，家庭在大幅约束支出的情况下能够承担

○ 占家庭资产和收入的比例很大，全额支出后家庭基本支出有问题或需要负债

○ 超出家庭资产和收入水平，家庭无法承担，如果得到资助则可以继续学习

○ 超出家庭资产和收入水平，家庭无法承担，即使得到资助也不想继续学习

三、对学生资助工作的评价

11. 请选出学生曾经获得过的资助项目［多选题］［必答题］

☐ 学前政府资助

☐ 义务教育生活费补助

☐ 普通高中国家助学金

☐ 中职国家助学金

☐ 中职国家免学费

☐ 本专科生国家助学金

☐ 本专科生国家奖学金

☐ 国家励志奖学金

☐ 研究生国家助学金

☐ 研究生国家奖学金

☐ 研究生学业奖学金

☐ 学校减免学费和杂费

☐ 学校奖学金

☐ 学校减免住宿费

☐ 学校发放的特困生补助（校园卡充值、餐券等）

☐ 勤工助学

☐ 社会捐赠

☐ 未获得过资助

12. 关于政府学生资助工作的情况，请选出最符合你的一个选项［单选题］［必答题］

○ 我不知道政府学生资助政策

○ 我知道政府学生资助政策，但不了解如何申请，也不知道班上哪些学生获得了资助

○ 我知道政府学生资助政策，但不了解如何申请，班上获得资助的同学家庭有比我好的

○ 我知道政府学生资助政策，了解如何申请，总是无法获得（获得的同学并不比我贫困）

○ 我知道政府学生资助政策，了解如何申请，总是无法获得（获得的学生比我贫困）

○ 我知道政府学生资助政策，了解如何申请，也获得过（但认为评审结果不公平）

○ 我知道政府学生资助政策，了解如何申请，也获得过（认为评审结果基本公平）

○ 我知道政府学生资助政策，了解如何申请，但我不需要资助（认为评审结果基本公平）

13. 你认为家庭经济困难学生是如何认定的［多选题］［必答题］

□ 学生生源所在地村（居）委、政府开具的证明

□ 学生平时的生活和消费习惯

□ 学生申请书中对自身家庭情况的描述

□ 学校老师与申请学生的谈话，调查了解情况

□ 其他

□ 不了解

14. 你平时是通过什么途径了解学生资助政策的［多选题］［必答题］

□ 学校宣传

□ 电视、网络、广告宣传

□ 报刊

□ 朋友同学口口相传

□ 居委会/村委会宣传

□ 其他

15. 关于学校发放政府学生资助资金，请选出最符合你的一个选项［单选题］［必答题］

○ 我不知道，也不清楚学校是否发放资助资金

○ 我知道，但没有获得资助，认为学校发放不及时、不足额

○ 我知道，但没有获得资助，认为学校发放基本及时、足额

○ 我知道，也获得资助，但认为学校发放不及时、不足额

○ 我知道，也获得资助，但认为学校发放基本及时、足额

16. 你对学校开展学生资助工作的评价最符合以下哪一个选项［单选题］［必答题］

○ 资助宣传不到位，班上同学不了解资助措施，助学金发放程序不公平

○ 资助宣传基本到位，班上同学基本了解资助措施，但助学金发放程序不公平

○ 资助宣传基本到位，班上同学基本了解资助措施，助学金发放程序基本公平

○ 资助宣传详细，班上同学了解资助措施，但助学金发放程序不公平

○ 资助宣传详细，班上同学了解资助措施，助学金发放程序基本公平

17. 总体而言，过去一年，你对广东省学生资助工作的满意度是［单选题］［必答题］

○ 非常满意

○ 比较满意

○ 没有意见

○ 比较不满意

○ 非常不满意

18. 对于更公平更准确地开展学生资助工作，您有哪些意见和建议？［填空题］［必答题］

19. 组织您填写问卷的单位是（例如：××市×××学校）［填空题］［必答题］

20. 如果您愿意，请留下您的联系方式，以便我们将服务信息及时通知给您！同时我们会做好保密工作！

联系方式：［填空题］

参考文献

[1] 白华, 徐英. 扶贫攻坚视角下高校建档立卡生精准资助探析 [J]. 国家教育行政学院学报, 2017 (3): 16-21.

[2] 陈佳, 薛澜. 国家助学贷款可持续发展的政策分析——基于政策体系与实践模式层面 [J]. 清华大学教育研究, 2012, 33 (1): 33-39.

[3] 程治强. 高校大学生资助政策现状及发展趋势分析 [J]. 改革与开放, 2016 (23): 100-101.

[4] 杜晓霞. 西部高校经济困难大学生受助状况调查报告——以甘肃为例 [J]. 新课程 (中旬), 2013 (8): 162-163.

[5] 霍翠芳. 教育公平作为国家基本教育政策的意义解读——制度正义的视角 [J]. 现代教育管理, 2011 (3): 48-50.

[6] 姚洋. 确立有利于社会公正的分配正义原则 [N]. 人民日报, 2016-08-26.

[7] 蒋茜. 论共享发展的重大意义、科学内涵和实现途径 [J]. 求实, 2016 (10): 62-69.

[8] 李苗云, 朱应举. 完善高校困难学生资助工作的建议 [J]. 教育教学论坛, 2014 (9): 77-78.

[9] 李兴洲. 公平正义: 教育扶贫的价值追求 [J]. 教育研究, 2017 (3): 31-37.

[10] 林乘东. 教育扶贫论 [J]. 民族研究, 1997 (3): 43-52.

[11] 林艳. 广东省高校家庭经济困难学生资助工作的探讨与创新研究 [J]. 教育与职业, 2009 (9): 41-43.

[12] 林元树, 刘旭森, 吴志庄. 新形势下增强学前教育资助政策实效性的思考 [J]. 福建教育研究 (综合版), 2013 (4): 11-13.

[13] 刘红. 我国百年中等职业教育学生资助制度述评 [J]. 职教论坛, 2011 (22): 85-96.

[14] 刘晓杰. "精准扶贫"思想下的大学生"精准资助" [J]. 教育教学论坛, 2017 (3): 3-5.

[15] 刘云博, 白华. 精准化资助: 高校学生资助工作新思维 [J]. 教育评论, 2016 (2): 67-70.

[16] 龙安邦,范蔚. 我国教育公平研究的现状及特点[J]. 现代教育管理,2013(1):16-21.

[17] 陆道坤. 以教育公平建设为基础 全面推进教育事业进程——解读"十七大"报告关于教育的论述[J]. 江苏教育研究,2009(10):15-18.

[18] 曲绍卫,纪效珲,王澜. 推进"精准资助":义务教育学生资助管理绩效评估研究——基于第三方教育评估机构的数据分析[J]. 教育与经济,2017(1):83.

[19] 权勇太,吴博. 学生对于家庭经济困难学生资助工作满意度的调查报告——以西安培华学院为例[J]. 当代青年,2015(2):155-156.

[20] 粟莉. 论国家新助学政策体系的导向功能[J]. 中国高等医学教育,2011(3):43-44.

[21] 孙美红. 我国学前儿童教育资助政策:改革探索及启示——基于全国及部分省(市、自治区)现行相关政策的分析[J]. 基础教育,2012,9(6):28-35.

[22] 谭兵,张建奇. 贫困大学生教育资助政策分析[J]. 广东社会科学,2007(5):195-200.

[23] 唐百峰. 对生源地信用助学贷款资助政策的认识及思考[J]. 沧桑,2008(3):97-99.

[24] 唐任伍. 习近平精准扶贫思想阐释[J]. 人民论坛,2015(30):28-30.

[25] 田北海. 社会福利概念辨析——兼论社会福利与社会保障的关系[J]. 学术界,2008(2):278-282.

[26] 王立. 英国大学生资助理念的嬗变及启示[J]. 华北水利水电学院学报(社科版),2009(1):113-115.

[27] 王俐,张霞,陈溢诗. 有效开展高校入学"绿色通道"的实践与思考——以清华大学为例[J]. 北京教育:高教,2014(9):68-69.

[28] 王文峰. "四个全面"战略布局的公平正义意蕴解析[J]. 临沂大学学报,2016(6):115-120.

[29] 吴宏超,卢晓中. 义务教育免费后完善贫困生资助政策的设想——基于广东省的实证调查[J]. 教育研究,2014,35(4):53-58.

[30] 谢君君. 教育扶贫研究述评[J]. 复旦教育论坛,2012,10(3):66-71.

[31] 许林. 基于罗尔斯正义原则谈实现教育资源的公平分配[J]. 财政研究,2012(11):10-13.

[32] 杨冠英. 高校受资助学生自卑心理初探[J]. 漳州师范学院学报,2013

(3)：148-152.
- [33] 杨建国，王成文．论教育公平与政府正义［J］．中国行政管理，2011(3)：70-74.
- [34] 杨钋．高中阶段学生资助政策分析［J］．教育发展研究，2009(3)：21-27.
- [35] 袁贵仁．落实共享发展理念 大力促进教育公平［J］．紫光阁，2016(6)：35-36.
- [36] 张远航．论高校家庭经济困难学生的"精准资助"［J］．思想理论教育，2016(1)：108-111.
- [37] 章毛平．论教育公平与公平教育［J］．江苏社会科学，1997(5)：176-188.
- [38] 赵军，惠鑫．研究生资助体系：回顾与展望［J］．三峡论坛，2010(6)：99-101.
- [39] 赵满华．共享发展的科学内涵及实现机制研究［J］．经济问题，2016(3)：7-13.
- [40] 朱文珍，曾志艳，陈绵水．高校奖助学金政策学生满意度影响因素研究［J］．心理学探析，2013(33)：559-567.
- [41] 李晓萌．北京市学生资助政策盘点——高中教育阶段［N］．北京青年报，2017-07-13.
- [42] 刘复兴．教育公平是构建和谐社会的基本要求［N］．中国教育报，2006-12-09.
- [43] 田建国．把立德树人作为教育的根本任务［N］．光明日报，2013-02-09.
- [44] 刘银凤．中等职业学校学生资助政策实施效果研究［D］．广州：广州大学，2016.
- [45] 罗恒．广州市中等职业教育学生资助问题研究［D］．广州：华南理工大学，2015.
- [46] 张玄．普通高中贫困生资助体系研究［D］．长沙：湖南师范大学，2015.
- [47] 陈虎．江苏省资助育人研究：第4辑［M］．南京：南京师范大学出版社，2013：148-156.